江苏省高校优势学科建设工程项目资助

体育产业发展：
理论、政策与地方实践

李燕领　张广俊　张新奥　著

人民体育出版社

图书在版编目（CIP）数据

体育产业发展：理论、政策与地方实践 / 李燕领，张广俊，张新奥著. -- 北京：人民体育出版社，2021（2023.12重印）
ISBN 978-7-5009-6108-6

Ⅰ.①体… Ⅱ.①李…②张…③张… Ⅲ.①体育产业—产业发展—研究—中国 Ⅳ.①G812

中国版本图书馆CIP数据核字(2021)第228844号

*

人民体育出版社出版发行
北京中献拓方科技发展有限公司印刷
新 华 书 店 经 销

*

710×1000　16开本　13.5印张　222千字
2021年12月第1版　2023年12月第2次印刷

*

ISBN 978-7-5009-6108-6
定价：70.00元

社址：北京市东城区体育馆路8号（天坛公园东门）
电话：67151482（发行部）　　邮编：100061
传真：67151483　　　　　　　邮购：67118491
网址：www.psphpress.com

（购买本社图书，如遇有缺损页可与邮购部联系）

序

"体育强则中国强,国运兴则体育兴",体育于国家和国民具有巨大价值。党的十九大报告指出,当前我国社会的主要矛盾已经转化为人民日益增长的美好生活需要和不平衡不充分的发展之间的矛盾。中国已经进入发展的新时期,体育提供的健康与快乐,是人民群众美好生活愿望中的重要需求,极具增长潜力和社会价值。

体育产业作为国民经济的一个组成部分,具有与其他产业相同的共性,即注重市场效益、讲求经济效益,同时又具有不同于其他产业部门的特性。目前,我国体育产业发展水平还不高,结构不尽合理;市场主体活力和创造力不强,市场在体育资源配置中的决定性作用尚未充分发挥;政策体系还不完善,体育产业公共服务水平有待加强,体育产业距离国民经济转型升级的重要力量这一目标还有明显差距。2014年10月,体育产业的里程碑式文件——《关于加快发展体育产业促进体育消费的若干意见》(国发〔2014〕46号)出台,首次将全民健身上升为国家战略,积极部署扩大体育产品和服务供给,推动体育产业成为经济转型升级的重要力量。体育产业政策是在市场经济基础上,政府为了优化资源配置、克服市场缺陷或不完善、增强体育产业竞争力而制定的有关产业发展的一系列政策和法令的总和,是国家层面上对体育产业的规划指导性文件。

随着全民健身国家战略的出台,全民健身已经成为日常生活的重要组成部分，体育产业迎来了发展的黄金时期，但当前体育产业发展还面临着消费理念、场地设施、社会配套和结构优化等方面的不足与不完善，体育产业要有所作为就必须积极进行市场培育：立足公民体育需求，提升公共服务水平；努力拓展空间，进一步完善体育参与和消费空间；加强配套支持，打造产业发展的支撑体系。体育产业发展模式的研究是相对宏观的，其研究的内容与对象主要集中在整个国家内的体育产业运行，比如我国体育产业发展的重点，不同国家体育产业发展的相互比较，政府体育产业政策与方针的制定和出台等。体育产业的运行机制是在发展模式指导下的相对微观的研究，它更加适用于中观层面的区域体育产业发展和微观层面的体育产业企业运营，如不同阶段的体育产业市场运行特征，不同运行机制的主体、范围和特点等。体育产业发展模式及运行机制是体育产业两个不同层面的重要问题，研究两者的内在关系对处在转型期的我国体育产业发展的推进具有重大的现实意义。

综观全书，本书是一本理论与实践相结合的体育产业发展模式研究的专著，是值得理论界和实践界认真阅读的一本著作。读者既可以了解体育产业发展模式及运行机制的许多新思想，又可以发现许多新问题，作为研究创新的出发点。

该同志作为体育产业研究的学者，能够从产业链、产业集群、产业融合等视角进行探讨，研究视角具有一定创新性；同时，为该同志只争朝夕、潜心做学问的研究劲头而感动，笔者愿做该领域研究的助推者。

衷心祝贺本书出版发行。

2020年11月

目 录

第一章 导论 ……………………………………………………（1）

    第一节 选题的背景 ………………………………………………（1）

    第二节 选题的依据和意义 ………………………………………（3）

    第三节 研究文献综述 ……………………………………………（6）

    第四节 研究内容框架 ……………………………………………（18）

    第五节 研究思路和研究方法 ……………………………………（20）

    本章小结 …………………………………………………………（23）

第二章 体育产业发展模式及机制建设理论阐释……………（24）

    第一节 核心概念的界定 …………………………………………（24）

    第二节 体育产业发展的核心理念 ………………………………（30）

    第三节 我国体育产业管理特征及其性质分析 …………………（32）

    第四节 我国体育产业发展模式体系及机制框架分析 …………（39）

    本章小结 …………………………………………………………（52）

第三章 体育产业发展中政府职能定位研究 ………………（53）

    第一节 发达国家体育产业政府职能定位研究 …………………（54）

    第二节 体育产业发展政府职能定位问题分析 …………………（56）

第三节　体育产业发展中政府职能定位分析 …………… （59）

本章小结 ……………………………………………………… （63）

第四章　体育产业链式发展模式研究 …………………… （65）

第一节　体育产业链形成的机理分析 ……………………… （65）

第二节　我国体育产业链的基本构成分析 ………………… （67）

第三节　我国体育产业链式发展的整合模式分析 ………… （68）

第四节　我国体育产业链式发展的整合策略分析 ………… （72）

本章小结 ……………………………………………………… （77）

第五章　体育产业集群式发展模式分析 …………………… （79）

第一节　体育产业集群形成的机理分析 …………………… （80）

第二节　我国体育产业集群式发展模式分析 ……………… （82）

第三节　我国体育产业集群升级路径分析 ………………… （87）

第四节　我国体育产业集群式发展的公共政策选择 ……… （89）

本章小结 ……………………………………………………… （92）

第六章　体育产业集群式发展中地方政府角色分析 ……… （93）

第一节　体育产业集群发展中政府作用的内在逻辑 ……… （94）

第二节　体育产业集群发展中地方政府作用边界模型分析 … （96）

第三节　体育产业集群发展中地方政府实践分析 ………… （97）

第四节　体育产业集群不同发展阶段的地方政府角色 …… （99）

本章小结 ……………………………………………………… （103）

第七章　体育产业融合式发展模式研究 …………………… （105）

第一节　体育产业融合式发展的前提：产业关联 ………… （106）

第二节　体育产业融合式发展的效应分析 …………………（109）

　　第三节　体育产业融合式发展的路径模式分析 ……………（116）

　　第四节　中国体育产业融合式发展的政策选择 ……………（121）

　　本章小结 …………………………………………………………（124）

第八章　江苏省体育产业政策实施机制及其成效分析 ………（126）

　　第一节　江苏省体育产业政策发展背景 ……………………（126）

　　第二节　江苏省体育产业政策发展现状 ……………………（127）

　　第三节　江苏省体育产业政策推进措施 ……………………（150）

　　第四节　江苏省体育产业政策发展展望 ……………………（153）

　　本章小结 …………………………………………………………（154）

第九章　苏州市体育产业发展引导资金运行管理研究 ………（156）

　　第一节　体育产业发展专项资金演变历程 …………………（158）

　　第二节　苏州市体育产业发展专项资金现状分析 …………（161）

　　第三节　苏州市体育产业发展专项资金运行管理研究 ……（170）

　　第四节　苏州市体育产业发展专项资金运行管理问题分析 …（190）

　　第五节　苏州市体育产业发展专项资金运行管理优化策略 …（194）

　　本章小结 …………………………………………………………（197）

研究结论与建议 ……………………………………………………（199）

　　结论 ………………………………………………………………（199）

　　建议 ………………………………………………………………（200）

后记 …………………………………………………………………（203）

第一章 导论

第一节 选题的背景

20世纪中叶以来，随着经济的不断发展和产业结构的调整，第三产业在世界经济和社会发展进程中迅速崛起、在国民经济中的比重日趋增大，并成为现代社会中具有重要战略地位的主要产业部门[①]。迄今为止，体育产业发展模式及机制是一个较为复杂，而且远没有得到充分研究的问题。体育产业发展模式及运行机制研究不仅是体育产业理论研究的重要课题，也是体育产业高质量发展的现实要求。我国体育产业发展模式是建立在对体育产业发展战略高度提炼的基础上的，充分体现了体育产业发展战略的内在要求与发展方向。同时，它不仅是体育产业发展的总体方式，也规定在一定时期内体育产业的发展方式，显示体育产业在一定时期内的发展方向和侧重点。

目前，我国体育产业发展水平还不高，结构不尽合理；市场主体活力和创造力不强，产品有效供给不足，体育产业供给侧结构性改革亟待推进；公民体育健身意识不强，大众体育消费激发不够；市场在体育资源配置中的决定性作用尚未充分发挥；政策体系还不完善，体育产业公共服务水平有待加强，体育产业距离国民经济转型升级重要力量还有明显差距。这需要建立体育、发展改革、财政等多部门合作的体育产业发展工作协调机制，及时分析解决体育产业发展的情况和问题，落实文化、旅游等相关政策惠及体育产业。各地要把体育产业纳入各级国民经济和社会发展规划，纳入政府重要议事日程，将体育产业工作作为衡量体育工作绩效的重要内容。各级体育行政部门要结合本地区实际，进一步明确"十三五"期间本地区体育产业发展的基本任务、工作目标和

---

①张保华.职业体育服务业研究［M］.北京：经济科学出版社，2009.

保障措施，准确把握工作重点，明确职责分工，做好各项政策措施的贯彻落实。要健全规划实施的督查落实机制，采取切实有效的措施，对本地区体育产业规划实施情况进行检查监督，确保"十三五"体育产业规划的顺利实施。

体育产业发展模式不仅具有阶段性特征，还具有相对稳定性的特点。一定阶段内体育产业发展模式确立，其运行的基本性质和发展方式就得以明确，并在特定历史阶段保持相对稳定性。当然，体育产业发展模式必须与体育产业发展的需求保持一致。体育产业发展模式总是要根据特定的社会经济条件、历史发展进程和自然环境状况来加以规定。对体育产业发展模式影响因素的全面研究主要包括社会经济发展总体水平、社会经济制度和经济发展模式以及体育产业形成时期和发展阶段三方面。发展模式具体到体育产业，指的是我们应该采取何种发展形式与方法，沿着怎样的路径来实现体育产业的全面进步；如何在体育产业资源配置中协调发挥政府与市场的作用；如何正确引导体育产业市场的发展方向和规模；如何在体育产业发展的过程中以良好的机制和体制推进转型和实现升级，实现既定的体育产业目标。在消费升级的新形势下，休闲体育消费已经成为居民消费的重要组成部分。我国居民的消费由温饱型转变为享受型，消费结构趋向个性化、多元化，其中休闲体育运动以其极强的参与性、时尚性、流行性和自发性成为人们享受生活、发展自我的首选消费对象。而休闲体育消费是促进休闲体育产业发展、拉动内需和形成新的经济增长点的动力源，为休闲体育产业的快速发展带来良好的机遇。

2014年10月，体育产业的里程碑式文件——《关于加快发展体育产业促进体育消费的若干意见》（国发〔2014〕46号）出台，首次将全民健身上升为国家战略，积极部署并扩大体育产品和服务供给，推动体育产业成为经济转型升级的重要力量。体育产业政策是在市场经济基础上，政府为了优化资源配置、克服市场缺陷或不完善、增强体育产业竞争力而制定的有关产业未来发展的一系列政策和法令的总和，这一政策吹响了体育产业迅猛发展的号角。2016年7月13日，国家体育总局印发《体育产业发展"十三五"规划》[1]，明确要求以项目带动行业发展，并首次明确了竞赛表演业、健身休闲业、场馆服务业、体育中介业、体育培训业、体育传媒业、体育用品业和体育彩票业八大重点行业。有了政府的政策支持和系统引导，体育产业的发展正逐渐渐成为国民经济新的增

---
[1] 国家体育总局.体育产业发展"十三五"规划[Z].2016-07-13.

长点，随着全民健身国家战略的出台，全民健身已经成为日常生活的重要组成部分，体育产业迎来了发展的黄金时期，但当前体育产业发展还面临着消费理念、场地设施、社会配套和结构优化等方面的不足和不完善，体育产业要有所作为就必须积极进行市场培育：立足公民体育需求，提升公共服务水平；努力拓展空间，进一步完善体育参与与消费空间；加强配套支持，打造产业发展的支撑体系。

第二节　选题的依据和意义

一、选题的依据

（一）体育产业蓬勃发展

我国体育产业的整体规模和其他产业相比较虽然不是很大，但是在发展潜力与促进我国产业结构优化升级方面有着广阔的前景。1992年，为响应中央颁布的《加快第三产业发展的决定》，国家体委正式提出体育产业的概念。1995年6月，国家体育总局出台了《1995—2010年体育产业发展纲要》[1]，指出中国体育产业要用十五年时间逐步建成适合社会主义市场经济体制，符合现代体育运动规律、门类齐全、结构合理、规范发展的现代体育产业体系。2008年北京奥运会之后，我国体育产业发展开始进入黄金时代，各种促进体育产业发展的政策文件如雨后春笋般地颁布。国务院办公厅在2010年发布了《关于加快发展体育产业的指导意见》（国办发〔2010〕22号）[2]，进一步提升了体育产业在国民经济发展中的地位。《国务院关于加快发展体育产业促进体育消费的若干意见》（国发〔2014〕46号）[3]要把体育产业作为推动经济社会持续发展的重要力量，开发体育产业巨大的潜在市场空间，利用体育产业扩大内需，促进消费，并提出到2025年打造出5万亿规模的体育市场的目标。它的特殊意义在于，

---

[1] 国家体育总局.1995—2010年体育产业发展纲要［Z］.1995-06.
[2] 国务院.国务院办公厅关于加快发展体育产业的指导意见［Z］.（国办发〔2010〕22号）2010-03-24.
[3] 国务院.国务院关于加快发展体育产业促进体育消费的若干意见［Z］.（国发〔2014〕46号）2014-10-20.

第一次把中国体育产业放在了如此之高的位置,同时它也是中华人民共和国成立以来第一个由国务院颁布的有关促进体育消费的文件,更是经国务院常务会议审议决定并以国务院层面发布实施的操作性行政规范性文件,其将对地方体育产业政策包括体育产业引导资金制度产生更为广泛的激励作用。在《体育产业发展"十三五"规划》中提出[①]:"鼓励有条件的省市设立体育产业引导资金,优化资金使用方向,创新资金使用方式,提高资金使用效益。设立由政府引导、社会资本筹资的体育产业投资基金,鼓励各地政府引导设立地方体育产业投资基金。"

(二)体育产业融合加深

国家统计局和国家体育总局在2008年曾联合制定并发布了《体育及相关产业分类(试行)》,与2015年9月17日发布实施的《国家体育产业统计分类》(国家统计局,2015年第17号)进行对比,可以看出体育产业融合对体育产业分类的影响效应。关于体育产业的分类,虽然在中类与小类上两个文件的分类数量是一致的,但是从大类的划分上,最新的《国家体育产业统计分类》比原文件分别增加了体育竞赛表演活动、体育培训与教育、体育传媒与信息服务3个大类,如表1.1所示。因此,在大类增加的情况下,中类与小类的分类数量依然保持着一致,这充分表明,体育产业分类由于受到体育产业融合发展的影响导致了原有产业的融合与消失,而新增产业大类的出现也表明了体育产业在融合发展的过程中出现了新的业态。

表1.1 体育产业统计分类比较

文件	类型(数量) 大类	中类	小类
《体育及相关产业分类(试行)》	8	37	52
《国家体育产业统计分类》	11	37	52

注:整理自《体育及相关产业分类(试行)》《国家体育产业统计分类》(新增体育竞赛表演活动、体育培训与教育、体育传媒与信息服务)。

[①]国家体育总局.体育产业发展"十三五"规划[Z].2016-07-13.

（三）体育产业结构优化

产业结构有着从低级向高级的演进规律，随着经济的发展，产业结构趋向不断优化。体育产业结构的优化主要有两种表现，一是体育产业自身产业结构优化，即由低附加值的体育制造业向高附加值的体育赛事、休闲健身等优化转移。西方发达国家与我国的体育产业发展对比，中高附加值、高融合度的体育服务业占比高，通过融合发展促进体育产业自身的结构优化。二是体育产业对整体国民经济结构的优化，即体育产业作为绿色、服务产业的增强产业，促进国家经济结构的转型升级。纵观全球主要发达国家体育产业，我国体育产业所占GDP比重低于世界平均水平。

近年来，随着我国居民收入和生活水平的提高，人民群众的健康意识和体育意识不断增强，消费结构也有所改变，对体育产业的消费需求日益升高，为体育产业发展奠定了良好的市场基础。在政策和市场的双重红利驱动下，我国体育产业实现了快速发展。其特点主要表现为：一是产值规模小，与发达国家存在着较大差距，美国体育产业规模庞大，是世界体育消费的火车头；二是我国体育产业中，体育用品占据全部产值的80%左右，主体产业——体育服务业发展滞后，体育产业链亟待优化调整；三是行政化管制下，产业化尚处于发展初期。

一直以来，我国体育产业受到了较为严格的行政化管制，在赛事、场馆、俱乐部、运动员等方面商业化程度低，"46号文"拉开了体育产业化发展的序幕，目前刚步入产业化的初期。现阶段，我国经济已进入了从投资和出口主导转向消费主导增长的关键阶段，2018年全年最终消费对中国经济增长贡献率达到78%，2019年前三季度最终消费支出的贡献率为60.5%（对外贸易由负转正，贡献了19.6%），消费已经成为推动经济发展的核心驱动力。

体育产业发展模式的研究是相对宏观的，其研究的内容与对象主要集中在整个国家的体育产业运行，比如我国体育产业发展的重点，不同国家体育产业发展的相互比较，政府体育产业政策与方针的制定和出台等。体育产业的运行机制是在发展模式指导下的相对微观的研究，它更加适用于中观层面的区域体育产业发展和微观层面的体育产业企业运营，如不同阶段的体育产业市场运行特征，不同运行机制的主体、范围和特点等。因此，体育产业发展模式及运行机制是体育产业两个不同层面的重要问题，研究两者的内在关系对在社会现实以及转型期的我国体育产业发展的推进具有重大的现实意义。

二、研究的意义

①构建我国体育产业发展及良性的运行机制理论框架，为政府及体育产业等相关部门制定政策提供参考，更好地掌握体育产业发展的实际情况，制定出适合当前体育产业发展的相关政策与制度，有利于有效促进我国体育产业的快速发展，并为后续研究提供进一步的参考。

②我国体育产业发展模式及运行机制等方面的研究能够为体育产业企业及投资主体的发展与管理提供思路和依据，促使体育产业发展模式及运行机制对体育产业发展的正确引导，从而能够起到更加具有针对性的作用。

③从宏观层面的体育产业模式及微观层面的体育产业机制建设进行研究，有利于为系统地研究我国体育产业，培育我国体育产业产权清晰、经营绩效良好的市场主体，为促进和实现我国不同地域体育产业的协调发展提供参考，并逐渐使其成为我国国民经济的重要组成部分和一支重要力量。

④通过对江苏省体育产业政策实施及其成效进行分析，明确国内地方政府体育产业政策实施流程，为体育产业政策实施的优化提供经验借鉴。

⑤通过分析苏州市体育产业发展专项引导资金的实施和管理流程，剖析其管理中存在的体制性共性问题，为国内其他地方体育产业政府支持及管理提供参考和借鉴。

第三节　研究文献综述

一、关于体育产业发展模式的研究

（一）基于产业投融资的体育产业发展模式

国内学者卢晓梅（2000）[1]在《我国体育产业投资基金发展模式研究》中

---

[1] 卢晓梅.我国体育产业投资基金发展模式研究［D］.北京：北京体育大学，2000.

提出从组织结构、品种创新、监督管理、政府职能定位等方面，全面科学地选择，才能构建适合我国国情的体育产业投资基金的发展模式。

学者刘贵传（2009）[①]在《我国体育产业投资基金发展模式研究》中提出，体育产业投资基金作为发展体育产业的一种创新融资工具，具有拓展体育产业融资渠道，引进先进投资管理理念和方式的双重功效。

学者王军棉、韩芯（2019）[②]在《我国体育产业发展引导资金的管理模式创新研究》中提出，体育产业发展引导资金作为一种新型的融资工具，在引领社会资本进入体育领域发挥着不容小觑的作用。需要完善制度设计，建立科学、公正的评审程序，防止引导资金的流失。

学者李德义、车雯（2019）[③]在《体育产业引导资金管理对策研究》中提出，体育产业引导资金应选择与区域发展相适应的管理模式，鼓励推进委托"第三方"管理促进行政体制改革、倒逼政府完善法律体系、创新发展理念等。以国家发展战略、体育产业发展规划为基准，设立引导资金资助方向、资助力度与资助类型，通过协调机制与保障机制，规范体育产业引导资金管理过程，提升体育产业引导资金效益。

（二）基于产业组织角度的体育产业发展模式

1. 基于产业链/价值链的体育产业发展模式

国内学者肖淑红（2003）[④]在《中国体育产业价值链管理模式研究》文中，从管理理念、组织形式、管理方式方面对体育产业价值链管理模式进行了较为系统和全面的研究。

张卫国（2009）[⑤]的《我国体育产业价值创造系统研究》从价值分析的角

---

① 刘贵传.我国体育产业投资基金发展模式研究［D］.上海：华东师范大学，2009.
② 王军棉，韩芯.我国体育产业发展引导资金的管理模式创新研究［C］.第十一届全国体育科学大会论文摘要汇编，2019.
③ 李德义，车雯.体育产业引导资金管理对策研究［J］.宁波大学学报：人文科学版，2019（3）：127-132.
④ 肖淑红.中国体育产业价值链管理模式研究［D］.北京：北京体育大学，2003.
⑤ 张卫国.我国体育产业价值创造系统研究［J］.北京体育大学学报，2009（1）：17-19.

度对体育产业进行研究,在价值链理论的基础上提出了以顾客为中心的体育产业价值创造系统概念,构建了体育产业价值链体系,揭示了体育产业价值创造系统内部的价值活动规律。

常丽英、杨永强(2011)[①]在《我国体育产业价值链整合及其策略探讨》文中提出,体育产业价值链整合是体育产业结构优化和升级的关键,并从政府和企业两个层面提出体育产业价值链整合策略,希望为我国体育产业结构的优化、升级以及健康发展提供新的思路。

张雪莹(2014)[②]在《从社会价值链的角度谈我国体育产业管理模式创新》文中,从体育产业社会价值链的结构、组织管理定位创新和管理战略创新三个方面,提出了我国体育产业管理模式创新的思路和建议。

陈俊萌(2014)[③]在《我国体育产业管理价值链构建研究》文中尝试性地构建我国体育产业管理垂直价值链、我国体育产业管理水平价值链和我国体育产业管理虚拟价值链三条全面、可行的体育产业管理价值链,以促进我国体育产业管理水平的提高,推动我国体育产业的发展和实现我国体育强国战略目标。

黄明、邹娟花(2016)[④]在《社会转型期体育产业价值链整合及其策略》文中提出整合体育产业价值链是我国体育产业发展的必经之路,分别从政府层面和企业层面提出体育产业价值链的整合思路,以期为我国体育产业的可持续发展提供有价值的理论依据。

2. 基于产业集群的体育产业发展模式

Keeble及Wilkinson(2000)[⑤]研究服务业集群后发现,对于成功的服务业集群而言,较为重要的是与"创新环境"(innovative milieu)有关的当地"集体学习过程"(collective learning process)。从西方学者对服务业集群的理解中可

---

① 常丽英,杨永强. 我国体育产业价值链整合及其策略探讨[J]. 北京体育大学学报,2011(4):35-39.

② 张雪莹. 从社会价值链的角度谈我国体育产业管理模式创新[J]. 体育科技文献通报,2014(7):94-133.

③ 陈俊萌. 我国体育产业管理价值链构建研究[J]. 长春:吉林大学,2014.

④ 黄明,邹娟花. 社会转型期体育产业价值链整合及其策略[J]. 体育世界:学术版,2016(10):35-47.

⑤ Keeble D, Wilkinson F. High-technology clusters, networking and collective learning in Europe [C]. Ashgate Aldershot, 2000:1-20.

以看出,服务业集群就是把产业集群概念应用于服务业,是相互联系的服务企业在空间布局上的集聚。Masahisa Fujita 和 Jacques-Fran&ccedi（2004）[1]研究认为,当今世界与创新相关的服务业已经开始在大都市集聚。通过对伦敦金融服务业集群、纽约商业服务业集群和东京生产服务业集群进行研究,认为服务业与制造业相比,有更为明显的空间集聚特征。

林建君、李建设（2006）[2]在《浙江省体育用品制造业发展模式的研究》一文中研究得出浙江省体育用品制造企业今后的发展定位走向,提出三种具有梯度发展的生产定位模式,即原始积累的加工型发展模式、来料加工与科研创新并重型发展模式和科技研发型发展模式。

杨明、郭良奎（2007）[3]在《我国体育用品产业集群发展及政府政策研究》文中分析体育用品产业集群发展中存在的产业经营环境恶化、产业集群发展水平不高、产业处于价值链低端、政府职能缺位导致盲目发展集群等问题,针对这些问题提出了政府应该制定、实施的一系列促进我国体育用品产业集群发展的政策。

李南筑（2008）[4]在《体育赛事与集群发展》文中,从上海的体育赛事群出发,认为城市体育赛事的集群中不但造成赛事举办成本的节约和产出的增加,还引起其他行业效率的提高,即认为存在聚集经济,这就是体育赛事集群的概念,他还建议理论界要研究赛事集聚效应的机理。

闫洪涛（2010）[5]在《我国体育用品制造业的集群化发展优势及其政府职能研究》中提出,体育用品制造业也将顺应社会发展而采取集群化发展模式。

3. 基于产业融合的体育产业发展模式

众多学者从体育产业融合角度提出体育产业发展模式的建构,通过研究认为产业渗透融合会导致体育产业边界模糊和新兴产业涌现。体育产业资源存在

---

[1] Masahisa Fujita, Jacques-Fran&ccedi. Globalization and the Evolution of the Supply Chain: who gains and who loses? Ois Thisse, 2004: 81-836.
[2] 林建君,李建设. 浙江省体育用品制造业发展模式的研究[J]. 北京体育大学学报,2006(4): 447-448.
[3] 杨明,郭良奎. 我国体育用品产业集群发展及政府政策研究[J]. 体育与科学,2007(3): 27-30.
[4] 李南筑. 体育赛事与集群发展[J]. 环球体育市场,2008(4): 64.
[5] 闫洪涛. 我国体育用品制造业的集群化发展优势及其政府职能研究[J]. 北京体育大学学报,2010(7): 9-11.

于体育竞赛、体育健身、场馆运营、体育中介、体育传媒等产业，为获取新的市场竞争力，体育产业内部各子产业突破旧的产业界限，将产业要素及资源重新整合，形成新的产品和服务。

王艳、刘金生（2009）[①]在《体育产业融合与产业发展——我国体育产业发展的新视角》中提出，产业融合已成为现代产业发展的趋势之一。通过对产业融合理论的研究，阐述体育产业领域的融合现象，系统分析体育产业的融合机制、融合效应等。在此基础上，进一步提出未来我国体育产业融合的发展路径，以此优化体育产业结构，扩大体育产业的外延与影响力，增强体育产业对国民经济增长的贡献率。

杨强（2013）[②]在《体育产业与机关产业融合发展的内在机理与外在动力研究》一文中，首先提出体育产业融合的基础是体育产业的关联性、融合的中心是体育产业本身、融合的本质是体育产业创新三点内涵特征。其次，运用资产通用性理论，深入剖析了体育竞赛表演业、体育健身休闲业和体育馆（场）服务业的资产通用性特征，提出体育本体产业的资产通用性特征是体育产业与相关产业融合的内在机理。再次，构建出体育产业与相关产业融合的外在动力机制，即体育企业竞争激烈化的驱动力、体育市场需求多样化的拉动力和体育相关产业政策的推动力。最后，从增强体育本体产业的资产通用性能力、出台具体的体育产业与相关产业融合政策、促进体育企业与相关企业的资产重组三方面提出了推进体育产业与相关产业融合发展的建议。

彭广建、刘琼丽（2013）[③]在《体育产业融合发展模式研究》中提出，体育产业融合的途径包含体育本体产业与高新技术产业、传统产业、新型服务产业的融合发展，我国现有比较成熟的体育产业融合发展模式有数字技术与体育产业融合、产学研一体化融合、民族传统体育与旅游融合等模式，并强调通过营造体育产业融合发展的政策环境、发展体育本体产业、促进产业集聚等措施促进我国体育产业的进一步融合发展。

---

① 王艳，刘金生. 体育产业融合与产业发展——我国体育产业发展的新视角［J］. 成都体育学院学报，2009（7）：7-10.

② 杨强. 体育产业与相关产业融合发展的内在机理与外在动力研究［J］. 北京体育大学学报，2013（11）：20-25.

③ 彭广建，刘琼丽. 体育产业融合发展模式研究［J］. 湖南工程学院学报：社会科学版，2013（3）：122-126.

李燕燕、高雪峰等（2014）[1]在《我国体育产业融合的动力因素及模式分析》文中提出，体育产业融合并非是一蹴而就的产业发展变革，而是在创新技术、市场需求多样化、企业竞争协同、政府干预等多种因素共同作用下的阶段性动态发展过程。基于我国体育产业融合发展的主导因素及其特点，其可分为技术渗透式、功能复合式、市场共拓式和资源互享式四种模式。并且提出促进我国体育产业融合发展的对策：以"大融合"统领泛体育产业未来发展、培育和壮大具有市场竞争力的体育企业、以管理体制改革实现多产业对话与协调机制、以体育产业集群推进体育产业融合发展、注重融合型体育人才的培养。

李燕燕（2014）[2]在《我国体育产业融合成长研究》文中提出，从产业价值链的视角看，体育产业融合成长使原本分立的产业价值链部分或全部实现动态重构，通过体育产业发展的创新模式，提高资源利用率，更大范围实现区域经济效益和社会效益的有机统一。就交易成本而言，体育产业融合成长，要求企业跨体育从事多角度经营管理，注重组织创新并实现外部市场交易企业内部化。

詹新寰、孙忠利、王先亮（2008）[3]在《产业融合机制下体育产业发展研究》文中提出，体育产业融合实际上表现为"融合程度加深—竞争成本提高—企业组织创新—节约竞争成本—融合程度加深"这样一个不断循环深化的发展过程。

党挺（2017）[4]在《国外体育产业融合发展分析及启示》中提出，国外体育产业与其他产业广泛融合，实现了产业渗透、产业交叉和产业重组，融合产生了五大效应：创新性优化效应、竞争性结构效应、组织性结构效应、竞争性能力效应、消费性能力效应和产业区域效应。

张广俊、李燕领、邱鹏（2017）[5]在《体育产业融合的动因、路径、效应与策略研究》文中，从产业层面分析了体育产业融合下的体育产业定义与分类、促进体育产业结构及国家整体经济的优化升级效应；从政府规制层面认为

---

[1] 李燕燕,高雪峰,等.我国体育产业融合的动力因素及模式分析[J].成都体育学院学报,2014（9）：7-11.
[2] 李燕燕.我国体育产业融合成长研究[D].武汉：武汉体育学院,2014.
[3] 詹新寰,孙忠利,王先亮.产业融合机制下体育产业发展研究[J].首都体育学院学报,2008（6）：1-4.
[4] 党挺.国外体育产业融合发展分析及启示[J].体育文化导刊,2017（3）：127.
[5] 张广俊,李燕领,邱鹏.体育产业融合的动因、路径、效应与策略研究[J].武汉体育学院学报,2017（8）：50-56.

需要制定出一个兼顾动态发展、多方面考虑的反垄断法界定法案及建立统一高效的联合规制体制与有针对性的规制政策；从企业层面分析了体育产业融合对企业的跨产业并购与战略联盟的影响效应。

二、关于体育产业运行机制的研究

国内学者张瑞东（1999）[1]在《我国体育产业的组织结构及其运行机制初探》文中提出，体育产业的运行机制因其结构的复杂性而具有复杂性，就其内部而言，主要表现为上述各种角度考察的结构要素相互作用、辩证发展的机制；就其外部而言，它不仅与体育服务的消费者系统存在着相互制约的关系，同时也与国家产业结构中的其他产业相互联系，其发展受到这种联系的深刻影响和决定。

张林（2001）[2]在《职业体育俱乐部运行机制》文中提出，我国职业体育俱乐部应在经营、管理、投资、决策、激励、约束、监管等方面建立相应的运行机制。

黄晓春（2002）[3]在《论体育经济运行机制的结构和功能》文中提出，体育经济运行机制主要包括价格机制、竞争机制、供求机制和风险机制。

辛莉（2002）[4]在《中国体育产业运行机制研究》文中指出，我国居民需求结构和消费结构的升级是体育产业大发展的原动力，进而提出体育产业化经营的分层划块运行机制。

闻杨、杜力萍（2019）[5]在《从体育产业的形成机理谈我国体育产业的发展》文中认为，我国必须在体育产业内引进市场管理机制，加强内部管理；而且政府应适当的放权，建立符合现代体育产业发展规律的运行机制。

陈如桦、潘前、陈小林（2005）[6]在《福建省体育产业可持续发展运行机

---

[1] 张瑞东.我国体育产业的组织结构及其运行机制初探[D].北京：北京体育大学，1999.
[2] 张林.职业体育俱乐部运行机制[M].北京：人民体育出版社，2001.
[3] 黄晓春.论体育经济运行机制的结构和功能[J].成都体育学院学报，2002，28（3）：29-31.
[4] 辛莉.中国体育产业运行机制研究[J].中国体育科技，2002，38（6）：9-11.
[5] 闻杨，杜力萍.从体育产业的形成机理谈我国体育产业的发展[J].西南交通大学学报：社会科学版，2019（2）：79-85.
[6] 陈如桦，潘前，陈小林.福建省体育产业可持续发展运行机制的研究[J].福建体育科技，2005（3）：1-3.

制的研究》文中提出，福建体育产业可持续发展的运行机制需要深入体育体制改革，建立起市场化运行机制，逐步形成体育产业由"体育局管、协会干、社会办"的格局。改变政府对体育的投资结构，大力鼓励民营经济参与，建立起多元化的投资机制。加强闽台体育产业的合作与交流，建立起两岸体育产业互信、互动、互补双赢的合作机制。加强体育产业队伍建设，建立起科学育人、用人机制。

孙班军（2006）[①]在《体育产业治理研究》文中总结了体育产业市场优化治理形式、体育企业或集团自我控制治理形式、国家强制性治理形式及非正式网络影响治理形式，较完整地概括了我国体育产业的治理形式。

李芊、王昶（2008）[②]在《文化产业运行机制比较研究》文中，从文化产业的生产、流通、消费过程以及文化产品生命周期等角度，将文化产业与传统的物质产业，特别是制造业进行比较分析，概括出文化产业运行的特点。并根据系统论、控制论的观点，建立了文化产业运行机制的理论框架，由组织系统、动力机制和调控机制构成，各构成要素之间相互联系、相互作用、相互制约并推动整个系统运转。

庞善东、望宇（2019）[③]在《我国大型体育场馆管理体制和运行机制改革研究》文中提出，构建以市场为主体、政府为主导、社会资本为重要构成的大型体育场馆建设运营体系。当前公共体育场馆推行"双改"工作试点，就是要破解公共体育场馆运营的体制机制障碍，提升体育场馆运营的专业化、社会化水平。改革运行机制，逐步将事业单位管理转变为企业化经营，激活全民健身的存量资源。

孙班军（2009）[④]在《基于组织结构层面的体育产业治理机制探讨》中认为，体育产业治理机制指对体育产业内部的各个行为主体之间的关系进行协调，对它们之间责任的界定、权利的制衡和利益的分配进行明确，使体育产业资源在其间合理配置，最大化整个体育产业的商业价值的一整套调节的制度、

[①] 孙班军.体育产业治理研究［J］.河北体育学院学报，2006，20（3）：1-3.
[②] 李芊，王昶.文化产业运行机制比较研究［J］.湖南商学院学报，2008（6）：83-86.
[③] 庞善东，望宇.我国大型体育场馆管理体制和运行机制改革研究［C］.第十一届全国体育科学大会论文摘要汇编，2019.
[④] 孙班军.基于组织结构层面的体育产业治理机制探讨［J］.西安体育学院学报，2009，26（1）：17-21，31.

原则和方式。

杨冰、王春来（2010）[①]在《我国公益性全民健身服务体系的构建与运行机制问题研究》中认为，应从投入与融资机制、资源整合机制、法规保障机制等不同层面保障"体系"的有效运行；应逐步形成"政府支持、各方协作、社团管理、市民参与"的公益性全民健身服务体系社会化管理模式，公益性全民健身服务体系的构建与运行机制研究亟需更多的社会力量参与其中。

方清（2015）[②]在《富阳体育用品制造产业集群的结构及运行机制研究》一文中，从信任机制、学习创新机制、激励机制、协调机制等维度构建了富阳体育用品制造产业集群的运行机制。

成会君（2016）[③]在《体育产业发展引导资金的功能定位、引导机理及运行机制》文中提出，体育产业发展引导资金是政府调控体育产业发展的重要财政政策，并提出从绩效评估机制、风险控制机制、动力机制、保障机制和协调机制等方面构建引导资金的运行机制。

霍军、李海娜（2016）[④]在《全民健身战略下体育产业社会化运行机制研究》文中提出，随着行政决策机制日趋完善、市场协调机制日臻成熟、社会协同机制日渐形成，体育产业社会化运行成为可能。然而，"政府体育"的思维惯性、政策措施不到位、消费观念落后、科技研发不足、市场培育困难等阻碍了其社会化实施。通过政府管办分离、企业独立运作、完善配套激励、相关业态协同、监管绩评约束等机制，为完善体育产业社会协同发展、优化配置体育资源、激活体育产业市场等提供理论参考。

三、关于体育产业发展中政府作用研究

国内学者李建英（1997）[⑤]在《社会主义市场经济条件下的体育产业发

[①] 杨冰，王春来. 我国公益性全民健身服务体系的构建与运行机制问题研究[J]. 体育科技，2010，31（4）：4-8.

[②] 方清. 富阳体育用品制造产业集群的结构及运行机制研究[D]. 宁波：宁波大学，2015.

[③] 成会君. 体育产业发展引导资金的功能定位、引导机理及运行机制[J]. 天津体育学院学报，2016（1）：12-17.

[④] 霍军，李海娜. 全民健身战略下体育产业社会化运行机制研究[J]. 山东体育学院学报，2016（3）：8-11.

[⑤] 李建英. 社会主义市场经济条件下的体育产业发展[J]. 生产力研究，1997（6）：83-85.

展》文中提出，我国体育事业必须与社会主义市场经济相适应，它既不能排斥市场，也不能完全纳入市场经济的轨道，应实行半市场化，由过去单一的计划机制向计划与市场相结合的运行机制转变，积极发展体育产业并顺应体育产业的发展趋势。

马志和、戴健（2013）[①]在《论政府体育管理职能的转变与制度创新》文中研究探讨了社会主义市场经济条件下政府职能的定位，认为我国政府体育管理职能仍然具有过多的行政色彩，滞后于体育改革的要求，应以市场为导向进行政府制度创新，即从权力无限政府转变为权力有限政府，从行政治体转向依法治体，从无所不为转向有所为、有所不为，提高政府体育管理效能。

刘青（2003）[②]在《论我国政府职能转变与体育行政管理体制改革》文中回顾了我国政府体育管理职能转变的探索过程，揭示了我国体育事业传统发展模式的缺陷，认为在市场经济体制下，我国政府体育管理职能的转变应从五个方面入手：①精简机构，适应市场化形势；②从以直接参与体育事业发展为主向以为体育事业发展提供服务为主转变；③将政府体育管理部门的公共服务职能市场化；④从体育资源配置职责向管理体育发展秩序职责转变；⑤大力培育体育中介组织，建立、健全体育经纪人制度。

陈明（2006）[③]在《新时期我国体育产业管理模式的选择》文中认为，政府组织在体育产业的发展进程中具有重要主导作用，重新界定政府职能在市场经济中的地位是政府管理职能有效转变和创新的重要内容。由于在市场失灵和市场有效之间，在公共产品与私人产品之间并不存在截然的对立关系，并且随着国民经济发展和市场化程度的提高，公私之间的界限可能会发生变化，明确政府组织在体育产业发展进程中的角色定位，可以使我们在具体实践工作中有所为、有所不为，有所先为、有所后为，有所大为、有所小为。

郝海亭、徐晓敏（2009）[④]在《政府在体育产业发展过程中的地位和作用》中提出政府在体育产业发展中的主导作用，即引导、统筹规划、扶持和规

---

①马志和，戴健.论政府体育管理职能的转变与制度创新［J］.上海体育学院学报，2003，27（3）：14-17.
②刘青.论我国政府职能转变与体育行政管理体制改革［J］.经济体制改革，2013（6）：129-132.
③陈明.新时期我国体育产业管理模式的选择［J］.体育科技文献通报，2006（4）：60-61.
④郝海亭，徐晓敏.政府在体育产业发展过程中的地位和作用［J］.军事体育进修学院学报，2009（3）：11-14.

范。并且，提出在政府管理体育产业的方式上，政府的调控要摆脱过去"直接管理、具体操作、包办代替"的局面，各级部门组织编制体育产业发展规划，制定专项体育产业政策，宏观调控体育产业的总量和结构，当好"裁判员"，做好本职工作，使所辖范围保持一种凝聚力；工商、税务、体育等行政部门在各自职能范围内专司管理体育市场的职能。

庞善东、望宇（2019）[1]在《我国大型体育场馆管理体制和运行机制改革研究》文中提出，国家体育总局应主动与财政部、发改委等部门对接，争取出台专门推进社会资本建设运营大型体育场馆的具体实施办法，在实施大型体育场馆PPP项目过程中，各级地方政府进一步健全相关制度设计，运用相关政策法规强化督导监管，充分保障各方权益，充分实现大型体育场馆的经济效益和社会效益。

赵晨（2009）[2]在《我国体育产业治理模式研究》中明确了体育产业治理的主体、客体、利益相关者及政府、市场和行业协会等组织在产业治理过程中的作用，提出我国体育产业的治理应采用以体育协会为主的非正式组织的多元化协同治理模式，将其概述为"市场+政府+以行业协会为主的非政府组织"，突出第三方中介组织的协调作用，运用市场的调节作用、依靠国家的计划和命令手段，多种因素相互协同，既达到市场作用下经济学中的帕累托最优（Pareto Optimum），又达到国家宏观调控下资源配置的最优化。

闫洪涛（2019）[3]在《我国体育用品制造业的集群化发展优势及其政府职能研究》中提出我国体育制造业集群化发展的后发优势，政府作为引导产业集群发展的政策制定者和实施者，对产业集群竞争力的提升发挥着重要的作用。

张瑞林、王先亮（2010）[4]在《我国体育产业管理体制研究》文中提出构建符合国情的体育产业管理体制，需要合理机构设置、明晰权限划分、构建政策法规体系，形成包括运行基础、调控体系和保障体系的体制系统，着重做好优化产业结构、建立现代企业制度和促进标准化工作。

---

[1] 庞善东，望宇.我国大型体育场馆管理体制和运行机制改革研究［C］.第十一届全国体育科学大会论文摘要汇编，2019.

[2] 赵晨.我国体育产业治理模式研究［D］.石家庄：石家庄经济学院，2009.

[3] 闫洪涛.我国体育用品制造业的集群化发展优势及其政府职能研究［J］.北京体育大学学报，2010（7）：9-11.

[4] 张瑞林，王先亮.我国体育产业管理体制研究［J］.体育学刊，2010，17（10）：14-21.

张金桥、邱茜（2015）[①]在《我国体育产业发展中的政府职能及其转变》中提出要简政放权，充分发挥市场在资源配置中的决定性作用；深化改革，加强政策法规建设，健全工作机制，严抓政策落实，依法推动体育产业发展；促进体育消费，为体育产业发展提供内生动力；维护市场公平，做好市场监管与服务；建立体育产业发展基金，深化体育产业投融资体制改革；建立体育产业发展公共信息平台，推广政府购买公共服务，支持体育产业发展。

李燕领、夏翔鹰（2015）[②]在《体育产业发展中的政府职能定位研究》中认为，我国体育产业发展中政府职能存在着传统体制束缚严重、宏观调控缺乏、政策扶持不力以及科学管理不到位等问题。并且，政府部门在体育产业发展过程中必须确立宏观调控职能，为社会创造公平的法治环境和政策环境，引导人们的体育消费热情；应该加强体育产业的监督和管理；构建体育产业发展的公共服务机制，充分发挥政府的公共服务职能。

马姗姗（2017）[③]在《体育产业发展中的政府职能作用研究》文中，从宏观调控职能、统筹协调职能、监督保障职能和公共服务职能四个方面分析了泰安市体育产业发展中政府职能存在的问题及原因。提出宏观调控存在越位现象、统筹协调职能尚不完善、监督保障职能存在欠缺、公共服务职能有待加强；产生这些问题的原因是政府部门不重视、法律法规不健全、产业规划不细化、政策落实不到位。提升体育产业发展中政府职能作用要加大政府投入力度，牢固产业发展基础；深化体制机制改革，改善产业政策法规；改变发展观念，强化公共服务职能；创新政府职能，促进产业发展。

四、研究文献述评

综上所述，体育产业发展模式主要包括体育产业发育和体育产业演进两个层次的内容，而体育产业发育和演进即体育产业的生成、运行和发展等维度。体育产业发展模式和政治经济体制、社会经济发展水平、消费结构、消费意识以及自然环境、体育产业相关资源等息息相关，并且，体育产业发展必须充分

---

① 张金桥，邱茜.我国体育产业发展中的政府职能及其转变［J］.天津体育学院学报，2015，30（4）：357-363.
② 李燕领，夏翔鹰.体育产业发展中的政府职能定位研究［J］.北京体育大学学报，2015（9）：1-5.
③ 马姗姗.体育产业发展中的政府职能作用研究［D］.济南：山东大学，2017.

考虑市场机制和政府在资源配置过程的作用。其中，体育产业发育是指体育产业形成的方式，也就是在一个特定的社会经济环境下，体育产业以什么样的方式形成、发育问题；而体育产业演进则是指当体育产业发育到一个特定阶段时，以什么样的方式促进体育产业向高度化和现代化发展，它是对体育产业系统所作的理论概括和理论抽象。随着我国市场经济体制的逐渐发展完善，市场机制在体育产业发展过程中的基础性调节作用将越来越重要，当然，政府的辅助性调节作用同样不可或缺。因此，我国体育产业发展机制是一系列机制的结合和协作，主要包括我国体育产业发展的动力机制、融资机制、保障机制、监管机制与退出机制，这一系列机制深深地影响着我国体育产业的快速发展。

第四节　研究内容框架

一、导论

（一）选题的背景
（二）选题的依据和意义
（三）研究文献综述
（四）研究内容框架
（五）研究思路和研究方法

二、体育产业发展模式及机制建设理论阐释

（一）核心概念的界定
（二）体育产业发展的核心理念
（三）我国体育产业管理特征及其性质分析
（四）我国体育产业发展模式体系及机制框架分析

三、体育产业发展中政府职能定位研究

（一）发达国家体育产业政府职能定位研究

（二）体育产业发展政府职能定位问题分析

（三）体育产业发展中政府职能定位分析

四、体育产业链式发展模式研究

（一）体育产业链形成的机理分析

（二）我国体育产业链的基本构成分析

（三）我国体育产业链式发展的整合模式分析

（四）我国体育产业链式发展的整合策略分析

五、体育产业集群式发展模式分析

（一）体育产业集群形成的机理分析

（二）我国体育产业集群式发展模式分析

（三）我国体育产业集群升级路径分析

（四）我国体育产业集群式发展的公共政策选择

六、体育产业集群式发展中地方政府角色分析

（一）体育产业集群发展中政府作用的内在逻辑

（二）体育产业集群发展中地方政府作用边界模型分析

（三）体育产业集群发展中地方政府实践分析

（四）体育产业集群不同发展阶段的地方政府角色

七、体育产业融合式发展模式研究

（一）体育产业融合式发展的前提：产业关联

（二）体育产业融合式发展的效应分析

（三）体育产业融合式发展的路径模式分析

（四）中国体育产业融合式发展的政策选择

八、江苏省体育产业政策实施机制及其成效分析

（一）江苏省体育产业政策发展背景
（二）江苏省体育产业政策发展现状
（三）江苏省体育产业政策推进措施
（四）江苏省体育产业政策发展展望

九、苏州市体育产业发展引导资金运行管理研究

（一）体育产业发展专项资金演变历程
（二）苏州市体育产业发展专项资金现状分析
（三）苏州市体育产业发展专项资金运行管理研究
（四）苏州市体育产业发展专项资金运行管理问题分析
（五）苏州市体育产业发展专项资金运行管理优化策略

第五节 研究思路和研究方法

一、研究思路

本研究首先界定了相关的核心概念，并阐述了我国体育产业核心理念的发展演变，进一步明确了我国体育产业的性质和特征，然后运用产业经济学、管理学等理论对国外体育产业发展现况和发展模式进行了研究，探讨了体育产业组织管理模式的特征。其次，重点从我国体育产业发展的管理体制、演进环境、产业功能的转变与重新定位以及体育产业发展与政府职能转变等方面探讨了我国体育产业组织发展模式。再次，体育产业政策对我国各级地方政府体育产业发展模式及机制建设有着重要的影响作用，是政府职能发挥作用的具体措施表现，在全面把握、借鉴国内外体育产业政府职能的前提下，从体育产业链式发展、体育产业集群式发展、体育产业融合式发展模式等方面提出我国体育产业发展的政策选择；在对体育产业发展宏观全面把握的基础上，以江苏省体

育产业发展政策的实施情况及效果为例分析了我国体育产业发展政策运行机制的现实困境。最后，以国家体育产业联系点城市——苏州市体育产业发展专项引导资金运行管理为例，探讨了我国地方市级政府发展机制方面的问题，进而提出针对体育产业发展的政府管理机制及系列建议。具体逻辑框架见图1.1。

研究思路	研究内容	拟解决的主要问题	研究方法
框架设计	体育产业发展模式及机制建设理论阐释	核心概念界定、体育产业性质、管理特征	文献资料法
现状把握	体育产业发展中的政府职能定位研究	发达国家和我国体育产业发展中的政府职能	
模式探讨	我国体育产业链式发展模式研究	体育产业链形成机理、链式发展模式	比较分析法
	我国体育产业集群式发展模式研究	体育产业集群形成机理、体育产业集群式发展模式	逻辑分析法
	我国体育产业集群式发展中的地方政府作用	体育产业集群式发展中的政府作用定位	
	我国体育产业融合式发展模式分析	体育产业融合发展机制及模式、公共政策选择	实地调查法
地方实践	江苏省体育产业政策实施机制及成效分析	江苏省体育产业政策实施机制、成效	数理统计法
	苏州市体育产业发展引导资金运行管理研究		
对策建议	研究结论与对策建议	苏州市体育产业发展引导资金运行管理研究特点及管理方式	案例分析法

图1.1　研究的逻辑框架图

二、研究方法

（一）研究对象

本研究在产业经济学等相关理论的指导下，结合国外部分发达国家体育产业发展模式及其特点，以我国体育产业转型的历史背景作为分析基础，对我国体育产业发展模式及运行机制进行了研究。

（二）研究方法

本研究采用文献资料法、比较分析法以及逻辑分析法等研究方法，借鉴美国、英国及日本等国家体育产业发展中的政府职能经验，运用大量相关的数据和案例，分析我国体育产业发展历程和模式建设现况，全面论述了我国体育产业发展模式及运行机制，力图构建出一个较为完整的体系和框架，解决我国体育产业领域迫切需要解决的问题，促进转型时期的我国体育产业的快速发展。

1. 文献资料法

本研究以"体育产业发展模式""体育产业链""体育产业集群""体育产业融合""体育产业政策"等为关键词，根据研究需要查阅、搜集及整理了系列相关文献，为本研究的进行奠定了资料基础。本研究获取文献资料的主要渠道如下：①通过中国学术期刊全文数据库；②中国优秀博硕论文数据库；③通过查阅各级政府官网，搜集整理各级政府体育产业发展的政策和措施等，全面了解国内外研究成果，夯实本研究的文献资料基础。

2. 比较分析法

体育产业发展在西方国家已经形成较为完善的模式体系，其中的政府职能定位较为明确，治理机制也较为成熟，本研究对美国、英国和日本三个不同国家的体育产业发展中的政府职能定位问题情况进行整理，分别列举每个国家的发展特点，对其具体政府职能定位进行了系统的概括，并比较分析了我国体育产业发展中的政府职能问题及如何有效定位的问题，借鉴并参考体育产业发展中的经验做法，以期为我国体育产业发展提供借鉴和参考。

3. 统计分析法

本研究使用SPSS 17.0、Excel等软件主要对苏州市体育产业发展专项资金的相关统计数据进行了统计处理分析，对所需要研究验证的问题进行了分析讨论。

4. 访谈调查法

我国体育产业发展中的政府作用不可或缺，在研究期间，针对江苏省体育产业政策实施及其效应实地访谈了江苏省及13个地级市的体育产业相关部门，并通过电话、实地访谈等采访方式，对苏州市体育局体育产业相关部门的负责人进行访谈调查，了解并把握苏州市体育产业发展专项资金运行管理情况，详细咨询和分析苏州市体育产业发展的当前状况，以形成对其政府具体工作全面深入的认识，涉及流程、资助方式以及资助资金等多方面的情况，对江苏省体育产业政策以及苏州市体育产业发展专项资金正式实施情况有了较为全面的了解。

5. 逻辑分析法

本研究采用归纳与演绎结合、分析与综合结合以及定义等逻辑方法，对体育产业发展模式、体育产业运行机制的概念进行界定，对相关概念的区分和关联性等方面进行了分析，在研究思路和内容设计以及相关结论、建议中也体现了逻辑分析的方法。

本章小结

本部分首先阐述了研究的依据和意义。其次，述评了现阶段体育产业发展模式及运行机制相关的研究文献。再次，确立了本研究的研究内容与逻辑框架结构，对相互联系和相互作用的研究内容进行了整体把握。最后，结合我国体育产业的模式及运行机制特点，明确了体育产业发展模式的研究思路，提出了体育产业发展模式及运行机制的具体研究方法，有效支撑了本研究的顺利开展。

第二章 体育产业发展模式及机制建设理论阐释

第一节 核心概念的界定

一、关于模式与体育产业发展模式

（一）关于模式

《现代汉语字典》中对模式的解释是："某种事物的标准形式或是人可以照着做的标准样式。"模式是指从生产经验和生活经验中经过抽象和升华提炼出来的核心知识体系。模式是主体行为的一般方式，包括科学实验模式、经济发展模式、企业盈利模式等，是理论和实践之间的中介环节，具有一般性、简单性、重复性、结构性、稳定性、可操作性的特征。模式在实际运用中必须结合具体情况，实现一般性和特殊性的衔接，并根据实际情况的变化随时调整要素与结构才有可操作性。而在社会科学领域，模式是一种重要的思维和操作方法，是解决某个问题的方法论的集中体现。著名社会学家费孝通（1983）曾在《小城镇·再探索》一书提出了"经济发展模式"的概念，认为"模式是在特定的地域和特定的历史条件下，具有特色的发展经济的方法"，并提出工业化新模式、小城镇发展模式、区域经济发展模式、经济圈模式等中国经济发展的四种模式。就经济领域而言，关于模式主要包括以下几种说法，即模式结构说、模式类型说、模式的多因素相互作用构成整体的认识和把握学说等。一般来说，模式具有五个方面的属性：一是包含一系列基本要素的整体，这些要素是模式存在和发展的基础；二是具有独立性，即模式能通过内部文化黏合剂的作用区别其他模式；三是模式内部各要素之间相互作用、相互依存，推动模式内部结构不断创新和发展；四是模式内部各要素存在着合理布局与协调相处问题，模式整体不等于各要素之和，各要素功能的最大化不等于整体最大化；五是模式处于不断变化中，对于来自外部的压力和内部各要素的反抗，模式能够迅速反应，予以调节和疏导。

（二）关于产业发展模式

产业发展模式是产业经济学和发展经济学的常用语之一。产业发展模式是在一定的外部发展条件和市场定位的基础上，通过产业结构反映的一种资源利用方式。任何一个国家的产业发展，都离不开模式的选择，合适的产业发展模式和发展路径直接决定一个国家产业发展水平的高低。产业发展模式本身没有好坏之分，但对于既定的国家和地区来说，适合国情的产业发展模式就是好模式。一国或地区选择合适的产业发展模式的依据在于，符合本国在全球产业分工体系中的地位，能够充分发挥自身优势，合理配置产业内部及外部资源[1]。关于产业发展模式的概念，可以从以下几个方面进行理解。

（1）产业发展模式是对不同产业发展结构的描述。出口导向型产业发展模式是指产业出口值在整个产业中所占的比重较高；劳动密集型产业发展模式是指在各种要素的投入中，产业的单位产值或单位资产中劳动所占的份额较高；产业集群发展模式意味着某一产品的生产要素在一定区域内聚集生产。

（2）产业发展模式代表某种资源利用方式。产业链式发展模式代表资源的利用环节的紧凑和共享程度的加强；以大企业为主的发展模式代表着产业发展的资金、劳动力、技术等资源主要掌握在大企业手中，资源的集中度较高；产业的重点突破发展模式代表有限的资源集中到重点产业。

（3）产业发展模式既可以通过产业发展的外部环境来反映，也可以通过产业自身的特点来反映。前者有以市场调控为主的发展模式，以计划调控为主的发展模式等；后者有以产业集群为主的发展模式，以融合发展为主的发展模式等。

（4）产业发展模式都要受到一定的条件约束，如资金、技术、劳动力、市场规模、国家安全等。一个国家或地区，要根据自身的约束条件或者根据本国

---

[1] 丁玲华. 现代信息服务业发展模式的比较与选择 [J]. 当代经济管理, 2014, 36 (2): 72-77.

国情选择相适应的发展模式，一种好的发展模式是能充分发挥本国优势的发展模式。

（5）任何一个国家的产业发展模式都是一个动态变化的过程，所谓发展模式的优化，是指一国的产业发展模式按照能够充分利用本国资源或更适合本国国情，从一种资源利用方式转变到另一种资源利用方式的变化过程。具体分析如下：一是经济发展水平和产业基础。经济发展水平是影响一国产业发展模式选择的主要因素。不同的经济发展水平，生产要素的稀缺程度不同，分工与专业化程度不同，经济系统的聚合要求不同，其所具有的比较优势就不同，而比较优势是一个国家选择产业发展模式的主要依据。同时，产业发展模式的选择又依赖于原有的产业基础，良好的产业基础可以提供技术、资金、人才、制度等条件。二是生产要素基础。资本、自然资源、技术因素、人力资源、基础设施等生产要素，对某一产业发展的适合程度是决定该行业能否取得竞争优势的重要因素。但发展模式不仅取决于生产要素，更取决于要素能否被有效运用。三是市场与政策环境。市场与政策环境也是一国选择产业发展模式通常要考虑的因素。综上所述，产业发展模式的选择是产业外部条件和内部因素发生变化共同作用的结果。产业内部的影响因素状态发生变化，或者外部的影响因素发生变化时，都会导致产业优势和社会分工中角色发生变化，因此产业发展模式中构成要素的状态也会随之调整，以适应新的发展需求。一国或一地区选择产业发展模式时，重要的是要看该发展模式是否适合该产业、地区或国家的发展现状和需求。

（三）关于体育产业发展模式的研究

凌翔（1993）[1]在《从体育消费关系结构谈体育产业发展模式》中从体育产业消费关系结构入手，从宏观上提出了与群众体育相关的健身、康复和娱乐为重点优先发展，有步骤地推进全面体育产业化的模式构想。

丛湖平、张爱华（2004）[2]等在《论我国东部省份体育产业区域发展模式的构建》中通过规范研究的范式论证了"非均衡协调发展方式"是我国东部省

---

[1] 凌翔.从体育消费关系结构谈体育产业发展模式［J］.上海体育学院学报，1993（3）：12-17.
[2] 丛湖平，张爱华.论我国东部省份体育产业区域发展模式的构建［J］.体育科学，2004（12）：13-17.

份区域体育产业发展最佳选择的命题。

赵雯（2006）[①]在《上海体育产业发展模式研究》中通过比较分析得出政府在中国体育产业发展模式中起着主导作用。

饶远（2006）[②]在《云南体育产业发展模式探索》中认为体育产业发展模式的选择依据是该区域经济社会发展状况、自然环境与体育资源禀赋优势、大众体育意识与体育消费水平等条件。

陈明（2006）[③]在《新时期我国体育产业管理模式的选择》中提出市场管理、政府管理、政府与市场结合管理这三种管理模式实际上是一个有机统一的整体，在体育产业发展初期的管理实践中，并不存在单一的管理模式，在选择上往往是有所侧重或多种管理模式成分共同作用的结果。市场管理模式的发展离不开政府的引导和推动，政府管理模式的有效运用有赖于产业市场的建立与发展。应该是体育产业的市场管理、政府管理、政府与市场结合管理这三种管理模式的有机结合和合理运用。提出政府与市场结合的管理模式可以认为是适应现阶段我国体育产业发展现状的一种有效的管理模式。特别是对于作为体育龙头产业的竞赛表演市场，其规模发展更需要建立政府与市场结合管理的长效机制。

丛湖平（2006）[④]在《体育产业理论与实践》中提出将体育产业发展方式的选择、"集化区"的选择、发展时序的选择以及体育产业的区域主导行业的选择综合作为发展模式的构成。

鲍明晓（2007）[⑤]在《体育产业国际比较研究》中提出国外体育产业发展模式可以分为市场主导型和政府参与型两类。其中，市场主导型是指体育产业发展的原动力来自市场主体自身对商业利润的追求以及不同市场主体间相互竞争所产生的压力和动力；政府参与型是相对于市场主导型而言的，它是指政府对本国体育产业的发展设定目标，并且利用多种手段引导、调控和规范体育市场主体的组建和运作。

---

①赵雯.上海体育产业发展模式研究[D].武汉：武汉体育学院，2006.
②饶远.云南体育产业发展模式探索[J].云南社会主义学院学报，2006，31（3）：54-57.
③陈明.新时期我国体育产业管理模式的选择[J].体育文化导刊，2006（1）：13-15，16.
④丛湖平.体育产业理论与实践[M].北京：人民体育出版社，2006.
⑤鲍明晓.体育产业国际比较研究[R].国家体育总局政策法规司，2007.

柳伯力、廖川江等（2008）[①]认为国外体育产业发展模式从经济体制角度来看，大体上可以分为市场主导型和政府参与型两种模式。

林向阳、陈融等（2009）[②]研究认为，在体育市场培育期，体育产业发展模式应选择"政府主导"模式，实施梯度发展战略，实现区域体育产业非均衡协调发展。

梁强、赵伟（2009）[③]在《体育产业人才胜任力特征及其培养模式构建》中提出了基于胜任力的体育产业人才培养模式思考，认为体育产业人才培养模式应达到自我塑造与社会需要、知识传授与素质培养、教育过程与教育氛围的协调一致。

邓陈亮、李樑（2010）[④]在《共生视域下我国体育产业发展模式研究》中提出了为保障体育产业共生关系的持续发展，应建立集中与扩散型、相关产业联动聚集型以及"三多一放"型发展新模式。

因此，从管理学意义上来说，价值理念、相应的制度框架和合宜有效的方法技术手段构成一种管理模式的核心部件。由此可见，体育产业发展模式是体育产业发展的重要思维和操作方式，包含着体育产业发展的价值理念、相应的制度框架和合宜有效的方法操作手段。而本研究正是基于体育产业发展的组织结构视角，认为体育产业发展模式主要包括产业链式发展模式、产业集群式发展模式和产业融合式发展模式等。

二、关于体育产业运行机制

（一）关于运行机制

"机制"一词最早源于希腊文，原指机器的构造和工作原理。对机制的这一本义可以从以下两方面来解读：一是机器由哪些部分组成和为什么由这些部分组成；二是机器怎样工作和为什么要这样工作。把机制的本义引申到不同的

---

① 柳伯力，廖川江，等.体育产业论［M］.成都：四川科学技术出版社，2008.
② 林向阳，陈融，等.福建体育产业发展研究［J］.体育文化导刊，2009（1）：49-51.
③ 梁强，赵伟.体育产业人才胜任力特征及其培养模式构建［J］.首都体育学院学报，2009，21（1）：43-45.
④ 邓陈亮，李樑.共生视域下我国体育产业发展模式研究［J］.内蒙古体育科技，2010（2）：47-48.

领域，就产生了不同的机制。当然，机制在社会学中的内涵可以表述为"在正视事物各个部分的存在的前提下，协调各个部分之间关系以更好地发挥作用的具体运行方式"。通过建立（或者变革）与之相应的体制和制度，机制在实践中才能得到体现。所以，可以通过改革体制和制度，达到转换机制的目的；也就是说，通过建立适当的体制和制度，可以形成相应的机制。从机制的功能来进行区分，有激励机制、制约机制和保障机制。激励机制是调动管理活动主体积极性的一种机制；制约机制是保证管理活动有序化、规范化的一种机制；保障机制是为管理活动提供物质和精神条件的机制。

综上所述，机制在社会学中的内涵可以表述为"在正视事物各个部分的存在的前提下，协调各个部分之间关系以更好地发挥作用的具体运行方式"[1]。当然，由于机制是在经济机体运行中发挥功能，所以又称为运行机制。"运行机制是指事物进行正常运行时，各个要素间所必需的一系列相互关联的规则、程序和由这些规则程序形成的整体秩序。第一，只有多种要素构成的系统才存在运行机制问题，是系统事物的运行机制。第二，在一个系统中的各个要素，虽然各有特定功能但又都是为整体功能服务的，因此，运行机制是整体的运行机制"。

（二）关于体育产业运行机制

运行机制，是指在人类社会有规律的运动中，影响这种运动的各因素的结构、功能及其相互关系，以及这些因素产生影响、发挥功能的作用过程和作用原理及其运行方式。如市场运行机制、企业运行机制等。就中国体育管理体制而言，其运行机制主要体现在政府管理系统、社会管理系统、政府与社会管理系统互动过程中的规则、程序以及由此形成的整体秩序。体育产业运行机制主要包括市场层面的各种机制以及市场主体企业的运行机制等内容。其中，市场运行机制由价格机制、竞争机制、风险机制、供求机制构成。价格机制是市场经济的核心机制，竞争机制是市场经济的关键机制，风险机制是市场经济的基础机制，供求机制是市场经济的保证机制。企业运行机制是指企业生存和发展的内在机能及其运行方式，是引导和制约企业生产经营决策并与人、财、物相关的各项活动的基本准则及相应制度，是决定企业经营行为的内外因素及相

---

[1] https://baike.baidu.com/item/机制/1433787?fr=aladdin.

互关系的总称。企业运行机制是企业的经营系统、技术创新系统、财务系统等运行过程中各环节内部以及各环节之间本质的、内在的、相互关联的、相互制约的工作方式的总和。运行机制可以使企业经营活动协调、有序、高效运行，增强内在活力和对外应变能力[①]。实现科学合理的企业运行机制，重要的是做好两个方面的工作：一是企业外部环境的建设，二是企业内部机制的构建。王颖、支大林（2012）[①]在《文化产业生成、运行和发展机制研究》中提出了基于"文化—技术—人力"三因素组合的生成机制论、基于文化"生产—交换—消费"三环节的运行机制论、基于"经济贡献—文化观念—关联带动—人力提升"四维度的发展机制论。提出文化产业发展机制虽然以一种"固化"的形式呈现，但必须以一种"活化"的方式充分体现对能动主体的关注和对文化特殊机理的遵循。

国内学者吴超林、杨晓生（2004）[②]在《体育产业经济学》中研究提出，体育产业发展模式主要包括体育产业的资源配置方式、体育竞争性领域与市场价格机制、体育非竞争性领域与计划配额机制及政府对体育产业运行的宏观调控，并且指出市场机制对体育产业的调节是基础性调节，政府对体育产业的调节是辅助性调节等。同时，基于学者提出文化产业生成、运行和发展机制关系到文化产业的内生动力的观点，结合我国体育产业发展实践，本研究认为体育产业发展的运行机制主要包括组织系统、权力机制和运行调控机制等要素和关键部件，相应地，机制建设也应该从这些方面进行实施。

第二节 体育产业发展的核心理念

党的十九大"是在全面建成小康社会决胜阶段、中国特色社会主义进入新时代的关键时期召开的一次十分重要的大会"。习近平总书记特别强调，发展理念是发展行动的先导，要以发展理念转变引领发展方式转变，以发展方式转变推动发展质量和效益提升。"十三五"时期，我国体育需求将从低水平、

[①] 王颖，支大林.文化产业生成、运行和发展机制研究[J].经济纵横，2012（9）：19-23.
[②] 吴超林，杨晓生.体育产业经济学[M].北京：高等教育出版社，2004.

单一化向多层次、多元化扩展，体育消费方式将从实物型消费向参与型和观赏型消费扩展，体育产业将从追求规模向提高质量和竞争力扩展，体育产业必将迎来重大战略机遇。自46号文件颁布以来，体育产业的创业者层出不穷，显示了这个行业的旺盛活力；对于中国经济的巨大贡献，显示了这个行业的无穷后劲，商业业态不断丰富多彩，对其他行业的联动作用日益明显。《体育强国建设纲要》（以下简称《纲要》）对我国体育产业工作提出了更高的目标要求，《纲要》首次从国家政策层面提出促进体育产业成为国民经济支柱性产业，时间期限为2035年。体育产业成为国民经济支柱性产业是世界体育强国的标志性特征，也是国际体育产业发展的基本规律，它的重要指标是体育产业总量占GDP的比重。其次，《纲要》提出打造现代体育产业体系，是实现"体育产业更大、更活、更优"战略目标的重要途径；在具体任务落实中，提出完善体育全产业链条，促进体育与相关行业融合发展，推动区域体育产业协同发展；加快推动互联网、大数据、人工智能与体育实体经济深度融合，创新生产方式、服务方式和商业模式，促进体育制造业转型升级、体育服务业提质增效。现代体育产业体系的打造既是我国体育产业高质量发展的基本要求，也是国家现代化经济体系建设的重要组成部分，对培育经济发展新动能具有重要意义。

现阶段，社会各方面对体育产业的理解更加全面和理性，谋划发展的思路更清晰、更务实、更有长期目标。许多投资者和企业认识到，体育需求是综合需求，体育技能培养、体育习惯养成、体育场所扩大和体育观赏群体的增长，都是相对的慢变量，投资体育必须有长期战略，着力于产业链和消费生态的培育。各级政府也更为充分地认识到，体育有经济和社会双重价值，需要政府多方面的支持。在这些认识形成后，社会各方面才会共同发力促进发展，体育产业发展才会呈现出促进增长和就业、推动全民健身和发扬拼搏精神、强化社会凝聚力、鼓励为国争光等多重意义。而为了实现体育产业体系建设任务，在理念上要走创新、协调、绿色、开放、共享发展之路。从实践操作层面来讲，我国体育产业发展必须从实际出发，遵循现代体育产业发展的内在逻辑和规律，顺应经济社会发展的新趋势，促使体育产业高质量发展。我国体育产业要以新的理念引领新的发展，把五大发展理念贯穿到体育产业发展的全过程，一是坚持创新发展，推进体育产业公共技术服务平台建设，鼓励体育科技创新和成果转化，重点支持以新技术为支撑、有产业化发展前景、拥有自主知识产权的体育装备器材和新型体育服务技术的发展。二是坚持协调发展,培育打造一批高水平职业体育俱乐部和体育产业园区、基地,着力发展各类体育服务业和高端体育制造业,推动体育与文化创意、旅游融合发展。三是坚持绿色发展,优化体育产业发展环境。加强体育人才队伍建设,鼓励社会资本进入体育产业领域,落实相关税费价格支持政策,保障体育产业用地需求。四是坚持开放发展,鼓励体育产业园区、基地积极引进除本市以外的国内外知名体育企业或体育组织总部及分支机构入驻。推动体育企业"走出去",支持国内体育企业参加境内外知名专业展会,推动体育企业开展国际合作。五是坚持共享发展,加快发展足球、篮球、排球、网球、乒乓球、羽毛球、帆船、马拉松等普及性广、关注度高、市场空间大的运动项目,建设以滨海资源和运动设施为依托的水上赛事组织和休闲示范区,以绿道和高尔夫球会为依托的体育旅游和休闲功能区。

第三节 我国体育产业管理特征及其性质分析

一、我国体育产业管理特征分析

体育产业管理体制从属于体育体制,它包括对体育产业进行管理的机构设置、权力划分和利益分配,以及与之相配套的法律、法规、政策、意见等。中国体育产业管理体制多数被划分为中国体育产业管理体制初始萌芽期(1978—1992年)、中国体育产业管理体制初步成长期(1993—1997年)、中国体育产业管理体制进一步改革期(1998—2008年)和中国体育产业管理体制进一步蜕变期(2009年至今)四个阶段[1]。目前,中国体育产业管理体制包括政府管理系统和社会管理系统两个方面。从我国体育产业发展整体上来看,我国体育产业不同发展时期具有不同的管理特征,在发展过程中彰显出政府直接管理的阶段性特征、市场管理的阶段性特征以及政府主导管理的阶段性特征。

---

[1] 王晓微. 中国体育产业管理体制改革研究 [D]. 长春:吉林大学,2014.

（一）中国体育产业管理体制的机构设置

中国体育产业管理体制从形式上来说，属于政府—社团管理综合型管理体制，体育产业现行管理的机构分为政府管理系统和社会管理系统两个部分（图2.1）。现行中国体育产业管理的政府管理系统包括政府一般管理系统和政府专门管理系统，政府通过这两个管理系统对体育产业开展管理工作。政府一般管理系统是指对从事体育产业的组织和个人进行一般性管理的政府系统，主要包括公检法、国地税、民统劳等部门。政府专门管理系统是指对体育产业进行专门性业务管理和指导的政府部门，由国家体育总局及所辖地方体育局的体育产业管理部门组成，其中隶属国家体育总局的体育经济司负责具体事务。体育经济司下设综合处、财务处、基建管理处和产业管理处四个机构。国家体育总局管理下各地方体育局对本地区的体育产业活动进行有效管理，在部分体育产业发展状况良好的地区，其体育局设置了专门对本地区体育产业进行管理的部门机构，如成都市体育局设置体育产业处，主要负责拟订全市体育产业发展规划并组织实施；依法管理全市经营性高危体育项目；监督管理市体育局管理的对外开放体育场馆的安全工作；负责全市体育彩票发行管理；监督公共体育设施的使用和管理；承办市政府公布的有关行政审批事项。中国体育产业管理的社会管理系统由社会专门管理系统与社会非专门管理系统两部分组成。

同时，"社会专门管理系统由接受国家体育总局业务指导的管理体育产业工作的协会组成，主要包括各个运动项目协会、中国体育用品联合会、中国体育场馆协会、部分省市体育产业协会（如北京市体育产业协会、广东省体育产业协会、山西省体育产业协会）等。社会非专门管理系统是指拥有体育产业组织单位会员，但不受国家体育总局直接领导，对会员的活动进行管理的群众性社团组织。如中国企业联合会、中国质量协会、中国文教体育用品协会等，这些社会社团组织拥有大量的体育产业性质的组织单位，并且对这些会员进行自律性管理。[1]"

---

[1] 王晓微. 中国体育产业管理体制改革研究［D］. 长春：吉林大学，2014.

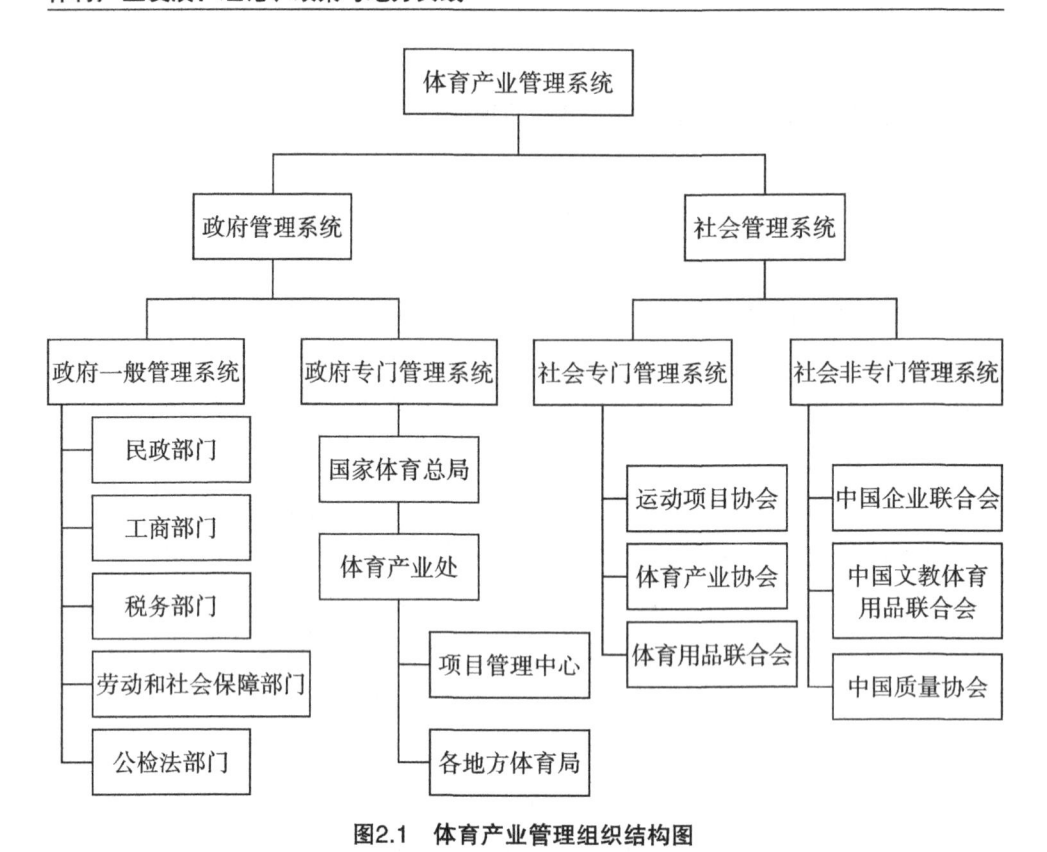

```
                    体育产业管理系统
                   ┌─────────┴─────────┐
              政府管理系统            社会管理系统
           ┌──────┴──────┐        ┌──────┴──────┐
      政府一般管理系统  政府专门管理系统  社会专门管理系统  社会非专门管理系统
       ├民政部门      ├国家体育总局    ├运动项目协会   ├中国企业联合会
       ├工商部门      ├体育产业处      ├体育产业协会   ├中国文教体育
       ├税务部门      ├项目管理中心    └体育用品联合会 │ 用品联合会
       ├劳动和社会保障部门 └各地方体育局              └中国质量协会
       └公检法部门
```

图2.1 体育产业管理组织结构图

资料来源：王晓微.中国体育产业管理体制改革研究［D］.长春：吉林大学，2014.

（二）中国体育产业管理体制的权限划分

中国体育产业现行管理体制的权限划分主要是划分政府系统和社会系统的权限。当前，政府系统虽仍然掌握体育产业管理的大部分权限，但是随着政府系统逐步放权给社会系统，社会系统对体育产业管理的权限将逐步增加。政府系统的体育产业一般管理部门负责具有产业普遍性的管理职能，如民政部门、工商部门对具有体育产业性质的组织进行注册管理，税务部门对具有体育产业性质的企业或者活动的税务进行税收管理，劳动和社会保障部门在人力资源方面给予体育产业性质的组织以社会监管，统计部门对体育产业进行分类标准设置和统计管理等，公检法部门对体育产业性质的组织或活动实施行政监督职能等。政府系统的体育产业专门管理部门负责体育产业具体业务的管理，如国家体育总局负有"研究拟定体育产业政策，发展体育市场；制定体育经营活动从业条件和审批程序"的职责。各地方体育局对本地体育产业发展也负有类似的管理职能。社会系统的体育产业一般管理部门是指中国企业联合会、中国质量协会、中国文教体育用品协会等管理机构,对所属会员和所管辖的体育产业进行一般性管理。社会系统的体育产业专门管理部门在国家体育总局的领导下,对所辖领域的体育产业经济活动进行监督管理与具体操作,如各运动项目管理中心对分管领域的赛事活动进行管理、中国体育用品联合会对具有体育产业性质的企业或组织履行管理职责。

二、我国体育产业的产品性质分析

关于体育产业的性质,主流的体育经济学研究认为,体育产业是一项创造价值的现代产业门类,这种观点基本把体育产业从传统的计划体制痕迹的体育事业概念中剥离了。在产业性质的划分上,体育产业一般被列入第三产业,是一项新兴的现代服务业,而体育产业中的体育用品业的性质问题则多有争议,如张岩认为体育产业只包括体育服务业,不包括体育用品制造业[①],而目前比较流行的体育产业教科书均把体育用品业列入体育产业的重点行业领域中进行表述和分析。

(一)关于产品的分类

保罗·萨缪尔森(2004)提出公共物品是指每个人对某种产品的消费不会导致其他人对该产品消费减少的物品。在此基础上,学者马斯格雷夫、科斯、布坎南等人进一步发展和完善了该理论,形成了丰富的公共物品理论,并确立了公共物品消费的非竞争性和非排他性,以及效用的不可分割性。根据产品的特性进行分析,产品分为公共产品和私人产品两大类别。其中,公共产品具有消费的非竞争性和非排他性两大特征。第一类是纯公共物品,即同时具有非排他性和非竞争性。第二类公共物品在消费上具有非竞争性,却可以较轻易地做到排他,有学者将这类物品形象地称为俱乐部物品(俱乐部物品是介于纯公共

[①] 张岩. 略论体育产业范畴 [J]. 体育与科学, 1993 (6): 5-7.

物品与私人物品之间的准公共物品）。布坎南曾指出，有这样的物品和服务，它们的消费包含着某些"公共性"，适度的分享团体多于一个人或一家人，但小于一个无限的数目。俱乐部物品是指那些受益人相对固定的、通过俱乐部形式组织起来的利益共同体所提供的俱乐部公益性物品，消费者相对集中，且受益人相对固定。俱乐部物品在一定限度内，消费上具有非竞争性，如纯公共物品那样；另外，排斥有时也是可行的，如同私人物品那样。游泳池是俱乐部物品的典型。俱乐部经济理论的基本目的是研究非纯公共物品的配置效率问题。俱乐部理论从整个社会的角度分析俱乐部均衡，其效用受到私人物品消费量、俱乐部物品消费量、俱乐部的拥挤程度三个因素影响。第三类公共物品在消费上具有竞争性，却无法有效地排他，有些学者将这类物品称为共同资源或公共池塘资源物品。俱乐部物品和公共资源物品通称为"准公共物品"，即不同时具备非排他性和非竞争性。准公共物品一般具有"拥挤性"的特点，即当消费者的数目增加到某一个值后，就会出现边际成本为正的情况，而不是像纯公共物品，增加一个人的消费，边际成本为零。准公共物品到达"拥挤点"后，每增加一个人，将减少原有消费者的效用。根据表2.1可以看出，公共物品的分类以及准公共物品"拥挤性"的特点为我们探讨体育资源产品属性的多重性提供了理论依据。

表2.1 产品分类

竞争性 \ 排他性	无	有
无	纯公共产品	俱乐部产品
有	公共资源	私人产品

（二）关于体育资源的产品分类及其性质

国内学者隋路在《体育资源的配置效率》一书中将体育资源进行了较为系统的划分，并针对每一种资源亚类进行了配置方式的考量，具体如下：

（1）完全公益性体育产品，即不具备产业性质，按照公共产品理论是纯公共体育产品，如健身路径、方针政策制定、体育管理、体育义务教育、公益性体育活动、体育健身指导等消耗的动用公共财政，是一种具有独特作用的、面向大众共同需要的公益性体育产品[①]。这类公共体育资源有效供给方式是政府，凸显补偿公平而非交易公平，其政策性表达正是基本公共体育服务的均等化。政府作为公共体育资源供给流程中唯一合法的"制度设计者""直接生产者"以及"公共财政的调配者"，需要制定公共体育服务的最低标准，调整和优化现行财政支出结构，保证人人享有基本公共体育服务目标的实现。

（2）完全产业型体育产品，按照公共产品理论理解是具有私人产品属性的特殊体育产品，它在一定程度上关注社会公众、个人的享受需要和发展，同时更是个别私人体育需要的商品性和营利性产品和服务，如面向公众的健身俱乐部、职业或依靠企业和社会赞助的半职业体育联赛，对于这类体育产品，政府应充分发挥市场在该领域的决定性作用。当然，该类体育产品生产与消费成正溢出效益，政府可以通过税收减免、财政补贴等经济与法律手段，降低这类产品的市场准入等法律制度与差别化的政策，同时通过明晰产权制度不断激发市场的内生性动力。当该类产品生产与消费产生负溢出效益[②]时，政府应健全相关法规并严格执法，对市场主体进行惩处、警戒与引导。

（3）部分公益与产业可结合型体育产品，是具备公益性、兼具产业性质且可区分的，在满足社会共同需要的同时满足私人需要的混合产品，如信息化的专业技术服务、运动康复保健、健身培训、气氛营造舆论、个人训练、健身等场地、教练员等资源等，这类体育产品生产具有负溢出效益，而消费活动却可能产生正溢出效益。也就是说，政府对于此类体育产品供给成本高昂、运作低效，可以交付市场和社会组织来承担，政府适当鼓励市场供给，健全宏观调控的责任制度。

（4）部分公益与部分产业不可分型体育产品，是兼具公益性质及产业属性，并且混在一起不能区分的，其生产具有正溢出效益，而消费活动却可能产生负溢出效益。也就是说，政府在该资源领域主导性投入的生产成本一般市场主体难以承受，但此类产品消费的过程可以实现盈利，可将经营与维护等交由市场。政府需要积极推进该类产品配置的市场化与社会化改革，并加强财政、投资等政策协同配合。由此可以看出，A类完全由政府配置，B类完全由市场提供，C、D类资源属于政府与市场合作区域，合理的边界点应该考虑到产品产生

[①] 肖前.公共体育产品非政府供给的可行性与途径［J］.体育学刊，2005（4）：128-130.
[②] 荀明俐.政府干预市场的三重边界——基于公共责任视角［J］.中国行政管理，2016（4）：122-125.

的溢出效益与政府职能作用。这些学者的研究观点为我们探讨体育资源以及体育资源配置提供了重要的参考和借鉴。值得注意的是，这并不意味着每种类型提出的政府职能形成一对一的关系，而是明确政府在不同领域内应采取的市场干预手段方式的不同，明确市场干预到何种限度。国内学者隋路提出了体育产业性和公益性存在二重性本质特性，这为我们分析体育产业的产品属性提供了借鉴和参考。其实，通过分析学者隋路所假设体育存在的公益性和产业性的二重性可以得出，其公益性和公共产品的非排他性是一致的；与此同时，体育的产业特性基本和公共产品的竞争性保持一致（图2.2）。

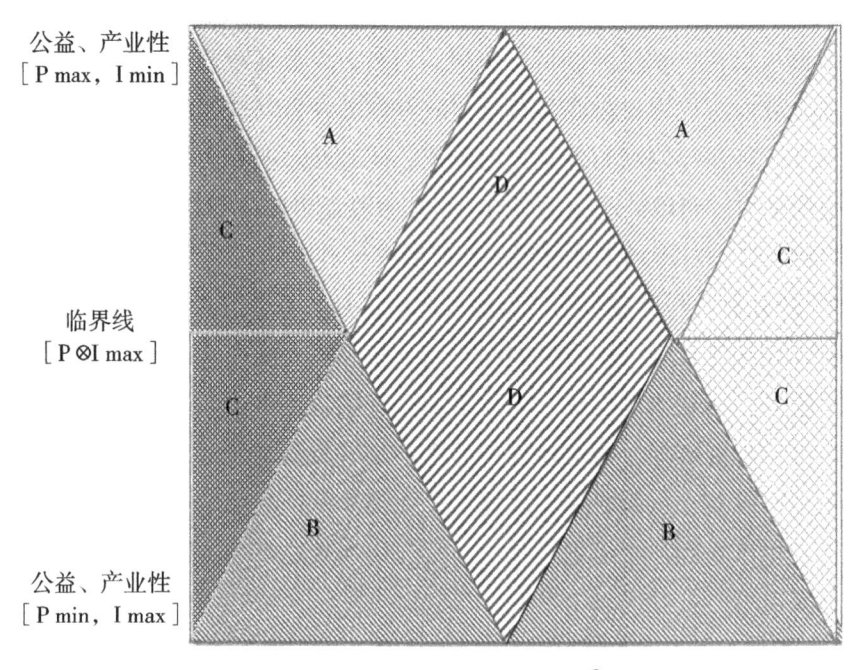

图2.2 体育资源的产品分类[1]

完全性的产业性体育产品需要充分发挥市场在该领域的决定性作用。体育产业作为国民经济的一个部门，与其他产业具有共性，即注重市场效益、讲求经济效益，同时具有不同于其他产业部门的特性。从广义上来说，体育产业指"与体育运动相关的一切生产经营活动，包括体育物质产品和体育服务产品的生产、经营两大部分"，而体育产业的运行机制主要依靠市场调节，要求以经营为主，在提高社会效益的前提下努力提高经济效益。

---

[1]隋路.中国体育资源资源配置效率研究［M］.北京：社会科学文献出版社，2011：89.

第四节 我国体育产业发展模式体系及机制框架分析

一、体育产业发展模式体系分析

一个新兴产业发展的内在动力取决于社会分工、技术创新、社会需求变动，以及产业内部专业化协作等多种因素[①]。对于体育产业，这些因素如何体现？换句话说，研究的着眼点在哪里？以怎样的思路才能更好地发现体育产业的发展规律，才能在实践中促进体育产业的发展？产业链、产业集群和产业融合是新时代产业发展的新趋势，是产业内在发展规律在产业发展实践中的具体体现，是现代企业超出了单个企业自身能力和资源范围的新型组织形式，也是产业发展对当今经济新变化和新特征的一种动态注释。无论是产业链、产业集群，还是产业融合，都是适应时代发展涌现出来的高效率的产业组织形式：产业链是产业纵向一体化组织形式，集群是产业聚集的空间组织形式，融合是产业相互渗透发展的组织形式。罗纳德·哈里·科斯（Ronald H. Coase）认为"企业是对价格机制的一种替代，企业和市场是两种可以成为相互替代的协调生产的手段"[②]。因此，产业链、产业集群和产业融合这些产业组织形式就是介于市场和科层制一体化企业之间的准市场或准企业网络结构，见图2.3。

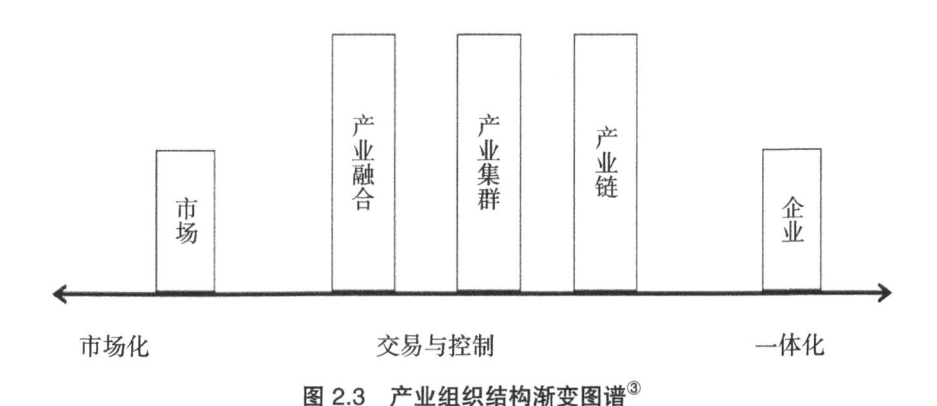

图2.3 产业组织结构渐变图谱[③]

[①]陈洪涛.新兴产业中政府作用机制研究［D］.天津：天津大学，2009.
[②]曹群，姜振寰.产业链的内涵及特性分析［J］.商业研究，2008（11）：133.
[③]杨全城.信息内容产业发展模式及政策支撑系研究［D］.合肥：合肥工业大学，2011.

体育产业同产业链、产业集群和产业融合的结合，为本研究分析体育产业发展规律奠定了基础。本研究中的体育产业链式发展模式、产业集群发展模式和产业融合发展模式构成体育产业发展模式体系。产业发展遵循经济发展的一般规律，即追求成本最低化、利润最大化。研究证明，一个产业内的企业对于某些生产环节是采取市场、科层制一体化企业，还是准市场或准企业的产业组织形式，主要取决于产业组织绩效及环境适应能力。对产业链、产业集群和产业融合的解释涉及社会分工、交易效率、规模经济和范围经济等多种经济学理论，这些理论为我们分析体育产业的链式发展模式、集群发展模式和融合发展模式的提出意义及三者间的关系提供了基础，以便确定本研究体育产业发展模式的理论体系，如图2.4所示。

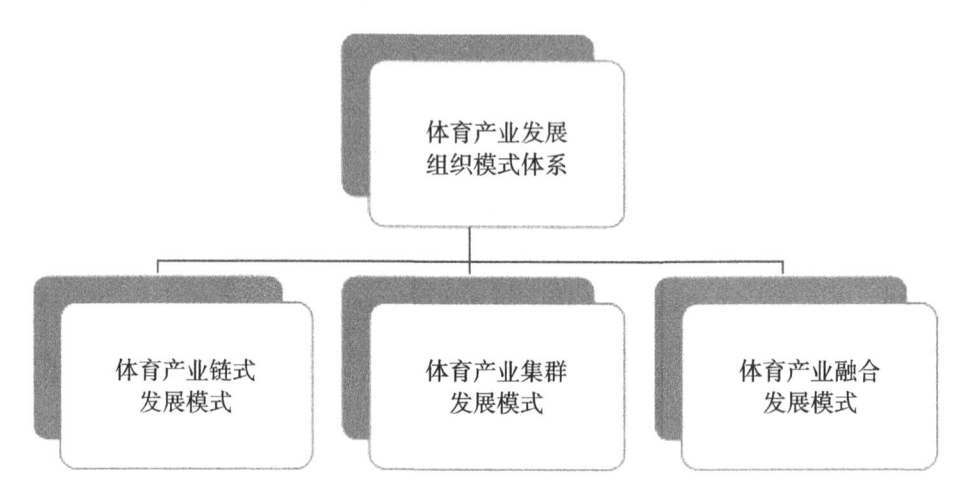

图2.4 体育产业发展组织模式体系

现代体育产业呈现出产业链、产业集群和产业融合等组织模式蓬勃发展的新趋势，并在体育产业上得到了充分且更为集中的体现。一是体育产业由于分工更细、分布到多个企业且每一个企业只在特定阶段进行专业化生产，但这些企业又按照产品的内在经济技术关系在分工的同时进行协作；这种经济技术联系的紧密性决定了该产业较传统产业更易采取产业链的形式组织生产。二是体育产品需求变化快且不确定性大，体育企业更趋于选择以柔性生产为主，驱使体育企业"抱团"集聚，在一定的地理空间上将不同专业化部门的相关企业整合，形成产业价值活动的区位集中，从而形成体育产业集群。三是体育产业在对其他产业进行渗透、融合和变革的同时,不断采用其他行业的丰富内涵和成果发展壮大,催生新的体育产品和业态,成为体育产业发展壮大的不竭源泉,从而使融合发展成为体育产业成长的明显特征。鉴于此,本文将体育产业的发展模式分为链式发展模式、产业集群发展模式和产业融合发展模式,分别从三个不同的角度描述体育产业发展规律,阐述发展体育产业的途径。

其中,体育产业链式发展模式是解决体育企业之间的组织形式问题。体育产业集群发展模式是解决体育企业之间的空间布局问题,也就是说生产某一体育产品,应该由哪些企业或机构集聚在一起,这些企业为什么要聚集和如何集聚在一定地理空间内。体育产业融合发展模式是解决体育产业如何借助信息技术同其他产业融合,在融合的过程中如何促进其他产业的改造提升而催生新的体育产业业态,在融合中体育产业如何得到发展的问题。体育产业链式发展模式、产业集群发展模和融合式发展模式又具有极其密切的关系。在一定程度上,体育产业集群就是基于体育产业链纵向分工协作、横向有效竞争的体育产业企业在一定区域内形成的产业组织形式。如果没有体育产业链的特征,集群内体育企业就会因产品同质化导致集群内部企业的恶性竞争,或者因体育企业缺乏经济技术联系成为"一盘散沙",这些都会使体育产业集群沦为低效率的组织。体育产业借助产业链和产业集群的发展模式,快速成长壮大,使得体育产业具备了同其他产业融合发展的能力。体育产业融合发展不仅发生在产业链上各企业之间,而且发生在集群企业各集群主体之间,甚至发生在产业链同产业链、产业集群同产业集群之间,当然也发生在体育产业同其他产业之间。体育产业同其他产业的融合发展,除改造提升传统产业、展示体育产业的价值之外,还是体育产业成长的源泉;这些新体育产品和业态,又会形成新的体育产业链和产业集群,从而形成一个体育产业发展的良性循环。总之,体育产业链式发展、集群式发展和融合式发展交织在一起,相互支持,共同促进体育产业的成长发展壮大,共同构成了体育产业发展模式的理论体系。

二、体育产业运行机制框架分析

按照系统论、控制论的观点,体育产业运行机制由三个要素部分组成:组织系统、动力机制和调控机制,运行机制具体包含内容如图2.5所示。

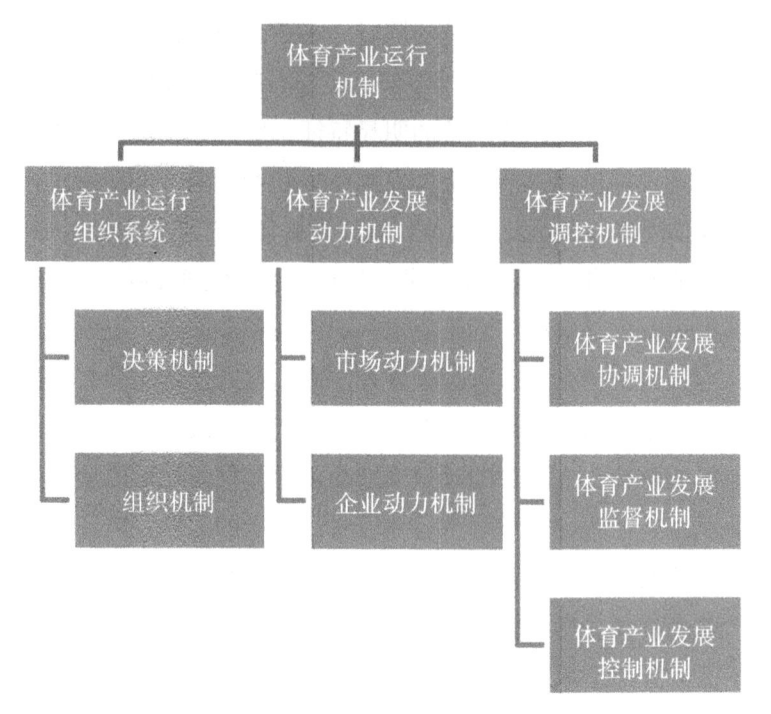

```
                    ┌─────────────┐
                    │ 体育产业运行 │
                    │    机制      │
                    └──────┬──────┘
        ┌──────────────────┼──────────────────┐
┌───────┴──────┐   ┌───────┴──────┐   ┌───────┴──────┐
│ 体育产业运行 │   │ 体育产业发展 │   │ 体育产业发展 │
│  组织系统    │   │  动力机制    │   │  调控机制    │
└───┬──────────┘   └───┬──────────┘   └───┬──────────┘
    │                  │                  │
┌───┴──────┐     ┌─────┴─────┐      ┌─────┴──────┐
│ 决策机制 │     │市场动力机制│      │体育产业发展│
└──────────┘     └───────────┘      │ 协调机制   │
    │                  │            └────────────┘
┌───┴──────┐     ┌─────┴─────┐      ┌────────────┐
│ 组织机制 │     │企业动力机制│      │体育产业发展│
└──────────┘     └───────────┘      │ 监督机制   │
                                    └────────────┘
                                    ┌────────────┐
                                    │体育产业发展│
                                    │ 控制机制   │
                                    └────────────┘
```

图2.5 体育产业运行机制框架图

（一）体育产业运行组织系统分析

目前，我国体育产业管理运行组织系统以国家体育总局行政主导型管理为主，这主要体现在国家体育总局经济司的职责定位上："拟订体育产业发展规划和体育服务管理政策，推动体育标准化建设；拟订公共体育设施发展规划，指导公共体育设施建设，承担公共体育设施监督管理工作；负责体育统计管理工作，承担体育事业和体育产业统计工作；负责体育彩票发行管理工作；负责总局预算、决算及财务管理工作；负责指导、组织、编制、审核、管理总局基本建设、维修改造总体规划和投资计划；负责机关和直属单位国有资产管理工作；承担中华体育总会、中国奥委会财务管理和市场开发管理工作；承办总局交办的其他事项。"在政府管理系统中，执行有关体育产业的文件或法规时，主要以行政命令的方式自上而下进行。在社会管理系统中，各运动项目协会负责各自领域的体育产业。在社会管理系统中，各运动项目协会负责各自领域的体育产业监督、管理、筹划、运作等工作。由于目前运动项目协会与运动管理中心功能重叠，它既是政府管理部门，又是社会管理部门，因而具有双重性质与功能。我国体育产业实际上是由国家体育总局系统操控，国家体育总局及其直属、所辖单位集管办职能于一身。现阶段，我国体育产业管理由国家体育总局行政主导型管理向国家体育总局行政指导型管理转变。政府管理系统和社会管理系统分别对本系统职能范围内的体育产业进行管理，政府系统正逐步转变职能，更多地提供公共服务，由"主导"向"指导"体育产业管理转变，市场机制渐趋成为体育产业管理的主要管理和运行机制，价格、供求关系等逐渐成为影响体育产业管理的决定性因素，我国体育产业管理的法制法规逐步完善，市场体系逐步健全并发挥作用。

1. 组织机制

行政机构中的各个部门要履行其所承担的行政责任，必须具有相应的行政权力。行政机构中部门的责任与权力，必须是内在统一的，行政权力的配置应当同机构承担的行政责任相对称、相平衡，从而形成权责统一，达到事权一致。各部门专司其职，权责统一，有利于形成部门间的职权分离和彼此制约的权力运行机制。相反，权责分离容易导致部门职责交叉重叠、运作不畅等问题。同时，在权责一致的制度设计基础上，也需要完善对责任的监督机制与问责机制，以保证权责一致。从西方国家的实践看，政府的职责内容及其重点需要伴随政治、经济与社会的发展以及政府自身的发展而进行适时的调整与转变。合理划分权责的基本逻辑应当是：

（1）在规模与强度上，同一部门的权责应有相同的广度。如果责任大权力小，势必力所不及，导致职能束之高阁、难以有效实现；反之，则会造成权力过剩，容易滥用权力，导致权力腐败。

（2）在性质上，同一部门的权责应有内在的同质性。承担行政决策职能，享有行政决策权力；承担行政执行职能，享有行政执行权力；承担行政监管职能，享有行政监管权力。一个机构享有的权力与其承担的责任若在性质上相悖，就会在履行职能的过程中陷入混乱。

（3）在同级行政机构之间，要以制度形式使机构权力责任明晰化，从而在各级政府之间、不同行政部门之间以及不同岗位之间，实现无缝隙的责任衔接。

针对政府配置资源方式单一、行政性配置手段较多的突出问题，坚持从体制上改革突破，构建科学、合理、规范的体育资源配置长效机制。

一是要按照应减必减、该放就放的原则，进一步取消和调整行政审批项目。凡公民、法人或者其他组织能够自主决定的，市场竞争机制能够有效调节的，行业组织或者中介机构能够自律管理的，政府都要退出。凡可以采用事后监管和间接管理方式的，一律不设前置审批。以部门规章、文件等形式违反行政许可法规定设定的行政许可，要限期改正。探索建立审批项目动态清理工作机制。

二是要积极推进行政审批规范化建设。没有法律法规依据，任何部门不得以规章、文件等形式设定或变相设定行政审批项目。研究制定非行政许可审批项目设定和管理办法。

三是要加快推进事业单位改革和社会组织管理改革。①通过委托、招标、合同外包等方式将事务性工作和管理服务事项交给事业单位或社会组织承担。进一步理顺和规范政府与企业、社会的关系，规范上下级政府的关系。进一步优化政府机构设置和职能配置，提高行政效能和公共管理服务质量。②调整行政组织结构，加强宏观调控部门，减少专业经济部门，适当调整社会服务部门，加强执法监督部门，培养和发展社会中介组织。③按照权责一致的原则，调整行政部门的职责权限，明确部门间的职责分工，相同或相近的职能由同一部门承担，克服多头管理、政出多门。

目前，政府机构设置过多、分工过细，这是造成部门职能交叉、权责脱节、运行不畅、效率低下的主要原因。优化政府组织结构，必须继续推进机构改革，优化机构设置，重点是积极稳妥地实施大部门制改革。实施大部门制改革，主要是对职能相近、管理分散、分工过细的机构，对职责交叉重复、相互扯皮、长期难以协调解决的机构，进行整合调整、综合设置，形成科学合理、精干高效的管理体系。实施这项改革是一个循序渐进的过程，还需要从各方面的实际出发，坚持积极稳妥方针，把握好条件和时机，着力解决突出矛盾和问题。目前，政府部门存在的一些体制机制问题，固然与职能转变不到位、机构设置不科学有关，但很大程度上体现在部门间的职责分工不合理、责权不一致、运行机制不完善。《决定》在强调转变政府职能、深化机构改革的同时，明确提出要优化职能配置，理顺部门职责关系，完善运行机制，这是优化政府组织结构的重要内容。一是合理界定政府部门的职能分工，进一步明确和强化责任，完善政府职责体系。按照宏观调控部门、市场监管部门、社会管理和公共服务部门的职责定位，合理确定各自的权责范围和职能重点，坚持一件事情原则上由一个部门负责，确需多个部门管理的事项，明确牵头部门，分清主次责任，建立健全部门间的协调配合机制，形成工作合力，提高行政效率。二是在合理划分各级政府事权的基础上，理顺上级部门、垂直管理机构与下级政府及其部门的职责关系。三是按照决策权、执行权、监督权既相互制约又相互协调的要求，优化政府部门权力结构，明确不同部门的权力性质、地位及其相互关系。适当集中相关部门决策职能，加强决策咨询能力和现代智库建设，提高决策科学性。强化执行机关和部门执行力，提高行政效能。完善监督机关和部门的体制机制，促使政府部门依法履行职责。健全政府内部权力运行程序和工作规则，完善工作流程，加强制度建设，克服行政权力部门化倾向，确保各项权力依法有序运行。

2. 决策机制

决策机制、资源配置的决策权可以是集中的或分散的，集中的权力体系和分散的权力体系有着不同的权力制约关系，因而形成不同的资源配置决策机制。现代市场经济的优势是在充分市场竞争的条件下能够自动引导与实现社会范围内资源流动与配置的合理化，实现资源的高效利用与生产力的提升。市场的优点主要取决于它的决策结构、动力结构与信息结构。市场的决策结构是一种分散决策基础上的复杂决策协同结构，众多的商品生产者和消费者根据市场供求的变化做出独立、自由的生产与购买决策，对市场价格的变化做出直接、灵活且有效的反应，从而实现供求之间的平衡。

体育资源配置的决策权可以是集中的或分散的，集中的权力体系和分散的权力体系有着不同的权力制约关系，资源配置决策机制也有所不同，主要包括两种：一种是分散型决策机制。企业决策机制的中心环节是决策主体的确立，它是企业能否良性运作的关键条件。从经济发展的历史来看，任何经济活动最初始的决策者都是单个的人，这种以个人独立的、互不重叠的决策权为特征的决策机制被称为分散型决策机制。另一种是层级式决策机制。层级式决策机制是指一个决策者的辖区内，决策权的层级分配和层级行使。这种决策机制是一种自上而下的行政性领导过程，所以难免出现各层级决策的动力不足，以及由此产生的偷懒和"搭便车"行为。市场经济条件下的体育资源配置决策是完全分散的，所有决策都是由企业和家庭在微观层次上做出的，可以使决策结构与信息结构相协调，有利于体育资源的配置。但是市场决策也有其不足之处，一方面，市场机制存在自发性、盲目性，各个体育经济组织不可避免地会发生摩擦、冲突和矛盾，会造成体育资源的浪费和损失。另一方面，由于市场机制追求的是利润最大化，单凭市场配置难以达到既注重经济效益，又注重社会效益的目的。这是一种以分散决策机制为基础的层级决策型机制。这种决策机制既保留了分散决策机制在信息收集、资源控制和动力来源方面的优点，也吸取了层级决策机制的分权和交易费用较低的优势，因而成为现代企业决策过程中的一种典型形式。为了便于决策者更好地行使指挥权，在企业中必须建立完善的决策系统，包括决策支持系统、决策咨询系统、决策评价系统、决策监督系统及决策反馈系统。只有完善以上五个系统，才能使决策机制趋于完善。市场经济的决策系统要求政府不干预企业运行，使企业成为自主经营、自负盈亏的市场主体。市场经济要求政府不干预企业自主决策权，使企业真正面向市场，企业在组织结构上必然将其最优秀的人才安置在生产、销售、市场调查、产品设计以及售后服务等企业生产与经营的第一线，从而提高企业的组织与管理效率。

（二）体育产业发展动力机制分析

事物发展的动力因素可以分为内在动力和外在动力，动力机制正是由外在因素和内在因素相互作用的直接传递和间接传导所构成的。其中，内在动力指来自系统内部的动力；外在动力是指事物发展的外部条件中起推动作用的因素，内在动力和外在动力的共同作用是事物发展动力机制的一种普遍范式。通过分析动力机制，可以帮助我们找出可控的动力因素，使其强化。动力机制简单来说就是动力的来源，即发展动力的根源。

1. 市场动力机制

市场动力机制是指各个经济主体在对其经济利益的追求过程中形成的促动机制，这种追求是在市场经济条件下形成的。市场动力机制的形成基础是经济利益。因此，经济利益是市场得以运行的原动力，是市场运行机制的核心。

2. 企业动力机制

企业动力机制是使企业和职工都有应获利益和应负责任。激励职工把企业目标的实现和企业主人积极性的发挥融合在一起，形成企业发展的巨大推动力。企业运行的动力，归根到底来自企业内部不同行为主体对自身经济利益的追求。企业的动力机制，就是通过激发企业内部的利益动机而形成企业经济运行所必需的动力。企业动力机制的实质就是通过一定的经济利益机制，充分调动与发挥企业职工的积极性、主动性和创造性。企业发展的动力机制是企业发展的源动力建设。

一般来说，企业创新由市场拉动、科技推动和政策激励三种动力推进。

（1）市场拉动是指由于市场需求和市场竞争的影响而导致企业创新。其中市场需求引致的创新包括，生产要素稀缺导致该要素相对价格的提高而诱致节约该要素或寻找替代要素的创新，以及企业家独具慧眼发现新的市场机会而诱发的开发新产品、占领新市场的创新；市场竞争引致的创新，是指由于市场竞争给企业造成实际威胁（由于竞争者成功地引入创新，使企业在产品和服务竞争上处于劣势）和潜在威胁（如竞争者R&D投入的规模和重点，创新投入强度和结构，科技人员的数量、素质以及普通员工的素质等），迫使企业进行创新，战胜竞争对手，获得持续生存和发展。

（2）科技推动是指科技发展日新月异，越来越多的先进科学技术直接服务于经济领域，从而促使企业不断采用先进科技进行适用性创新。仅有市场需求，没有科学技术的保障，企业创新是无法实现的。科技发展是推动企业创新的另一个决定性力量。

（3）政策激励是指企业通过制定各种激发员工创新积极性、鼓励员工创新的政策和措施来推进企业不断创新发展。光有市场拉动和科技推动，而没有企业内部正确有效的激励政策，无法促使企业员工主动进行创新。

因而，对于以营利为目的的企业来说，以上三种创新动力最终可归结为追求企业自身经济利益的最大化，维持企业的长期生存和不断发展。而要使企业创新具有强大的动力源泉，首先，要进行企业制度创新，这是建立创新机制的前提条件。只有在产权清晰、权责明确、管理科学的现代企业制度前提下，"自主经营，自负盈亏"，企业才有可能以市场为导向，在当今世界企业资本股份化、产业规模化、技术创新化、融资多元化、管理科学化、经济国际化的浪潮中，自主地组织研究开发和各种创新，进行"自我约束、自我发展"。其次，要求企业领导者具备企业家精神和战略管理眼光。企业家是创新活动的主要倡导者、决策者和组织者，必须具备如下个人品质：创造性、创新精神和创新能力、洞察力和判断力、决策能力、毅力和冒险精神。而企业家精神就是指企业家所具备的能敏锐地发现和接受新事物，敢于并善于先人一步、超人一等的创新和创业精神。只有企业领导者具备了企业家精神，才能制定正确的创新战略。而要制定正确的创新战略，还要求企业领导者具备战略管理眼光，懂得先行战略规划，能够明确企业现在是什么、应该是什么、将来会是什么，能够明确企业的创新活动现在进行得如何、应该如何进行、将来会如何进行。只有这样，企业领导者才能制定正确的创新战略，进而及时做出正确的创新决策，并采取有效措施激励员工，带领企业全体员工从事创新活动，推动企业不断发展。再次，企业应建立激发创新意识的干部人事管理制度、工资奖金分配制度和鼓励员工勇于创新的其他激励制度。建立创新指标考核制度是一种行之有效的方法。最后，要搞好企业文化建设。通过企业文化建设，在企业中营造出一种强烈的创造性氛围，人人崇尚创新，争创新高，形成以创新为特色的企业精神。

（三）体育产业发展调控机制分析

1. 协调机制

协调是对组织内外各种关系的处理，也意味着对个人和机构的行为与决定进行控制，以促进组织整体目标的实现。协调机制的存在是任何组织实现有效运行的必要条件。在政府内部，各部门之间的协调机制尤为重要。在专业分工的体制下，不同的政府部门在部门利益、组织结构、政策目标和工作方式等方面有很大差异，这些差异决定了不同部门之间存在着潜在的对立和冲突，容易滋生"部门主义"的倾向和各自为政的现象，使政策执行困难，也使政府形象受损。改革实践表明，从各自为政到协同合作，需要建立制度化的、切实可行的协调机制，需要将强制性的制度规定和导向性的政策激励相结合的协调措施，也需要辅之以专门的协调机构。需要跨越对单一部门的职责关注，更广泛地着眼于各方利益、资源和约束条件等因素，在同级机构或同种业务之间形成相互协作，最终实现政府的有效协调和整体运作，建立一个无缝隙的以公民为中心的政府。

体育资源市场化配置的协调系统要求由市场竞争机制与价格机制对资源

配置进行调节，充分发挥市场经济的自发性效率和创新效率。协调职能是行政管理过程的重要环节。行政管理归根到底就是要营造和保持良好的行政环境，使人们能在组织内协调地开展工作，有效地完成行政目标。加强中央和地方、政府和社会的互动合作，促进各级公共服务资源有效整合，形成实施合力。因此，当前健全社会主义市场经济体制，推动资源配置应根据市场规则、市场价格、市场竞争实现效益最大化和效率最优化。

2. 控制机制

市场的动力结构是一种自主激励基础上的社会协同动力结构，市场中的个人为了实现自己的利益，必须更好地发现市场机会，进行有效的创新，为消费者创造价值与幸福，这种以内在激励与自由竞争为主的动力结构更有利于调动人们的积极主动性和创造性。政府配置体育资源的目的主要是提供公共体育物品，注重的是社会效益，但政府在配置体育资源的过程中也会出现许多动力与约束方面的问题。在我国社会转型过程中，政府一方面在自利性的驱动下会对体育资源赋予超经济的行为，并且试图在一定程度上模糊产权关系。另一方面，政府工作人员在受到政绩、待遇等利益激励下，同时又在任期制度的约束下，往往会对一些具有社会轰动效应的公共体育投资领域和项目特别"青睐"，如本地区体育场馆的标志性建筑、竞技体育的奖牌数量、体育产业的产值以及本地区近期的体育人口等"数字化"的帐面政绩等。因此，政府的实际行为也可能会与其职能和社会公共利益产生一定的偏差。在市场经济中，市场机制旨在最大限度地激发和调动各种经济主体的积极性，形成一种无时不在的风险、竞争、压力等经济环境，优胜劣汰的双重作用使得各种体育资源能以最快的速度配置到最需要、最能产生效益的地方。市场配置方式比政府计划配置方式有着更强的内在动力。因此，私人体育物品由市场来组织生产会有较高的效率，如已经走向职业化的足球、篮球等项目完全可以通过产业化运作获得盈利。而体育公共物品的组织生产，如全民健身、奥运争光等应由政府起主导作用，即在市场不全或市场失灵的领域，需要政府来弥补。市场经济的动力系统要求政府的收入分配政策必须以市场经济的竞争分配制度为基础，不能损害市场经济的激励机制。

为了选择合理配置资源的方案，需要及时、全面地获取相关信息作为依据，而信息的收集、传递、分析和利用是通过一定的渠道和机制实现的，如信息的传递可以是横向或纵向的。体育资源配置的合理与否，取决于资源拥有者及时而准确的信息。在信息不足的情况下，资源浪费与低效使用是无法避免的。由于市场是复杂多变的，而在计划经济体制中，信息载体是通过计划指标来实现的，体育的供需变化无法通过市场和价格信号反映出来，难以解决信息失真和机会主义行为问题，信息成本巨大。因此，在实际的体育经济管理工作中，政府虽然能以"万能"的角色制定出十分完美的计划，却会由于信息不全等方面的局限导致体育资源难以有效配置。信息是不完备的、分散的、不确定的，是需要成本的。市场机制能够更有效地配置和开发有限的体育信息资源，能够通过价格机制并以非常低的成本灵活地反映体育资源的稀缺程度以及动态变化。价格机制是市场机制的核心，市场价格信号对体育企业的经营有直接的刺激作用，可以通过价格的高低来影响体育产品的供求关系，从而使体育资源得到有效的配置。当然，在市场配置体育资源的过程中，有时也会出现信息不完全的情况，从而增加市场交易成本，不利于体育资源的配置，需要由政府进行规制。总之，市场的信息结构是一种以价格体系为基础的即时沟通结构，每个市场主体可以通过价格变化获取简单、清楚、有效的信息，并能充分有效地加以利用，及时做出决策，从而有利于资源的合理配置。正是由于市场的这些优点，市场经济一直是最富有活力的社会经济运行机制和资源配置方式。

社会各种组织包括企事业单位都是行政权力的附属物，它们之间是等级从属关系。企事业单位的各种活动都是通过其行政上级下达计划，通过指令的方式进行的，各种"决策"是靠上级对下级的行政命令和下级对上级的行政服从来实现的，从而使得整个社会都行政化了。这是一种典型的命令行政。它在实践中的表现是事无巨细，无不需要报告、审批。这种关系和体制，严重抑制了社会的活力和人的创造性。正是这种体制掩盖了政府机关的本来面目和存在的理由，也掩盖了政府机关为社会服务、为公众服务的宗旨和目标。从命令行政到服务行政的转变，将使公共权力回归到其为公众服务的本来性质和本来面目上。行政机关为企业提供服务才是行政机关应有的功能。区别于命令行政，服务行政是经济发展的要求，也是社会进步的体现。服务行政所要求的是公开的、透明的行政，只有公开、透明，才能使"顾客"明白办事规则和办事程序，才能有方便和快捷。行政系统应是以市场经济体制为基础的，适应市场经济要求的；新的政府管理体系必须实现市场化基础上的功能重组；在新的功能配置基础上实现行政体系组织结构的合理化；实现中央政府与地方政府权责的合理划分和职能的合理配置。

3. 监督机制

监督机制变革具体指政府部门依法对市场主体及其行为进行监督和管理的职能。政府要负责有关市场的立法、执法和必要的行政规制，建立市场运行的基本规则。健全符合市场经济要求的市场准入制度、认证认可制度、建设工程招投标制度、政府采购制度、价格听证制度等，规范市场行为。

计划经济体制强调政府作为监管的单一主体，强化监管手段的强制性和单一性，忽视其他主体的主观能动性和监管方式的多样化。表现在轻视社会团体、消费者对市场监管的主动参与，否定市场主体的选择权利，以罚款代治理，大搞运动式执法等。监管部门主要依靠行政手段来履职，常用的监管手段一般为三种：行政许可、日常检查和行政处罚。而以准入控制为主的发证监管是我国政府监管的主要模式，并引发诸多流弊，而后续监管由于监管方式的单一亦难以为继，未能起到刷新市场的效应。目前，我国行政审批后续监管的方式主要有许可证年检、临时检查和定期检查。许可证年检是目前行政审批后续监管的主要途径；而定期检查和临时抽查，是审批机关在许可证的有效期内，对持证人的生产、经营活动进行定期的或者不定期的检查。监管部门的重点一般放在许可证是否过期、所提供的材料是否真实，而对行政审批后续监管的核心内容，如被许可人在获得资格后是否从事与承诺相符的经营活动、后期是否擅自改变生产条件，则不甚关心。

我国的监管权力较为分散，中央和地方的经济管理部门和行业主管部门都拥有一定的规制权力，容易导致监管过多过滥，突出表现为监管过度、重复监管；权力的分散又导致多头监管，缺乏协调和联动，出现监管漏洞、监管空白。这是监管权力配置的不合理造成的两种极端。一方面，对于市场新出现的问题，监管部门往往制定新的规章制度来加以管控，使得监管越来越多，出现过度监管。它表现为监管范围过大、审批项目过多、审批时限过长、审批程序繁琐。监管过度给企业发展设置了诸多人为障碍，平添了许多不必要的交易成本；对于政府来说，由于不恰当地参与到经济活动中，增加了行政成本，逐渐走向无限责任的深渊。另一方面，监管主体多元、部门职权交叉。部门之间为了争夺监管权力以及由此带来的利益，出现了多个机构对同一市场行为进行监管的怪象，造成监管政策相互冲突、"多头执法"。监管部门看似分工明确但实际上模糊不清，不可避免地出现有利可图的多家监管、有责无利的相互推诿；一旦发生问题追责，职能部门则相互推脱。中国式监管总是徘徊在发证控制、运动式监管与选择性执法之间。这种监管模式最终会导致政府职能异化。所以，应建立一种新的政府监管模式，着力于事前的监管而不是事后的惩戒，成为风险监管型国家。

本章小结

根据体育产业发展模式和建立政策支撑体系的需要，阐述了产业发展模式的概念，选择产业发展模式的影响因素，提出了体育产业发展模式的理论体系。信息、产业、体育产业和产业发展模式的概念是本文研究的基本概念。产业是指国民经济的各行各业，简而言之"产业"是指具有同一特性的企业集合。体育产业是指从事体育信息的生产、采集、存储、加工、传递、交流，向社会提供各种体育信息产品或服务的产业。体育产业可分为传统和现代体育产业。"内容"是体育产业的核心，数字化和网络化是其存在的技术基础，二者相互依存；传统和现代体育产业在一定条件下长期共存并可以相互转化。体育产业具有产品虚拟性、技术互联性、交流互动性、产业多重性、产业衍生性，以及高风险和高收益等特性。"模式"是指可以使人们参照的某种事物的标准样式，强调的是形式上的规律，在经济领域中可以是结构、类型，也可以是对多因素相互作用构成整体的认识和把握。产业发展模式是一种资源利用方式，通过产业的内部和外部结构所反映。产业发展模式受经济发展水平、产业基础、生产要素基础，以及市场与政策环境影响。结合体育产业内容特点，阐述了体育产业发展模式的提出背景，提出了体育产业发展模式体系由体育产业链式发展模式、产业集群发展模式和融合发展模式三部分构成，并分析了各模式之间的关系。

第三章 体育产业发展中政府职能定位研究

政府职能（Government Function）是指政府承担的职责以及负有的功能[①]。1992年党的十四届三中全会决定实行社会主义市场经济后，国家开始重新定位政府和界定政府的职能。我国体育产业是在从计划经济体制向市场经济转轨的过程中逐渐成长起来的，而这一转轨过程必然伴随着政府职能转变的问题[②]。1993年国家体委提出体育产业化的发展思路。《关于进一步加强和改进新时期体育工作的意见》〔中发2002（8）号〕明确指出，体育行政部门要把工作重点转移到贯彻国家方针、政策，研究制定体育行业政策和发展规划，依法加强行业管理和提供服务上来[③]。国发〔2014〕46号文件《关于加快发展体育产业促进体育消费的若干意见》，提出要推行政社分开、政企分开、管办分离，加快推进体育行业协会与行政机关脱钩，将适合由体育社会组织提供的公共服务和解决的事项，交由体育社会组织承担[④]。由此，以政府自身改革为主的政府体育职能转型得到深化和发展。因此，我国政府部门在体育产业发展中应当承担什么样的角色以及如何定位，仍然是值得深入研究的重要问题。本研究对体育产业发展中的政府职能进行横向对比分析，并在总结的基础上将我国体育产业政府职能与国外体育产业政府职能进行对比分析，进而为科学定位我国体育产业政府职能提供参考和借鉴。

[①] 戴永冠，王家宏.体育强国建设中转变政府职能的分析[J].北京体育大学学报，2013，36（8）：1-6.
[②] 李松海.试论中国体育发展综述[J].哈尔滨体育学院学报，2000（2）：4-8.
[③] 中共中央国务院.关于进一步加强和改进新时期体育工作的意见[EB/OL].[2002-07-22].人民网. http://www.people.com.cn/GB/paper39/7047/682801.html.
[④] 国务院.关于加快发展体育产业促进体育消费的若干意见[EB/OL].[2014-10-20].中央政府门户网站. http://www.gov.cn/zhengce/content/2014-10/20/con-tent_9152.html.

第一节　发达国家体育产业政府职能定位研究

一、美国体育产业发展的政府职能分析

美国政府不干涉体育产业发展中各类市场主体的经营内容和经营方式，实行放任政策，但一般通过立法和执法对其组建和运营进行法律规定。关于体育产业立法，主要有《奥林匹克和业余体育法》，相关立法还有《反垄断法》《工法》《税法》《版权法》等[①]，这些联邦法律保障了体育产业的快速发展。美国体育法规条例主要由联邦和州进行制定，主要依据宪法并根据指定法和判例法的有关条款和程序实施裁决，还有其他组织、体育团体制定的各种法规、条例等。美国奥委会作为体育运动的主要协调机构，其非营利性质使得政府免除国家奥委会的纳税义务。同时，美国政府对各类体育组织以及向体育组织提供捐赠资金的公司和个人给予税收优惠。另外，对提供给体育组织使用的体育器材和设备，也实行免税政策等[②]。属于政府的场馆在建设或大修过程中，政府往往是通过发行免税债券来筹集资金或政府为场馆发行债券做担保人[③]。美国政府在体育赛事管理方面制定了专门的适用条款及法院判例，规范行业行为，发挥着监督职能，且相关政府部门还建立了补贴制度。

二、英国体育产业发展的政府职能分析

英国建立了成熟的体育产业体系，体育产业调控法律也相对比较成熟。英国政府直接管理体育，政府在体育产业发展过程中一直起着一种较为"强势"的作用。英国政府于1996年成立文化、媒介与体育部，统一负责全国体育、艺术、旅游、媒介等事务，并设立专门的机构具体负责体育经济及体育基金、

[①] 常鹏飞.体育产业调控法律问题研究［D］.太原：山西大学，2007：22.
[②] 冯欣欣，邹英.西方国家大型体育场馆民营化改革研究［J］.沈阳体育学院学报，2009，29（4）：35-38.
[③] 蔡永莲.体育事业产业化的广阔前景：美国体育产业考察与启示［J］.上海综合经济，1999（8）：13-14.

税收、彩票等事宜。地方政府对体育的投入则主要集中在体育场馆建设方面。政府多是通过体育政策和法律鼓励各种社会主体投资。文化遗产部的体育运动理事会和地方政府负责向体育拨款，体育运动理事会将总收入的50%拨给全国性的单项运动协会和其他全国性体育组织。英国体育运动和艺术基金（FSA）每年向英国的体育事业大约提供4000万英镑的资金[①]。英国1958年颁布实施的《娱乐慈善法案》强调体育组织通过场地设施向社会开放可以申请慈善身份，进而享受到免税待遇。并且，英国政府还实施了如果赞助商赞助某些体育比赛，政府会拨出相同的款项资助这项赛事的《体育配对计划》。而《1993年国家彩票法》和《1998年国家彩票法》是体育博彩业发展的重要法律依据。在《全民体育的未来》（2000）中，工党政府强调了地方政府的重要作用，承认地方政府控制着体育设施。地方政府不仅通过提供体育设施和服务满足人们的终身体育需求和体育参与，还支持和发展非营利性体育俱乐部网络。

三、日本体育产业发展的政府职能分析

日本的体育管理采取的是以文部科学省为中心的中央体育管理和以地方自治体的教育委员会等行政机构为中心的地方体育管理与各种体育社团的自律管理相结合的体育行政管理体制。文部科学省和地方自治体的教育委员会等行政机构对体育管理属于政府行为，主要在于制定体育政策法规、对体育发展进行监督，且在不同体育组织之间起到信息沟通和联系桥梁的作用[②]。日本政府在体育产业发展上主要采取政府参与的方式。日本国际工贸部负责体育产业发展的管理任务。日本政府通过将非盈利性机构转向盈利性机构，逐渐减少政府财政的开支，促进本国体育产业的发展。关于休闲健身业，主要出台了《综合休闲用地发展法》，这个法规实施的主管部门是总务省、农林水产省、经济产业省和国土交通省。此外，在《电力开发促进税法》中规定，电力开发所取得税收的一部分要返还给项目所在的市町村，而体育设施建设作为公共设施建设的重要方面，可以得到该项拨款，这项法规对体育休闲健身业的发展同样也产生了积极的作用。1998年，日本制定的《特定非营利活动促进法》（简称NPO）明

---

①石磊.英国政府的体育经济政策[J].国外体育动态，1998（40）：326.
②卢嘉鑫，张社平.体育产业发展：理论与政策[M].北京：北京大学出版社，2011：92.

确规定凡是开展组织文体活动，谋求文化、艺术集体与振兴的团体和组织，只要符合一定的条件，都可以授予NPO法人资格。这使得体育活动被划分为不以营利为目的，而是以社会全体利益为目的的非营利活动，使得非营利组织法人成为公益法人，由于非营利法人自身的非营利性和公益性特性，在法人税收上使用"原则上非课税"准则，确保了体育非营利法人组织享受税收优惠。日本政府大力扶持包括体育组织在内的非营利组织的发展，具体采取了委托项目的支持、资金提供支持和引导市民捐赠等途径。

第二节 体育产业发展政府职能定位问题分析

体育产业发展必须按照市场机制运行，但与政府支持也是分不开的，尤其在我国体育产业发展初期，政府为体育产业发展创造了许多有利条件。随着市场经济体制的建立，政府主管部门应该深化改革体育管理体制，促进体育产业的快速发展。

一、体育产业发展中政府职能定位的相关政策分析

中共"十四"大市场经济体制目标确立前，我国体育的产业性质和经济功能并没有得到广泛地认同，"多种经营，以副养体""体育搭台，经贸唱戏"为其主要形式，活动范围局限在体育系统内部，政府通过行政手段和发布行政指令的方式管理体育事业。1992年，国家体委召开的"中山会议"将体育产业列为深化体育体制改革的重要内容。1993年颁布的《关于深化体育改革的意见》提出体育产业管理要更多地依赖于法律、经济、金融等手段，同时通过市场竞争和优胜劣汰进行引导和调节。当然，这并不是说在体育产业的发展中不需要政府的支持，而是强调这种支持不能变成政府的独家垄断。1995年，国家体育总局出台的《1995—2010年体育产业发展纲要》指出，中国体育产业争取用十五年时间逐步建成适合社会主义市场经济体制，符合现代体育运动规律、门类齐全、结构合理、规范发展的现代体育产业体系[1]。传统政府包办体育的思

---

[1] 本刊编辑部.体育产业发展纲要[J].体育科学研究，2001（1）：7.

维误区得以转变，市场在满足大众多元化体育需求中的作用日益重要。当然，政府投入对于体育产业的初期发展是非常需要的。关于体育产业发展中政府的作用，《中华人民共和国体育法》第44条明确规定，"县级以上各级人民政府体育行政部门对以健身、竞技等体育活动为内容的经营活动，应当按照国家有关规定加强管理和监督"[①]。随之，体育产业管理机构纷纷成立，部分发达省市把体育产业纳入本地社会经济发展规划，而关于体育设施、体育竞赛等市场经营管理法规和规章也相继出台。2010年，《关于加快发展体育产业的指导意见》强调政企、政事、政社、营利性与非营利性分开，使市场在体育资源配置中发挥基础性作用，消除和防止对体育市场资源的限制和垄断[②]。国发〔2014〕46号文件同时提出取消不合理的行政审批事项，通过市场机制积极引入社会资本承办赛事。政府部门要引导，设立由社会资本筹资的体育产业投资基金[②]。国务院在两份《意见》中提出政社分开、政企分开、管办分离，对政府职能转变做出了明确规定，而简政放权成为体育产业发展的重要趋势，所提出要完善税费价格政策，实施税收优惠政策，在若干情况下减免税、折扣税，并出台了相关收费政策标准，为政府政策调控体育产业提供了依据。

二、体育产业发展中政府职能定位存在问题分析

（一）传统性体制束缚严重

传统体育体制依靠自上而下的行政指令，市场作用被忽视，市场配置体育资源的方式被行政指令所取代，束缚和压抑了相关企业生产的积极性，体育资源配置效率低下。同时，按照行政系统、行政区划管理企业的模式形成条块分割、地区分割的局面，割裂了社会化大生产的内在联系，专业化协作的发展、技术的进步和劳动生产率提高被阻碍和影响，妨碍了公平竞争市场体系的形成[③]。长期以

[①] 国家体育总局网站.中华人民共和国体育法［EB/OL］.［2013-11-28］.http://www.sport.gov.cn/n16/n1092/n16819/312031.html.

[②] 国务院办公厅.关于加快发展体育产业的指导意见［EB/OL］.［2010-03-24］.中央政府门户网站.http://www.gov.cn/zwgk/2010-03/24/content_1563447.html.

[③] 任丽梅，王砾尧.体育产业改革催生新经济增长点［N］.中国改革报，2014-10-21（1）.

来，我国体育产业政府职能处于越位、错位和缺位状态，政企不分、政事不分状况依然存在。政企不分导致政府插手体育企业生产要素配置、企业经营和资产重组等，企业市场主体地位的发挥受到影响；全国性的单项体育协会依附于各运动项目管理中心，两块牌子、一套人马的行政色彩使得协会在体育产业发展中的自律、协调和规制功能无法发挥。而在体育职业化改革和市场化发展的过程中，由于历史的原因和计划思维的影响以及经济利益和权力欲望的驱使，地方体育行政主管部门并未完全放手发展体育市场[1]。因此，政府应尽快从微观经营层面退出市场，改变体育产业发展中政府的运动员与裁判员双重角色冲突的问题。

（二）宏观法律缺乏，政策扶持不力

1992年，确立了社会主义市场经济体制的目标，我国在1993年的政府机构改革中强调政府对市场的职能主要是制定规范、进行监督。当前，我国体育产业调控法制数量少、效力层级低、体系性差等问题依然突出。且体育产业的专门性和综合性的法律、行政法规较为缺乏，部门规章属于效力层级最高的相关规范性法律文件。

《体育产业发展纲要（1995—2010年）》是我国体育产业发展的主要依据，但该纲要内容过于笼统且多为原则性问题的描述，实践指导意义较弱。〔2008〕79号《体育及相关产业分类（试行）》对体育产业的概念和分类做出了全面细致的规定，将其列入国民经济整体发展的布局，为体育产业的发展提供了唯一可靠的依据[2]。我国体育产业市场化运作中多种市场主体投资举办带来了市场准入和退出机制问题、体育市场中不同主体的法律问题、不同主体间的资源流动等问题，长期缺乏统一发展和管理的调控规范，还缺乏对体育产业发展监督的法律体制，应形成符合发展趋势的国家监督、产业的自我监督和消费者及舆论的监督，保障消费者的权益。我国体育相关产业法规不健全，系统、全面的体育产业政策较为缺乏。我国公益性体育活动相关的营业税未实施免征，税收减

---

[1] 宋昱. 体育产业的集群发展研究：中国的经验与问题 [J]. 北京体育大学学报，2013，36（8）：17-23.

[2] 傅丽. 奥运会后对我国体育产业发展法律问题的思考 [J]. 山西高等学校社会科学学报，2009，21（1）：44-47.

免政策并未在商业性体育活动中实行,且群众性体育活动场馆营业用地也未实施土地使用税减免政策。因此,应加快制定体育市场监管政策,提高政府部门监管水平,为体育产业发展提供良好的法律保证;进一步完善融资政策,积极吸纳各种资本,拓宽融资渠道,降低投资门槛,吸引民间投资,为体育企业融资提供良好环境。

(三)科学管理不到位

长期以来,各级政府行政部门仍然沿用计划经济的手段管理体育产业,对体育产业统包统揽,管办不分,宏观调控和微观管理交织在一起,体育行政部门忙于办体育的具体事务,宏观管理和行业管理职能被削弱。现阶段,国内体育企业存在严重的盲从倾向,众商家更多地趋向获利较高的运动项目,重复建设、规划不合理、盲目攀比等现象依然存在。体育经营者对于市场运作及其规律缺乏了解,而政府也未进行相应的指导和培训。我国体育产业行业管理中多头管理与无人管理、职能缺位和错位的问题依然突出。从总体上来讲,政府过度干预使得体育企业与市场经济脱节,创新能力和竞争活力不足,而对体育产业门槛、体育产品质量和体育市场规范等问题的监管则显得力度不足。在体育市场管理的内容和权限上,国家体育总局和文化部在高尔夫球、台球、保龄球等项目的市场管理权上互相竞争,且在电子竞技项目管理权、体育比赛电视转播权、商业开发等方面与国家广播电视总局也争议不断。而在制定体育产业发展规划与发展政策等方面则存在职责不清等问题。在关于体育企业经营市场准入和退出机制方面则存在着制度规范不足、市场公平性缺失和企业竞争力不足等问题。我国体育产业尚未形成规模化和完善的产业链,因此,应通过建立完整的产业链促使体育企业资源利用和共享,形成体育产业发展的规模效应。

第三节 体育产业发展中政府职能定位分析

国外诸如美国、英国和日本等国家,通常采用一部基本法和大量的配套法规,与其他法律相互补充,各国政府对体育产业融资、场馆建设实施优惠政策,并基于体育经营是为了自身发展而筹集经费,还可享受免税待遇,逐渐形成了具有本国特点的法律法规。根据政府财政投入与否，体育产业主要包括公共体育与非公共体育，前者完全依赖政府的公共财政预算，而后者资金主要源于企业和社会。中共十六大将政府职能确定为经济调节、市场监管、社会管理和公共服务；2013年，党的十八届三中全会通过了《中共中央关于全面深化改革若干重大问题的决定》，明确提出：加强中央政府宏观调控职责和能力，加强地方政府公共服务、市场监管、社会管理、环境保护等职责。决定中涉及的政府职能和作用可概括为"宏观调控、市场监管、公共服务、社会管理、环境保护"，清晰地界定了政府的职能和作用，也凸显了新的内涵。同过去的"宏观调控、市场监管、公共服务、社会管理"相比，决定新增了"环境保护"要求。把政府职能和作用从"16个字"增加到"20个字"，表明"党和政府对政府职能有了新的认识"，强化了政府在环保方面的职责，有利于加强生态文明建设，建设美丽中国。政府部门将有所调整，从体制机制上进一步加强环境保护和生态建设力度，更好地保护和管理好生态环境。这为体育产业发展中政府职能定位提供了理想目标和模式。因此，各级政府部门在推动体育产业发展方面应该切实履行职责，避免缺位和越位，其职能表现如下。

一、宏观调控职能优化

我国体育产业结构不合理、投资渠道单一等问题依然突出，且现实中的政府更多的是体育产业的实施者而非监控者，这迫切需要政府的宏观调控。国家通过产业目录的制定实现对体育产业的指导、鼓励、允许、限制或禁止经济主体在体育产业中的活动，直接对体育产业布局、结构实施影响，对企业的有关市场行为加以限制，对体育产业活动进行干预，防止体育资源配置低效，确保体育公共产品使用者的公平利用[①]。另外，政府应根据体育产业的产业属性和运行规律，通过制定体育产业政策，采用财政、金融、法律、税收等手段规范体育经营主体行为，对体育产业实行宏观监督和管理。

目前，专门的体育产业融资法规、规章尚未出现，发展初期的许多中小企业由于规模小、信用等级较低、贷款成本高等原因，一直受到融资难题的困扰，致使许多发展初期的小企业夭折。且我国体育产业相关调控规范性文件的

---

① 鲍明晓.体育产业：新的经济增长点［M］.北京：人民体育出版社，2000：2.

法律位阶较低和可操作性不强的问题依然突出。体育行政部门应把精力集中于体育产业战略规划的制定、政策法规体系的建设、体育产业信息的提供、政策协调，并通过制定和完善体育产业政策，对体育产业实施宏观管理[①]，促进体育产业科学发展。因此，这需要进一步转变政府职能，构建服务型政府，创造公平的法制环境和政策环境，促进体育消费者的消费，为体育产业发展增速。

二、市场监管职能优化

市场监管主要通过对特定产业和微观经济活动主体的进入、退出、资质、价格及涉及国民健康、生命安全、可持续发展等行为进行监督、管理[②]。政府部门需要：（1）制定明确的市场准入和退出机制，打破市场分割和地方保护，建立竞争、开放、统一、有序的体育市场，促进生产要素和商品在市场中合理流动，发挥市场在体育资源配置中的作用。（2）民间资本进入体育竞赛表演等本体产业和体育保险等相关产业的市场风险很大，投资者在可能获得高收益的同时，挑战同样巨大，这从客观上需要通过法律、法规的形式对体育企业进行监督和淘汰，规范投资市场秩序，优化竞争环境和市场环境。（3）国家体育总局通过制定行业法规和体育产品标准，使得各级体育行政部门在监控体育市场商品质量时有据可依，并与工商行政部门合作维护体育市场秩序。比如，体育产品质量认证制度为政府改革监管方式，实现发证与执法检查活动分离提供了途径，还使得第三方认证机构和相关人员进行监管有据可依。因此，这从客观上需要政府的市场监管职能，充分发挥证监会、保监会在体育资本上市、体育保险等方面的监管作用。

三、公共服务职能优化

政府部门应该构建体育产业发展的公共服务机制。（1）构建"一条龙"和"一站式"的行政服务体系，提高政府部门的办事效率，降低企业运营的制度成本。（2）政府要完善沟通协调机制，实现各级政府职能部门及行业协会的互

---

① 林显鹏, 虞重干. 我国体育产业发展现状及对策研究[J]. 体育科学, 2006, 26（2）: 3-9.
② 张莉斌. 推动体育产业快速成长的措施[N]. 人民论坛, 2011（8）: 1.

动支持。（3）基于体育产业内部大量中小企业主体的存在，对于很难由单个企业自主提供的设施和产品，政府部门在提供良好行政服务的同时，还可以从科技支撑、人才支撑、产业集聚发展平台等方面发挥公共服务职能。这需要发挥高等院校、科研院所、重点实验室的知识创新作用，形成体育产业发展的公共服务平台；还需要通过产学研联盟和区域创新集群完善行业技术进步和区域科技创新的基础条件。大力发展各类科技企业孵化器，完善相关的配套服务，强化孵化功能，重点培育一批优势产品和骨干企业，形成高技术含量、高效益的体育产业集群。

四、社会管理职能优化

政府社会管理指政府对社会公共事务的一系列管理活动或过程，以改善和保障人民物质和文化生活为依归。社会主义市场经济体制要求政府通过制定专门的、系统的、规范的社会政策和法规，管理和规范社会组织，培育合理的现代社会结构，调整社会利益关系，回应社会需求，化解社会矛盾，维护社会公正、社会秩序和社会稳定，孕育理性、宽容、和谐、文明的社会氛围，建设经济、社会和自然协调发展的社会环境。历次行政管理体制改革都强调转变政府职能，强化社会管理职能。社会管理职能创新是个系统工程，需要整合各种社会资源，凝聚各种社会力量。中央已明确提出构建"党委领导、政府负责、社会协同、公众参与"的多元主体社会管理格局。进入公共管理时代，政府只是社会管理的核心主体，非政府公共组织与更大范围的公众参与一起构成社会管理中不可或缺的社会管理主体结构。社会管理创新必须加强规范化建设，提高社会管理的制度化水平。社会管理职能创新必须革除人治思想，摒弃"运动式"应对的管理思维，切实抓住制度建设这个根本，从体制机制方面加强社会管理职能的长效建设。当前我国正在加快建设服务型政府，这为社会管理方式的改善提供了新的制度基础和目标导向，社会管理职能创新就是强调社会管控和加大行政审批力度。在社会管理及其机制创新过程中，要坚持科学决策、民主决策、依法决策，健全决策机制和程序，建立决策问责和纠错制度，推进权力运行公开化、规范化，健全质询、问责、经济责任审计、引咎辞职、罢免等制度，加强党内监督、民主监督、法律监督、舆论监督，让人民监督权力。

五、环境保护职能优化

党的十六大、十七大报告进一步提出强化环境保护，既是当务之急，又是战略任务。环境保护职能在体育产业发展过程中仍需要各级政府的高度重视。从制度层面来说，中央政府和地方政府必须重视环境保护和治理工作。新形势下，进一步制定并完善有利于环境保护的经济政策，使外部效益内部化，使环境责任成为地方政府的自觉行为。加强环境立法，积极探索出符合中国国情的绿色发展道路，落实好政府环境责任及其保障措施。以往的中央政府序列中属于国务院组成部门的机构共有28个，这些部门机构参与国务院的重大决策，政府环境保护机构不在其列，而是划入18个直属机构，负责专业性行政事务管理，属于国务院的办事机构。因此，提高各级环境保护机构在政府决策中的地位，变直属办事部门为直接参与政府的决策组成部门，以强化其统筹协调能力非常必要。第一，明确政府是环境职能的责任主体。环保责任存在得不到履行或者履行不到位的情况，是地方政府环境责任实现的重大障碍，必须真正确定地方政府为第一责任人，强调其环保职责，以及因地方政府环境保护不作为和违反相关规律法规而因承担的否定性后果，在具体制度设计中应做到问责对象明确。第二，要构建责任问责机制，尤其是第二性环境责任，结合行政、民事以及刑事处罚，将问责机制具体化，制定规范地方政府环境问责制的具体问责程序，使问责制度具有可操作性。并吸取和借鉴实践中有效的环境管理政策和制度，确立政府各部门的内部协调机制以及司法机构的监督机制，全面强化政府的环境保护责任，完善环境问责机制。促使地方政府加强环境保护责任意识，保障环保职能的切实履行，实现经济的可持续协调发展以及人与自然的和谐发展。

本章小结

我国体育产业政府职能存在着传统体制束缚严重、宏观调控缺乏、政策扶持不力以及科学管理不到位等问题。传统体育体制依靠自上而下的行政指令，并按照行政系统、行政区划对企业进行管理，造成条块分割、地区分割，社会化大生产的内在联系被割裂、专业化协作被割裂。体育产业政府职能政企不分、政事不分的状况依然存在。我国现有体育产业法规多是综合性管理办法，操作性不强。体育产业宏观调控和微观管理交织在一起，多头管理与无人管理并存，职能不到位和职能错位并存。

我国各级体育行政部门在推动体育产业发展方面须发挥宏观调控职能、市场监管职能、公共服务职能、社会管理职能和环境保护职能。政府宏观调控职能主要包括体育产业战略规划制定、政策法规体系建设等，并使体育行政部门成为服务行政机构。市场监管职能需要建立竞争、开放、统一、有序的体育市场；各级体育行政部门要与工商行政部门加强协作，依据体育行业法规和体育产品标准对体育商品实行质量监督。应提高政府机关办事效率，降低企业运营的制度成本；实现各级政府部门及行业协会的互动，为体育产业发展提供政策保障；政府还要从科技支撑、人才支撑、产业集聚发展平台等方面发挥公共服务职能。社会管理创新必须加强规范化建设，提高社会管理的制度化水平。社会管理需要切实抓住制度建设这个根本。在社会管理及其机制创新过程中，要坚持科学决策、民主决策、依法决策，健全决策机制和程序，建立决策问责和纠错制度，推进权力运行公开化、规范化，健全质询、问责、经济责任审计、引咎辞职、罢免等制度，加强党内监督、民主监督、法律监督、舆论监督，让人民监督权力。环保责任必须真正确定地方政府为第一责任人，强调其环保职责。同时，要构建责任问责机制，制定规范地方政府环境问责制的具体问责程序，使问责制度具有可操作性。促使地方政府加强环境保护责任意识，保障环保职能的切实履行。

第四章 体育产业链式发展模式研究

2014年10月，国务院颁布《关于加快发展体育产业促进体育消费的若干意见》，提出要积极扩大体育产品和服务供给，拉动体育消费[1]。体育产业商品生产过程转变为多个企业按照产品内在经济技术关系进行分工并协作，而产业链组织成为体育产业生产的现实选择。2013年全国体育及相关产业总产出1.1万亿元，同比增长11.91%，实现增加值3563亿元，同比增长10.82%，增加值占GDP比重增加到0.63%，而发达国家的平均水平在2%~4%[2]。我国体育产业链的结构亟待优化，体育用品、服装鞋帽制造和销售的占比近80%，而包含赛事运营、体育媒体、健身休闲、场馆服务等在内的体育服务业占比则处于相对低迷的状态，欧洲和美国的体育产业结构的体育服务业占比约为70%。国内以体育用品行业等衍生产业为主的结构将难以支撑体育产业的持续高速发展，而上游赛事与中游媒体将成为体育产业新的经济增长点。因此，基于产业链分析我国体育产业发展的整合模式及策略，便于国家和地方政府制定产业政策，且体育企业能够主动地依据产业间的经济技术联系调整企业战略，提高整体绩效和企业竞争力，促进体育产业的快速发展。

第一节 体育产业链形成的机理分析

2004年，Kaplinsky在Porter提出"价值链"的基础之上，基于企业间的联系提出了"产业链"的概念。学者杰里菲界从投入—产出结构、空间布局、治理

---

[1]国务院. 关于加快发展体育产业促进体育消费的若干意见[EB/OL].[2014-10-20]. http://www.gov.cn/zhengce/content/content_9152.html.
[2]国家体育总局. 2013年全国体育及相关产业总产出1.1万亿元[EB/OL]. http://www.gov.cn/xinwen/2014-12/29/content_2798079.html.

结构与体制框架四个维度对产业链进行了一般性的界定[1]。国内学者认为产业链是同一产业或不同产业的企业，以产品为对象，以投入产出为纽带，以价值增值为导向，以满足用户需求为目标，依据特定逻辑联系和时空布局形成的上下关联的、动态的链式中间组织[2]。产业链的形成由社会分工引起并在市场交易机制影响下不断深化和发展，C1、C2、C3表示社会分工的程度，A1、A2、A3表示市场交易的程度，B1、B2、B3表示产业链的发展程度。即产业链从社会分工C1（非原点）开始→市场交易A1产生→产业链B1形成→C2→A2→B2→C3→A3→B3，依次不断促进产业链的形成和发展，如图4.1所示。价值实现是产业链的形成原因。体育产业从体育产品及服务的生产到最终经济效益及社会效益的实现，是一个环环相扣的链条。体育产业链是产业链下位的类属概念，是一组具有相互联系的在体育用品或服务生产与价值实现过程中存在分工而形成的产业集合，并以社会分工协作为基础，各企业之间保持着供给与需求、投入与产出之关系，其主要特征有"增值性与循环性，实现价值最大化，各方利益共享等"[3]，具有产业链的性质。

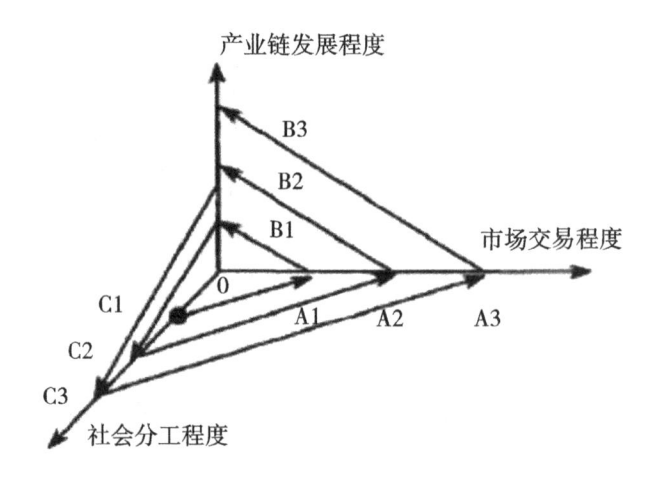

图4.1 产业链的形成机理图[4]

---

[1] 邬丽萍. 城市群空间演进与产业联动 [J]. 经济问题探索，2013（3）：82-89.
[2] 刘贵富，赵英才. 产业链：内涵、特性及其表现形式 [J]. 财经理论与实践，2006，27（141）：114-118.
[3] 梁香青. 体育经纪人塑造体育产业链的思考 [J]. 浙江体育科学，2005，27（1）：39-42.
[4] 编者. 产业链 [EB/OL]. [2010-07-09]. http://baike.baidu.com/link.

第二节　我国体育产业链的基本构成分析

我国体育产业链已经发展得相对完善，但产业和企业在按"链"式思维进行业务流程改革等方面仍然有待提高。目前，赛事资源+媒体传播+衍生产业构成了我国完整的体育产业链（图4.2）。我国体育产业链的核心环节包括赛事运营、场馆运营和体育营销，而政府对这三个环节都掌握着绝对的控制权。体育产业链上、中、下游分别对应赛事资源、媒体传播与衍生产业。赛事资源是产业链的核心和动力，中游媒体传播是催化剂，扩大赛事影响力，集聚客户资源作用，下游为产业链变现提供了出口[①]。体育产业链中的赛事价值提升引领产业繁荣，媒体传播孕育全新商业模式，赛事资源位居产业链的核心，媒体传播催化产业繁荣，衍生产业扮演变现出口角色的认识被大家公认。首先，体育赛事和健身运动是体育场馆的主营业务，居民在体育场馆健身的比例只有15.3%，国内体育场馆普遍面临利用率不高、效益提升困难的问题[①]。市场化运营与成熟的职业赛事体系作为场馆内容支撑的缺乏、国内用户场馆健身习惯的尚未养成与国内体育场馆功能设计单一，导致场馆利用率难以提升。其次，赛事商业价值提升带动产业链的繁荣，现阶段核心赛事的审批行政化导致的繁琐的审批流程以及联赛资源半行政半市场化管理带来赛事运营效率低下，导致处于体育产业链上游的体育资源和内容（包括赛事、运动明星、转播权）的市场化程度较低，严重束缚了体育产业的发展。再者，我国体育营销水平仍然较低，内容创新是王道，衍生业受益消费升级提升需求。随着政策限制的消除，以乐视体育、腾讯、新浪为代表的新媒体成为赛事转播的新兴力量，新兴媒体诞生了全产业链的商业模式。最后，体育产业链下游衍生产业包括体育用品、体育彩票、健身培训等。作为主要变现方式的衍生产业中，体育用品竞争格局稳定，机会将在细分市场中产生；体育彩票将全面受益赛事兴起，借助互联网平台，获得爆发增长。2014年，我国体育用品行业（运动服、运动鞋、运动器材及相关体育产品的制造和销售）进出口总额达到200.85亿美元，实现贸易顺差178.59

---

①易观智库.2015年中国体育产业专题研究报告［R］.2015.

亿美元。进口额为11.13亿美元,同比增长1.81%;出口额为189.72亿美元,同比增长8.29%[①]。总之,现阶段我国体育产业链的各环节商业化程度并不同步,顶级联赛赛事群尚处萌芽状态。下游体育衍生产业以体育用品为主,市场竞争充分,商业化程度较高。产业链中游媒体传播与上游赛事内容受制于政府资源垄断,商业化进程起步较晚,价值发掘不够充分,商业化参与程度普遍偏低。

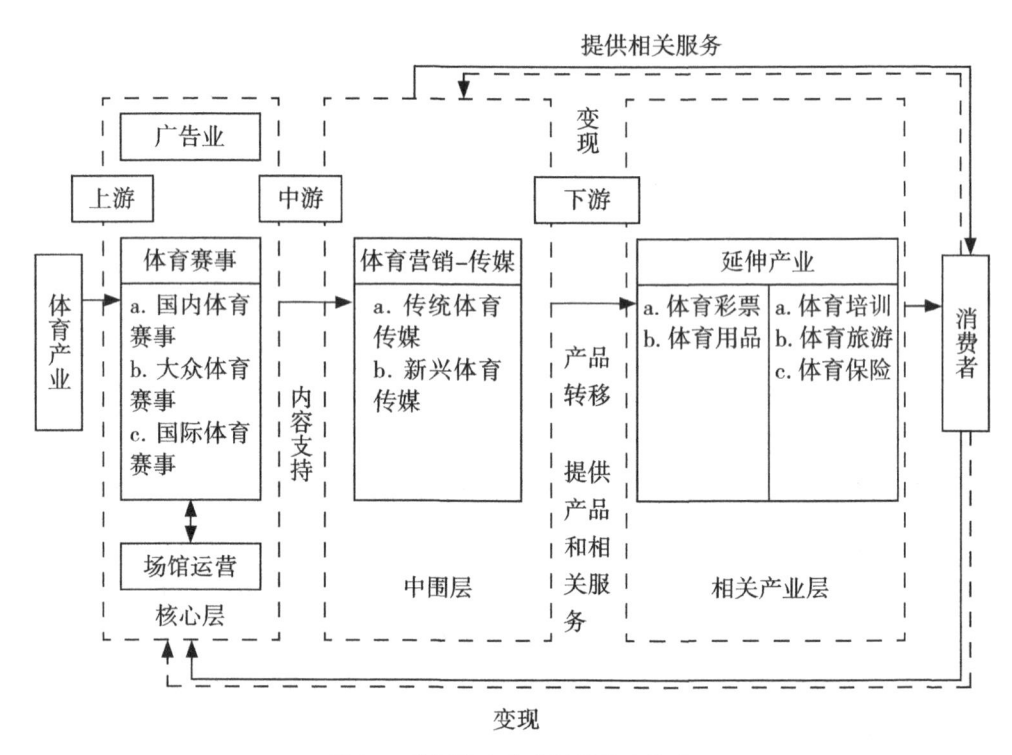

图4.2 我国体育产业链的基本构成

(资料来源:根据易观智库,2015年中国体育产业专题研究报告整理所得)

第三节 我国体育产业链式发展的整合模式分析

体育产业链主体单一的"企业性"及市场导向性特征,从客观上需要发挥其控制、合并、接通、协调或延伸产业链的作用,提高运行效率。从现实来

[①] 阮伟,钟秉枢.中国体育产业发展报告(2015)[M].北京:社会科学文献出版社,2015:81.

看,产业链整合模式主要包括股权并购型产业链模式、战略联盟型产业链模式与集群式产业链模式。

一、股权并购型产业链模式

股权并购的交易性质实质为股权转让或增资,并购方通过并购行为成为目标公司的股东,并获得在目标企业的股东权如分红权、表决权等,但目标企业的资产并没有变化[1]。股权并购型产业链模式是指产业链上的主导企业通过股权并购方式对产业链上下游主要环节上的企业实施控制,旨在构建完整的产业链。并购方的并购意图是取得对目标企业的控制权,体现在股权并购中股权层面的控制。现阶段,扶持竞争力强的体育企业或企业集团,实现跨地区与跨行业的联合或重组,是经营集约化、资源整合和结构调整的重要选择。在体育用品业领域,通过股权并购构建大型的体育用品企业,利于提高产业集中度,实现产品的差异化,获取核心技术,提高企业的竞争力。比如,2007—2009年,李宁公司于2007年收购乒乓球品牌"红双喜"57.5%的股权,2008年以平均每年1969万元人民币收购了意大利运动品牌"乐途(LOTTO)"在中国大陆20年品牌代理权,2009年,李宁公司收购凯胜体育用品有限公司的全部股份。李宁和并购品牌如红双喜、乐途、凯胜等在市场推广、品牌营销、赛事赞助、优化销售渠道以及公司治理等方面相互合作,品牌协同效应明显,吸引了不同的消费客户群体[2]。通过并购,李宁公司实现了自身核心竞争优势与并购品牌先进的生产技术和开发能力、运动产品营销资源渠道的有效整合,成为国内首屈一指的集运动器械与运动鞋服为一体的综合专业的体育用品公司,提高了品牌的综合竞争力。而李宁公司并购活动所带来的有限财务影响反映了我国体育用品产业生产水平的低效率。莱茵体育自从2014年跨界进入体育产业以来,已开展多个跨界并购,并通过全资子公司发起投资基金6500万元,收购万航信息35%的股权。2015年,万达以4500万欧元收购足球俱乐部马德里竞技队20%的股份,并牵头并购全球著名体育传媒集团瑞士盈方公司100%的股权,随后收购了美国

---

[1] 编者. 股权并购 [EB/OL]. [2012-09-03]. http://baike.baidu.com.
[2] 蔡捷. 我国体育用品业并购效应的财务分析—以李宁体育用品有限公司为例 [D]. 济南:山东大学,2013.

世界铁人公司（WTC）。针对股权并购后易出现的负债和法律风险，体育产业股权并购需要对目标企业进行财务以及法律相关领域的风险评估，争取在体育产业组织、品牌赛事转播权、营销权公司等产业高端实现突破，当然，仍需要在具体的单个体育比赛或者单个体育俱乐部实现体育产业并购。

二、战略联盟型产业链模式

所谓战略联盟，一般来说是由两个或更多的企业为了发展新的产品或服务、进入新的市场领域以及提高资源的利用能力而组成的集合，是介于独立的企业与市场交易主体关系之间的一种组织形态[1]。战略联盟作为一种新型的竞争与合作模式，是产业链上、下游企业通过战略联盟的形式进行整合，以提高整个产业链企业竞争力的一种重要模式。产业技术创新战略联盟是战略联盟下位概念，是技术开发联盟在产业层面上的拓展。2008年，科技部、财政部、教育部、国务院国资委、中华全国总工会、国家开发银行六部委联合发布《关于推动产业技术创新战略联盟构建的指导意见》，明确了产业技术创新战略联盟的重要性。2006—2010年，随着产业技术联盟的不断发展和政府引导作用的逐渐加强，联盟组成向多元化发展，高校和科研院所纷纷加入。国外体育企业经验表明，与目标市场的企业结成战略联盟有利于减少投入成本，降低体育企业风险，并可获得有效的市场资源，利于扩大市场。我国体育用品业整体上处于产业链的低附加值环节，许多体育用品企业规模较小，体育用品业技术创新战略联盟基于企业发展和提高技术创新能力，通过契约形式约束企业、大学、科研机构或其他组织机构，实现产业各主体间的联合开发、优势互补、利益共享、风险共担。我国体育用品企业的战略联盟需要整合政府部门的行政规划资源、企业金融资源与市场资源。体育用品业技术创新战略联盟可以从技术攻关、产业链的合作创新和技术标准制定等层面加强关键技术创新与研发，构建共性技术创新平台，加强产品商品化转换，提高市场份额。同时，在我国体育健身服务业领域，企业与企业间业已开始了战略联盟的初步探索。2015年6月，"华奥星空"联合体育产业内三十余家知名企业共同成立中关村国体健身产业技术创新战略联盟，旨在为国家体育公共服务平台建设提供技术支撑，提升我国体育

---

[1]徐亚青.试论我国体育企业战略联盟的信任机制[J].体育文化导刊，2005（6）：15-17.

产业国际竞争力。因此，无论是体育用品业还是健身服务业，政府都要积极营造良好氛围，通过战略联盟实现企业、高等院校、科研院所等主体的有效合作，体育产业产学研战略联盟运行机制均需要通过契约明确成员的责权利，确保联盟成员在资源投入、利益分配、盟友退出、风险控制机制等方面的协同运作。

三、集群式产业链模式

产业链与产业集群形成两者关系密切，产业集群是基于纵向企业的高度分工协作，横向具有相对完整的产业链而形成的组织，这为核心企业集群整合产业链提供了可能性。集群式产业链是经集群与产业链的两种中间组织有机耦合而成的新式复合组织，相对于一般传统意义上的集群之地域界定，产业链之产业关联界定，群链则需从产业维度、空间维度和关系维度三方面综合考量[①]。我国体育用品制造业处在全球价值链的低附加值端，大部分企业从事贴牌上产阶段，跨国采购商为了维护自己的分配格局，严格控制着体育用品产业链的高附加值环节，通过专利、战略隔绝、品牌强化和零售市场并购等多种手段，来提高设计、研发和营销等高附加值环节的进入壁垒，阻碍发展中国家集群式产业链的功能升级和链条升级进程。因此，我国体育用品业需要进一步拓展能力，为国际品牌进行贴牌生产（OEM），提升自我研发设计、生产到自有品牌（ODM）的生产创造能力，进而向功能升级和链条升级迈进。而这需要在集群内培养扶持核心企业，通过市场机制整合中小企业，实现产业链的本地一体化，增强上下游企业关联协作，提高链条上主导企业与中小企业的竞争力。针对我国企业技术学习和模仿较多、自主创新不足、内部关联较弱的特点，本地企业要充分利用嵌入全球价值链的技术溢出机会，积极开拓本国市场，培养自己的高级要素，提高技术吸收、转化与创新能力，创建并提升区域品牌。再如，NIKE公司转移出江苏太仓的案例显示，集群式产业链有区域地缘优势、政策优势、低成本优势、依赖性强、根植性较差易受国际环境影响的特点。地方政府应该积极为地方企业和外资推动型企业的深度合作创造条件，提升内、外资企业的互动程度，通过核心企业确定集群的发展方向，通过合作接受外资企业更多信息和知识的溢出。

---

① 严北战.新视角：基于内外互动的集群式产业链升级研究［J］.经济论坛，2010（7）：104-106.

第四节 我国体育产业链式发展的整合策略分析

资源整合即优化资源配置，最大化提高资源的使用效率。针对体育产业链中各个链条不协调、不配合，主导链条主导作用无法发挥的问题，体育产业链式发展从总体上需要实现"产业链条"和"企业链条"的有效衔接，接通产业链中的断环和孤环，健全体育产业链的运行机制。体育产业链整合需要按照市场化和企业化原则，从政府和企业两个层面进行整合。体育企业应整合产品结构、人力资源、渠道资源、区位资源，促进资源的有效配置和利润的合理分配；政府部门应对投融资环境、空间布局、制度环境以及中介环境进行整合，通过制定政策及打造体育产业园区，规范和引导体育产业市场运行。因此，进一步探讨体育产业链条中的体育场馆业、竞赛业、营销业与体育衍生业等业态的整合策略，有利于优化体育产业链结构，形成体育产业规模经济。

一、体育场馆业链式发展的整合策略分析

体育场馆业是体育产业的重要组成部分，迫切需要推行场馆设计、建设、运营管理一体化模式，树立城市体育服务综合体建设与运营理念，将赛事功能需要与赛后综合利用有机结合[1]。国内很多城市以大型体育场馆为依托，围绕场馆的多种功能，形成一定规模的体育服务业集群，集群内围绕主体产业横向和纵向分布了一些专业化产业和衍生产业，形成体育服务业完整的产业链。比如，江苏镇江体育会展中心初步探索了大型体育场馆"1+X+Y"创新增效的发展路径，这里的"1"是指专业体育本体产业，其中包括全民健身、国内外大型体育赛事、体育会展等[2]。"X"是指与体育相关联的内容再造，是根据丰富市场供给、促进融合发展的任务而设立的体育服务项目。"Y"是指为贯彻创新体制机制，培育多元主体而采用的多种商业模式。以不断增加体育服务和产品

---

[1] 颜争鸣.创新体制机制，力推体育产业[N].中国体育报，2014-11-14（1）.
[2] "江苏省城市体育服务综合体"课题调研组.调研报告[R].2015：1-4.

供给为核心，把丰富体育供给放在大型场馆发展全局的核心位置。在做好本体"1"的同时，不断充实"X"的内涵，拉长"X"的链条。根据不同合作伙伴实际，设计多种商业模式让"Y"充满生机，不断推进体制、机制、平台与组织创新。另外，随着"互联网+"技术的发展，"虎扑体育"于2015年在北京五棵松体育馆尝试智慧运动场。该项目现已覆盖全国41个城市3000多家场馆，上线120家重点球馆，以创新的互联网和智能软硬件技术，全面升级运动场馆，打通场馆、运动消费人群和服务提供者之间的联系，进而构建"O2O"全球化运动服务平台，在实现运动场馆"互联网+增值服务"的同时，为场馆内的运动者与场馆外的相关人群提供了实时、实地、多屏、多渠道、互动共享的全新体验模式[①]。

"市场化运营+政策支持"是解决体育场馆利用率不高、效益提升困难等问题的主要选择。这需要引入市场化运作模式，积极鼓励社会机构参与体育场馆经营管理活动，促使体育产品链与餐饮、购物、旅游等相关经营内容的进一步融合，并针对不同人群和不同档次进行产品组合、服务组合和营销组合。基于满足群众需要，激活大量闲置空间，充分发挥效益，体育场馆要围绕全民健身战略的落实突出本体产业、丰富内容供给、创新体制机制，对现代化城市体育服务综合体进行顶层设计。从体制上，要建立共同投资、共同管理；共同投资、一方管理；一方投资、一方管理；联合招商、共同管理等合作模式。从机制上，积极引入社会资本共同承办赛事，走出去承揽体育工程，代理销售专利产品，提供培训服务等拓展空间。从平台建设上，地方体育主管部门通过"互联网+"使体育产品与体育服务数字化，通过流程再造、服务再造、营销再造使体育产品与体育服务更便捷、更丰富。随着移动互联网平台的体育场馆管理系统和用户应用产品大量涌现，体育场馆业进入智慧时代，运动爱好者在预定和使用体育场馆时将获得更加便利和快捷的服务。组织建设上，通过与社会资本，协会、俱乐部等社会组织，工会、妇联、银行等社会力量积极合作，将场馆或会展中心等体育综合体变成城市的活力中心、健康中心和教育中心，发挥其集聚扩散效应。

---

①阮伟，钟秉枢.中国体育产业发展报告（2015）[M].北京：社会科学文献出版社，2015：10-30.

二、体育竞赛业链式发展的整合策略分析

体育竞赛业产业链是体育产业链的核心，并以需求和运营为基础引领整个体育产业链。NBA、英超等联盟已形成以竞赛生产部门为核心、相关支持部门为外围的庞大的体育产业链系统。我国体育核心赛事资源的审批与管理权集中于国家体育总局，而行政化审批烦琐的审批流程以及联赛资源半行政半市场化管理导致赛事运营效率低下，严重束缚了体育产业的发展。目前，国内赛事水平偏低固然是转播权收入和门票及衍生品销售收入占比不高的一大因素，但转播权销售收入的长期缺失主要是由于央视体育频道在电视传媒上的垄断地位，而门票收入的占比偏低则与我国居民的体育消费习惯和民间流行的送票习气有关，只有衍生品销售收入与比赛水平呈现最直接的相关性。当然，体育政策难以在短期内影响门票和衍生品销售的水平，未来几年广告赞助的持续增加以及转播权收入的逐步回升将会成为各项赛事以及各公司营收增长的主要来源，如图4.3所示。

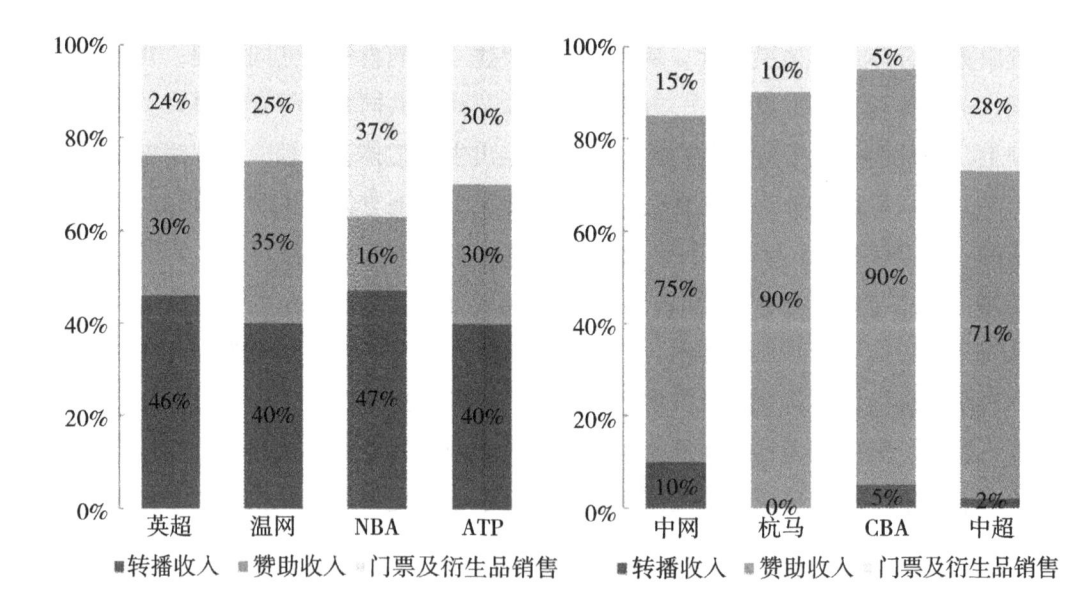

图4.3 国内外体育赛事主要收入构成对比

（资料来源互联网，中体鼎新研究部）

国内重大的体育比赛包括全国运动会、城市运动会和少数民族运动会的电视转播，央视独揽赛事转播权并主导着版权的分销流程。目前，在国家体育总局将大部分赛事审批权取消的情况下，自主举办单项竞技体育比赛、群众体育比赛、国际职业体育巡回赛可视为未来几年我国体育产业的增量市场，其赛事数量、参与人数、商家赞助金额等都在稳步上升。目前，世界体育资本强国非常重视全球体育赛事产业链中赛事相关的标准和专利，通过控制的国际体育组织输出品牌、提供服务，并在体育赛事举办的重点区域进行营销，从而牢牢地控制整个体育赛事产业链附加值的高端。因此，基于产业链的我国体育竞赛业需要树立市场服务意识，培育扎根本国广大体育市场的具有绝对竞争力和市场价值的多样性体育赛事，逐步建立与完善我国体育竞赛的组织体系；引进国际先进赛事的管理经验，促进职业体育联盟建设，拓宽各种体育赛事的投融资体系，培育具有国际影响力的中国特色赛事；重点引入国际性综合体育赛事，提升我国体育资本的力量；围绕赛事核心产品创建赛事品牌，提高赛事的知名度和品牌忠诚度；注重营销手段和策略创新，重点从转播权收入、门票以及衍生品开发赛事的商业价值，逐步完善体制机制，健全赛事的法制法规建设。

三、体育营销业链式发展的整合策略分析

赛事转播权放开以前，央视"一家独大"垄断转播权的局面长期存在。赛事转播权放开之后，新媒体迅速加入体育赛事版权争夺中。而网络新媒体将会主导本轮体育赛事产业链条的整合和发展。目前，新浪体育、乐视体育、PPTV体育等网络新媒体由原来单一的视频媒体网站业务形态发展为"赛事运营+内容平台+智能化+增值服务"全产业链型的体育生态型公司。体育营销是体育产业链中的关键环节。体育营销的目的就是要提升品牌价值，塑造品牌的强势地位，从而依靠品牌开拓市场、扩大销售。在体育营销业方面，智美以每年运营的各类赛事项目为载体，深度挖掘中国运动人群的营销价值，助力企业向大众传递品牌精神内涵要求，引发消费者与品牌的情感共鸣。2015年上半年，智美与"特步"签署战略合作备忘录，初步实现从线上到线下、从赛事到产品的闭环循环经营，未来将提供产品和服务的一站式管理，推动了体育全产业链布局的形成。体育传媒方面，智美将体育传媒与智美影视娱乐业务协同发展，致

力于进行体育娱乐节目内容制作、推广与市场开发运营。智美集团与湖南广播电视台实施战略合作,双方在体育娱乐节目及新媒体体育节目内容的开发、设计、制作、推广、市场开发与管理等方面进行全面合作。双方共同对智美集团的赛事活动内容进行节目化改造,创造全新的国内体育娱乐节目,2015年智美运营的各大马拉松及"四季跑"各站活动、各省重要群众性赛事将成为双方合作的起点。体育比赛的核心是"赛事内容",好的比赛拥有海量黏性较强的粉丝。而围绕"赛事内容"进行创新是新媒体的主要发展方向,新媒体可以接触产业上游,自制赛事IP(Intel lectual Property,知识产权)和衍生节目,新媒体通过引进360°全景摄影等科技,从直播技术上进行创新变革,为用户提供更好的体验。因此,体育营销企业运用产品(Product)、价格(Price)、渠道(Place)和促销(Promotion)策略4P组合策略,实现整合营销、差异化营销、公益化营销与精确营销协同,调动企业所有资源,促使体育、品牌与企业文化三者融合,提升企业的竞争优势。

四、体育衍生业链式发展的整合策略分析

随着全民健身上升为国家战略,以用户为中心的体育产品研发和以服务为导向的用户思维,将引导新的零售业态模式。国家政策的大力支持促使体育运动服饰迎来更加广泛的消费人群,体育运动服饰向专业化方向发展。同时,体育健身也成为新的经济增长点,各种跑步热的浪潮席卷而来,越来越多的人开始有了健身意识和健身习惯。目前,我国体育用品加工企业已经超过3000家,但大多数企业主要靠来料加工和贴牌生产,缺乏自主品牌,科技含量较低[1]。通过做大做强体育用品业,提高品牌竞争力,已经成为当下体育用品业转型升级的主要任务。比如,2014年9月,百度宣布与知名运动品牌361°达成战略合作协议,双方合作成立大数据创新实验室,推进高科技智能产品的研发,研发和生产基于用户需求的数字化产品,且双方共享销售渠道、传播渠道等资源,共同开创运动健康新生态。因此,要积极转变体育用品业的经营方式,推动集约化经营,利用产业政策引导企业打破所有制、行业和区域限制,实现强强联合,打造体育用品业龙头企业,加快形成体育产业集群。并要实施品牌战略,鼓励大型体

---

[1]卢志勇,兰青.江西省体育健身娱乐市场的现状与展望[J].商场现代化,2006(29):168-169.

育用品生产企业增加研发投入,开展技术创新、产品创新和营销手段创新,研发出新型时尚、绿色环保的体育用品,增强产品竞争力[①]。我国健身房市场品牌分散,中国前十大品牌健身房总数740家,仅占市场整体的16.4%,剩下的健身俱乐部又以非连锁为主(占66.8%)[②]。体育健身业市场是我国体育服务市场规模最大、成熟度较高的市场,但是处于以低端服务产品为主体的阶段。我国健身企业需要树立"顾客至上"的服务观念,为顾客提供一种个性化的多元服务,满足顾客不断变化的需求。体育健身企业要将产品链进一步拓展,与餐饮、购物、旅游等相关经营内容进一步融合,针对不同人群和不同档次进行产品组合、服务组合和营销组合[③]。同时,针对体育健身市场主要由民间力量支撑的局面,政府应该加强对商业运营型健身俱乐部市场管理,明确主管部门,确定体育主管部门和工商管理部门各自的管理职责、审批条件和经营申报注册程序,注重对其进行业务指导和监督,改变混乱的管理局面和不合理的收费现象[④]。再者,政府部门要帮助经营管理者学习、研究市场规律,掌握经营之道,规范行业道德,引导基于本区域特点和不同层次群众的消费需求,积极宣传扩大内需、鼓励消费的政策,转变群众的体育消费观念[⑤]。最后,要充分利用各单位的体育场馆设施资源,实现资源综合效益的提升。

本章小结

目前,赛事资源、媒体传播与衍生产业构成我国完整的体育产业链。体育产业链式发展通过股权并购、战略联盟、集群式产业链等模式对体育产品结构、渠道资源、区位资源进行整合,协调产业链中相关利益主体间的关系,实现资源的有效配置和利润的合理分配;并在投融资环境、空间布局、制度环境

[①] 窦红,冯喜军. OEM商业模式对中国体育用品业制造业的影响探微[J]. 成都体育学院学报,2008,34(6):15-17.
[②] 编者. 金融机构介入体育产业的六大投资机会[EB/OL].[2016-03-17]. http://www.ytsports.cn/news-4508.html.
[③] 鲍明晓. 解读产业政策,建言体育科技园[J]. 环球体育市场,2010(3):42-43.
[④] 卢嘉鑫,张社平. 体育产业发展——理论与政策[M]. 北京:北京大学出版社,2011:1-3.
[⑤] 杨越. "后奥运时代"中国体育产业发展战略研究[M]. 北京:经济管理出版社,2011:2-5.

以及中介环境等方面进行整合，监督并引导体育产业市场运行。

我国体育场馆业要鼓励社会机构参与体育场馆经营管理活动，突出本体产业，丰富内容供给，强化体制改革、平台与组织建设，充分发挥场馆的集聚扩散效应。我国体育竞赛业要建立与完善赛事的组织体系，拓宽投融资体系；围绕赛事核心产品创建联赛品牌，提高赛事的知名度和品牌忠诚度；围绕"赛事内容"和直播技术进行创新变革，提高用户体验，注重营销手段和策略创新，健全赛事的法制法规。要打造体育用品龙头企业，加快形成体育产业集群。大力实施品牌战略，鼓励大型体育用品生产企业增加研发投入，开展技术创新、产品创新和营销手段创新，研发出新型时尚、绿色环保的体育用品，提升产品竞争力。我国体育健身企业则需要进一步拓展产品链，通过融合餐饮、购物、旅游等经营内容进行产品组合、服务组合和营销组合。

第五章 体育产业集群式发展模式分析

2019年，国务院办公厅印发《关于促进全民健身和体育消费推动体育产业高质量发展的意见》（以下简称《意见》），《意见》指出，体育产业在满足人民日益增长的美好生活需要方面发挥着不可替代的作用。《意见》提出完善产业政策，优化发展环境；落实已有税费政策，完善体育无形资产评估制度，加大金融支持力度；强化示范引领，打造发展载体；鼓励建设体育服务综合体、运动休闲特色小镇，加强体育产业基地建设与管理，探索体育产业创新试验区建设。该意见重点强调了政府政策与产业集群建设的重要性。自20世纪90年代迈克尔·波特创立产业集群理论以来，"产业集群"不仅成为经济学家和经济地理学家们研究的热点之一，还成为发达国家谋求竞争优势和增强国际竞争力的"法宝"。产业集群成为一个国家或区域竞争的核心所在，除了企业聚集、形成产品生产基地外，集群内产业上下游分工协作、形成完整的产业配套体系，更是重要标志之一[1]。体育产业集群的发展有力地促进了区域经济增长，并已经成为区域经济的增长点。西方发达国家以及我国北京、上海、广东等东部沿海地区体育产业的发展实践证明了这一点。澳大利亚学者大卫·希尔伯里（David Shilbury）在对澳大利亚和美国相关体育产业集群研究的基础上，提出体育产业集群是由大量体育企业及组织组成的具有较强经济联系的生产网络[2]。体育企业的集聚具备波特产业集群概念的三个基本特性，产业集群理论能够非常好地阐释体育产业集聚现象的合理性。

随着《意见》的提出，体育产业发展需要坚持集群化发展方向，以打造体育产业集群为战术路径，再造体育产业新优势。本研究重点分析了体育产业集

---

[1] 邢鸿.产业集群理论视角下国家体育产业基地发展研究［D］.北京：北京体育大学，2013.
[2] 王凯.体育赛事产业集群形成机制研究［D］.南京：南京体育学院，2012.

群形成过程、形成方式及其发展的市场主导型与政府主导型两种理论模式、产业集群升级路径及公共政策，而这需要各有关部门强化责任落实，加强协同联动，各地区要建立相关协调机制，强化政策衔接，确保时效，通过体育产业集群提高体育产业竞争力，以特色体育产业集群引领并推进高质量发展。

第一节　体育产业集群形成的机理分析

关于产业集群的形成原因，国外学者马歇尔认为产业集聚的原因是企业追求外部规模经济；克鲁格曼认为集聚通过规模收益递增、运输成本和要素流动的相互作用而产生；波特将产业集群形成的因素归结为要素条件、需求条件、相关产业支撑和企业战略结构四方面。国内学者们则主要从外部性、社会分工、社会网络、创新网络、技术扩散以及社会关系等各方面进行分析，认为产业集群是基于其中一个或是若干个因素综合形成的。产业集群的形成方式主要有三大类：一是自动生成；二是"自下而上"地形成和发展；三是"自上而下"地规划和发展[1]。市场机制与行政机制的有效互动促进了产业集群的快速发展。我国的社会主义市场经济体制是原来的计划体制转轨形成的特定情况决定了我国地方产业集群发展更多地是采用"自下而上"与"自上而下"相结合的方式。产业集群形成是一个复杂的过程，经济上的自利性是集群内企业捆绑在一起的最终粘合剂，对利益的追求是产业集群形成的根本动力，政府更多地是提供相应的基础设施和服务等[2]。体育产业集群的形成渠道为：一是体育产业小企业按照产业链自发形成的产业集聚，甚至发展成体育产业集群的雏形。这种集聚的特点是进入门槛低、起点低、规模小，缺乏可持续发展的动力。第二种渠道是政府的外力推动，采取招商引资等方式，围绕体育产业核心资源，营造以产业链为线索的企业集聚，随着这种产业集聚的生成、发展，相关的配套企业相继建成，政府主导作用随之减弱，基于市场机制的产业集群就形成了[3]。当然，上述两种渠道并非同步发挥作用，也不能同时出现。往往是第一种渠道为先，第二种渠道随后，第二种渠道生成的过程包括对第一种渠道的整合，这

---

[1]陈志平.产业集群的发展路径与公共政策选择[J].延边大学学报，2008（6）：119-123.
[2]陈志平.产业集群的发展路径与地方政府的作用定位[J].湖南社会科学，2009（3）：100-103.
[3]杜跃平.资源型产业集群的动力机制与生命周期研究[M].北京：中国经济出版社，2010.

种整合包括市场机制的整合,也包括行政命令式的关闭,最终两种渠道合二为一,并向具有自组织特征的体育产业集群方向发展,如图5.1所示。

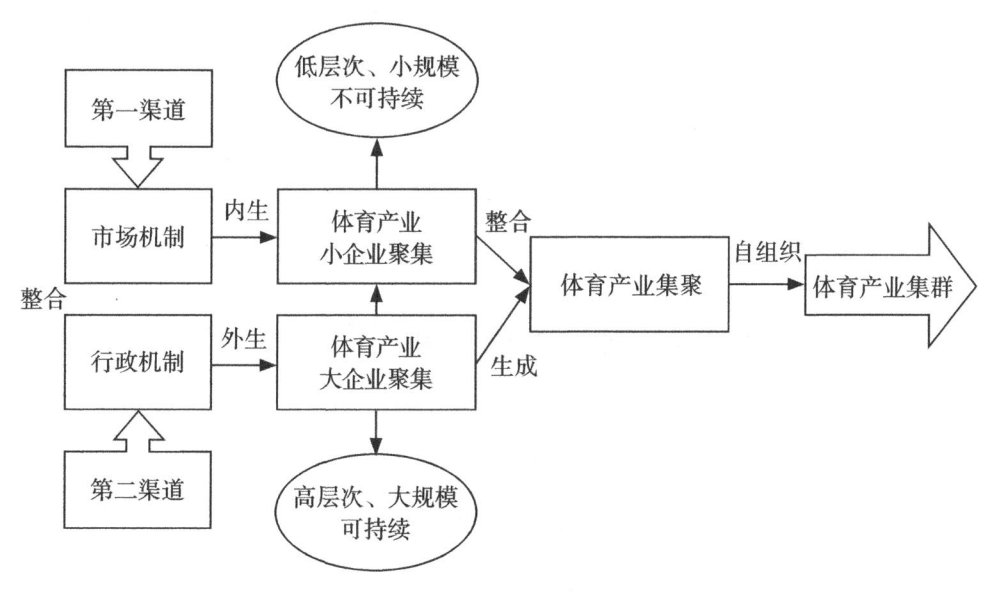

图5.1 体育产业集群形成的过程图

体育产业集聚和体育产业集群的形成与发展研究已引起学界的重视,相关成果相继出现。如刘兵等(2009)从分工和专业化的角度对体育产业集群形成后可能带来的产品扩充、企业数量的增加以及竞争优势的提高作了较为详细的分析[1]。宋昱(2011)研究认为体育企业和要素的集聚协作与集群化跃升,将十分有利于体育产业要素资源的优化配置和合理流动,并大幅提升中国体育产业的品牌扩张能力[2]。韩文超、贺松等(2015)认为从空间布局看,各类体育产业集群均表现出一定程度地围绕核心体育资源的地理空间聚集特征,呈现出圈层、专业镇和园区三种模式[3]。此外,学者方春妮(2009)、邓娜娜(2010)、纪海波(2013)等结合体育产业发展实践分析了体育产业集群形成及发展的影响因素。综上所述,体育产业集群的形成是一个产业分工和专业化发展的过程,更是作为一种经济事务在社会中存在的表达方式,经济上的自利

---

[1] 刘兵,芮明杰.基于专业化分工的体育产业集群形成研究[J].上海体育学院学报,2009(3),31-33.
[2] 宋昱.中国体育产业的集聚与集群化发展研究(1994—2010)[D].南京:南京师范大学,2011.
[3] 韩文超,贺松,等.国内外体育产业集群空间发展模式及启示[J].规划师,2015(7):30-35.

性是集群内企业捆绑在一起的最终粘合剂，对利益的追求是产业集群形成的根本动力。而外部经济、聚集经济、增长极因素、创新和竞争因素、制度因素、历史文件与政府作用是影响体育产业集群形成和发展的关键因素。针对体育产业分散的状态，产业内及主体产业间难以形成互补的集群化发展，地方政府除了鼓励行业组织或中介机构自发成立外，更重要的任务还在于发挥自身的资源、信息和组织优势，建立起政府主导型的专业化中介服务组织，并积极做好协调与促进工作。

第二节 我国体育产业集群式发展模式分析

我国学者王缉慈指出，产业集群一般由市场自发形成，但受地区比较优势和其他因素影响，特别是政府可以通过各项措施来调控、影响和促进产业集群的发展[1]。国外体育产业集群往往是市场主导且经过较长时间发展形成的，政府通过法律、政策、税收和基础设施投资等间接手段促进体育产业集群的发展。近年来，一些西方国家也着手培育各类体育产业集群，如英国借助2012年伦敦奥运会培育伦敦东部地区体育旅游业集群，俄罗斯借助2014年索契冬奥会打造世界级体育旅游业集群等[2]。因此，基于产业集群形成过程和主导因素，体育产业集群分为政府主导型和市场主导型两类，其中，政府主导型产业集群主要包括政府指令型产业集群和政府引导型产业集群；市场主导型产业集群主要包括资源禀赋型产业集群、社会网络型产业集群和产业综合体型产业集群，如图5.2所示。

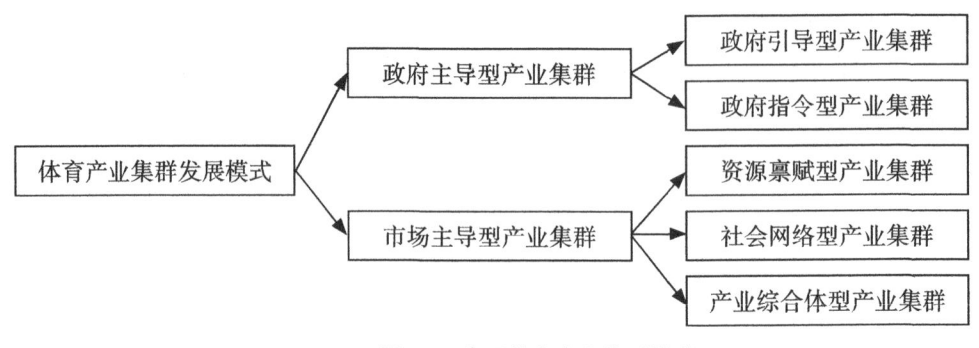

图5.2 我国体育产业集群模式

[1]王缉慈.创新的空间[M].北京：北京大学出版社，2001.
[2]韩文超，贺松，李亚洲.国内外体育产业集群空间发展模式及启示[J].规划师，2015（7）：30-35.

一、政府主导型体育产业集群分析

政府主导型产业集群包括政策指令型集群和政策引导型集群。政策指令型集群形成的直接动力来自各级政府的产业政策指令和计划安排，市场基本不发挥作用，集群内部结构和机制完全"人为"安排[1]，这种产业集群在体育产业领域较为少见。政策引导型集群通过中央、地方政府的特殊优惠政策引导，制定区域性的产业政策，促进产业组织的合理化；通过市场化的运作机制，以利益驱动企业的进入，实现对区域内体育产业结构的调整。而政府直接参与产业运作的主要优点是力量集中、规划有序、合作协调，能在较短时间内完成产业集群建设。该模式的主要特征是产业集群自上而下，通过国家和地区政策扶持干预形成。市场机制的不完善与市场自发作用较弱致使产业集群成长、演进主要依赖政府扶持来完成。另一方面，产业发展时间较短使得依靠市场机制作用无法在短期内创造产业集群形成的条件和培育地方产业集群创新网络[2]。

国家体育产业基地作为发展体育产业建立的集群式示范区，是以服务需求为导向，资源共享为其核心，基地内的企业为对象，资源整合的深度和广度得以增加，构建体育产业基地服务平台，鼓励企业向基地集聚，规范基地中企业的分工协作，走出简单的产业布局，制定系统的产业政策，明确鼓励和限制的政策导向，加大基础设施、劳动力群体和信息服务等公共要素投入，积极培育和完善促进体育产业基地化发展的中介服务机构、科技服务机构、教育培训机构等社会化服务体系[3]。目前，我国广东深圳、成都温江、福建晋江、北京龙潭湖、浙江富阳、山东乐陵6个国家体育产业基地的政府主导特征明显，初步形成一定规模、地方特色和竞争力的体育产业集群，其功能主要集中在大型体育器材及运动装备材料的研发与生产、体育休闲体验服务等，政府对体育产业集群发展进行有效的政策引导。现阶段，通过基地建设逐步建立了参与国际竞争的营销与技术支撑体系，辐射周边地区，带动全国体育产业发展的产业格局初步形成。

---

[1]李凯，李世杰.我国产业集群分类的研究综述与进一步探讨[J].当代财经，2005（1）：93-95.
[2]陈弘.基于生命周期理论的产业集群发展模式选择[J].求索，2009（5）：28-29.
[3]梁强.国家体育产业基地建设路径考察与推进策略探究[J].河北体育学院学报，2013（3）：1-4.

二、市场主导型体育产业集群分析

市场主导型产业集群基于市场自发选择,政府并不直接介入产业发展,而是提供自由的创新环境和健全的法律环境,为产业集群的形成提供基础性服务。从产业集群的功能角度来看,市场主导型产业集群模式可以分为资源禀赋型产业集群、产业综合体型产业集群和社会网络型产业集群三种。

（一）资源禀赋型集群模式

资源禀赋型集群模式主要指各地在自然资源（土地、矿产、地理位置等）及劳动力资源方面的差异,强调充分利用地区的自然资源优势来发展区域经济,主要研究产业集群内部的运行规律,较少关注集群区域的制度背景,对跨界企业参与的地方集群形成与演进脉络则论述不多。从资源禀赋角度来看,体育产业集群是按某种有效的方式,将某一区域的体育产业要素有效地组织起来,从事某种对本地区来讲最具有竞争优势的经济活动的一种资源配置方式[①]。其中,核心体育资源是体育产业集群发展的根本动力,发展主要围绕这个资源进行空间聚集,而区域内部资源要素优势是主要依托,其形成则是市场区位长期选择的结果。所以,该类集群被认为是一组在地理上靠近的相互联系的企业和关联的机构,它们同处或相关于一个特定的产业领域,由于具有共性和互补性而联系在一起,具有专业化特征。东北地区的吉林省依托长白山脉资源优势和少数民族体育文化资源,广泛并积极开展了定向越野、山地摩托车、野外生存、少数民族秋千及珍珠球等民族民俗特色传统体育活动和体育产业。而体育本体产业、旅游业与会展业构成了2008年北京奥运场馆产业集群,一系列相关的奥运品牌企业初步形成,成为重要的体育、文化、休闲会展和奥运标志的旅游地,有效保护和利用了奥运遗产。国外诸如美国的俄勒冈州的尤金、印第安纳州的布鲁明顿、肯塔基州的列克星顿等体育小镇,其地理位置资源、文化资源以及赛事资源的融入成为小镇建设的重要资源依托。同样地,我国浙江·海

[①] 中国体育产业集群模式比析 [EB/OL].［2012-11-52］. http://wenku.baidu.com/view/756930b069dc-5022aaea0096.html.

宁马拉松小镇更是依托景区内优美的生态环境和丰富的文化资源,通过马拉松赛事的长期性举办带动体育服务业集聚,形成体育与旅游高度融合的示范小镇。因此,各地应该结合本地特色体育资源特点进行开发和利用,利用资源禀赋促进体育产业集群的建设和发展。

(二)产业综合体型集群模式

产业综合体是指某个特定区位上,一组相互之间存在技术、生产和分配等多方面联系的经济活动,这组经济活动能够共享外部规模经济,提高整体活动的经济效率,其本质是集群的一种类型。产业综合体集群强调企业之间稳定和证实的投入产出关系,主要考虑成本节约和可见的生产联系。柔性产业综合体型产业集群是指在分工专业化基础上,基于柔性生产、灵活制造和产业关联,依托优势市场资源形成的区域产业集群[1]。由于经济全球化的影响,当代的产业综合体更是动态开放的系统,价值链中各个价值环节在形式上是一个连续的过程,空间上离散分布。产业综合体模式是在产业集群基础上发展起来的,以完整的产业链为核心,以完善的产业配套为支撑,以完备的生活配套为保障,能够实现产业自我聚集发展的新型发展模式。

全球价值链中各个价值环节在形式上虽然可以看作是一个连续的过程,但是这一完整的价值链条实际上是被一段段分开,在空间上是离散分布的,分离出去的各个价值区段通常都具有高度的地理聚集特征,即全球价值链地理分布具有"大区域离散,小区域聚集"特征。此外,基于产业链的跨界要素整合成为一种发展常态。20世纪90年代中后期,以家庭作坊式为主的晋江鞋业得以改变,不少厂商取得了为国际知名运动鞋品牌贴牌加工(OEM)的资格。目前,晋江市形成了社会化分工、自主配套的一条龙生产协作群体,通过集聚提高了专业化企业之间的交易效率,企业因地理接近降低了相互间的物质和信息转移费用,使得交易成本降低;中小企业通过共同使用公共设施减少了区位成本,形成成本协同优势。但是,晋江市体育制造业的同质化竞争在行业同质化、产品同质化和品牌同质化等方面明显体现。晋江市集聚了数千家运动鞋制造企业,高度集中的行业同质化现象使晋江市的有限资源和环境不堪重负;晋江运

---

[1]李凯,李世杰.我国产业集群分类的研究综述与进一步探讨[J].当代财经,2005(1):93-95.

动鞋业产品抄袭、品牌建设仿制等乱象丛生，大量效仿知名大企业，运动鞋品牌建设道路任重道远。

（三）社会网络型集群模式

20世纪70年代后，新制度经济学通过引入"网络"和"嵌入"等基本概念，企业等经济组织的社会性被揭示。而经济组织及其经济行为总是嵌入于它们所存在的社会关系网络中，并受其制约。社会网络理论对于企业分析具有强大的解释力度。社会网络又称社会关系网络，是由一系列社会关系联结在一起的结点总和，通过社会关系获得资源，对个体、社会团体和组织目标的实现是至关重要的[1]。基于共同的地域文化、社会资本的网络特性，企业之间形成非正式契约的信任关系、合作关系以及生产知识的人际外溢，促使产业集群的产生[2]。因此，该类集群模式往往基于本地区的信用优势、创新优势等降低交易费用和提高技术创新能力，对外部企业产生向心力和吸聚力。

我国多数体育用品制造业集群属于民营中小企业集群，这些集群以本地的共同文化背景为基础，通过同宗、同学、同好等人际关系网络的紧密相连，形成了相互信任与分工协作的社会网络，为区域空间范围内体育用品制造业集群的发展提供大学、研究机构、咨询服务机构、培训机构、金融机构等公共服务机构以及行业协会、企业家协会、中介组织等中介代理机构。比如，泰山体育产业集团于1978年成立，经过三十多年的发展，现已成为集研发、生产、销售、服务于一体的综合性体育器材生产基地和亚洲最大的人造草坪研发生产基地。泰山体育产业集团的"泰山"品牌是中国最具价值品牌500强，品牌价值达118亿元。泰山始终把"科技创新"放在首位，先后与山东大学、华东理工大学、中国科学院合作建立联合研发中心，每年研发资金投入超亿元。2010年以来，泰山集团成功获批"国家认定企业技术中心"，组建全国唯一的"国家体育用品工程技术研究中心"和体育产业首个"博士后科研工作站"。该集群中的大学和科研机构与生产企业之间形成相互学习的区域共同体，知识和技术在

---

[1] 陈国华，郭燕. 社会网络嵌入视角下的苏北中小企业转型升级研究[J]. 淮海工学院学报：人文社会科学版，2015：80-82.

[2] 张泽，丛湖平. 福建省晋江市运动鞋制造产业集群的经济网络机制研究[J]. 体育科学，2013，33（1）：23-30.

企业间得以广泛传播，知识和技术的外溢有利于产品和技术创新，从而提升集群对外部的吸引力。因此，通过组建以企业为主体的技术创新联盟，科研机构和大学院校可以为集群发展提供足够的智力支撑和服务。

第三节 我国体育产业集群升级路径分析

产业集群是一种网络组织形式，产业集群升级不仅取决于网络内部成员间的协调（集群治理），还受到区域性集群组织与全球生产网络的战略耦合过程影响[1]。国内学者潘利（2007）、刘芹（2008）、张景华（2009）均不同程度地强调产业集群升级应将区域创新网络建设与融入全球价值链进行有机结合。基于区域创新网络理论、全球价值链理论以及信息化理论等理论，信息化创新驱动下的产业集群的"链网耦合"式升级路径逐渐形成，如图5.3所示。因此，我国体育产业集群升级不仅需要积极嵌入全球价值链，还要构建和完善集群网络，集群升级路径表现为基于区域集群网络的内部升级路径和基于全球价值链地位攀升的外部升级路径。

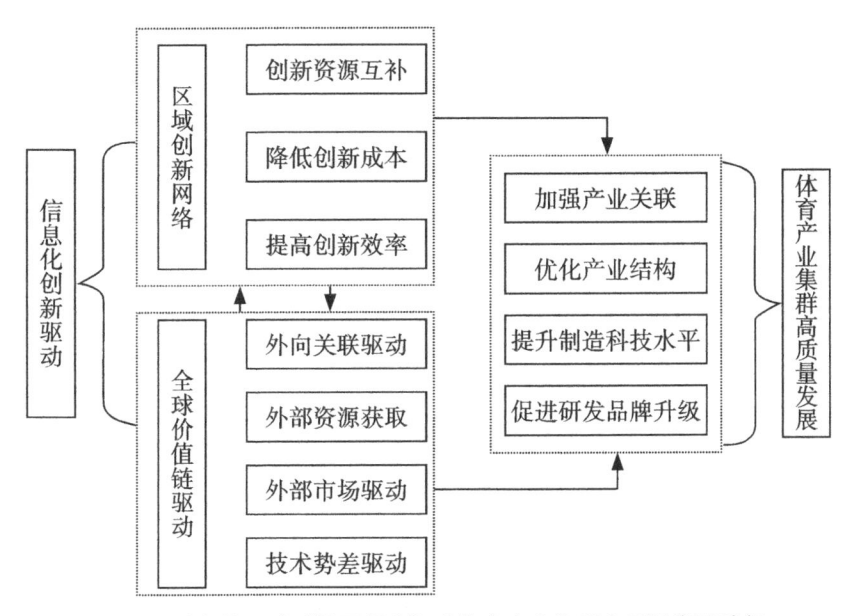

图5.3 信息化驱动"链网耦合"式体育产业集群高质量发展路径

---

[1]王新强.陕西省装备制造业产业集群化水平测度研究[D].西安：西安理工大学，2009.

一、外部升级路径

外部升级路径主要指产业集群在全球价值链中位置的移动,也就是成功沿着全球价值链向高端环节实现攀升[①]。格里芬(Gereffi,1999)基于全球价值链将产业集群升级过程归结为工艺流程升级、产品升级、功能升级和链条升级。工艺流程升级是指通过重组组织产品系统、引入新技术或更新设备,提高投入产出水平;产品升级是指新产品的研发采用更复杂的产品线,提供比竞争对手质量更高的产品;功能升级是指获得新的功能或放弃已有的功能,增加经济活动的技术含量,如从已有的制造功能转向设计功能或市场功能;链条升级是指移向新的、价值最高的相关产业价值链[②]。全球价值链下的产业集群升级步骤包括嵌入价值链高端环节和价值链治理两个阶段,以信息化驱动集群创新网络,推动产业集群由传统加工制造向信息化集成智能制造转变,从而获得全球价值链的治理权地位[①]。例如,福建晋江市体育制造业绝大部分处于价值链中价值少、利润低的制造环节和销售环节[③]。首先,要通过品牌价值链塑造提高体育集群品牌的竞争力,扩大企业的市场影响力。其次,信息化时代的以"地理接近"为特征的传统体育产业集群在获取资源方面十分被动,而以"组织接近"为特征的虚拟体育产业集群转变则可以利用集群信息化来提高物质条件,实现资源的有效配置。最后,体育用品业集群要强化专业化的分工协作机制优势,确保产业链较长的体育用品制造业利用集群内专业化分工协作机制促使集群价值链的增值。

二、内部升级路径

内部升级路径主要指基于原有价值链环节,以网络优势为基础实现的集群

[①] 纪玉俊,丁娟.基于链网结合的地方产业集群升级机理与路径 [J].经济与管理,2012(11):83-88.
[②] 张聪群.产业集群升级研究 [M].北京:经济科学出版社,2011:19.
[③] 苏春花,陈章旺.晋江市体育制造产业升级路径研究-基于集群价值链延伸视角 [J].经济研究导刊,2012(7):179-181.

竞争力提升，主要是通过区域集群网络创新实现产业集群的升级[①]。产业集群企业的社会网络主要分为产学研合作网络、服务中介机构合作网络及产业内部合作网络。首先，从区域集群网络来看，集群中小企业必须以创新战略为导向，从知识组织和科研机构汲取各种新知识和新技术等资源，企业、科研机构、大学等组织在创新网络构建过程中不断进行协作互动和集体学习，从而能够降低企业创新成本和风险，并提升集群创新活力[②]。其次，服务中介机构处于集群内企业网络的交汇处，掌握了集群社会生态系统中广泛的信息。服务中介机构不仅能为集群内企业提供专业的服务支持，还能提供企业间信息交流与社会交往的网络平台。集群企业与服务中介机构建立联系，扩大企业升级过程中知识搜索的网络，使得企业拥有更宽广的知识源，集群企业通过与同行业及上下游企业建立联系，有助于实时了解产业的发展动态以及技术前沿知识，也有助于共同获取新知识或合作开展研发创新等活动[③]，从而促进体育产业企业转型升级。再者，对于体育产业集群发展来讲，良好的社会网络结构能够衍生出集群的网络资本，而有效的管理网络资本则可以营造出一种协同创新的集群氛围，并在保持结构稳定的同时实现所有价值环节的升级。社会网络型产业集群内部血缘、业缘、地缘和学缘等复杂的人际网络所形成的知识和技术溢出通道，使得一项新技术很容易在集群内部扩散。知识溢出能够推动产业集群内部企业的技术创新和产业集群整体的技术升级，使个体和整体的竞争力均可得到提升。

第四节　我国体育产业集群式发展的公共政策选择

市场是体育产业集群发展的主体，但政府对体育产业集群的干预同样不可或缺。2015年，国务院《中国制造2025》和《关于进一步促进产业集群发展指导意见》提出"推动建设一批高水平的中小企业集群"，而对其进行规划布局和功能定位则需要发挥政府的政策导向作用。美国经济史学家David（1985）首

[①] 纪玉俊，丁娟. 基于链网结合的地方产业集群升级机理与路径 [J]. 经济与管理，2012（11）：83-88.
[②] 田依林. 产业集群升级路径选择研究 [J]. 科技进步与对策，2011（12）：53-57.
[③] 符正平，彭伟. 集群企业升级影响因素的实证研究——基于社会网络的视角 [J]. 广东社会科学，2011（5）：55-62.

先将路径依赖纳入经济学的研究范畴,提出路径依赖会导致产业集群发展产生"锁定效应"。国内学者将集群的锁定分为行政区划锁定、社会资本锁定与价值链低端锁定等类型。科学的政策对于体育产业集群升级和锁定状态的规避和摆脱有着积极的支持性作用。因此,需要充分发挥公共政策作用,规避和摆脱体育产业集群发展中的行政区划锁定、社会资本锁定和价值链低端锁定等无效率状态,提升体育产业集群的竞争力。

一、基于行政区划锁定规避的政策选择

产业集群基于地方行政区划范围发展的特点大幅制约了产业集群的自然发展,现有行政区划对资源集中效应形成了限制。产业集群发展中"各自为政""行政分割"的现象极大阻碍了生产要素和产品要素的自由流动和有效配置,以及区域间专业化分工的发展,使集群的规模难以做大,集群本身也难以走向高端道路[1]。区域内的各地政府应该超越行政区划,重视从专业化分工、市场细分、价值链延伸以及产业集群的内在联系方面进行规划,避免低水平的重复建设、低水平的规模攀比,重视对产业链的横向和纵向整合[2],实现从"集聚"到"集群"本质转变,充分释放区域内体育产业集群效应。多年来,地方政府并没有对跨区域的体育产业进行有效沟通和管理,在诸如区域政策优惠、体育利益共享、体育产业一体化方面未进行有效合作。而体育市场机制不健全和体育企业发展水平的有限决定了各地政府成为实现区域体育经济协调发展的主角,体育产业集群的关联效应决定各地政府将融入体育产业集群带动区域经济发展的进程中。例如,针对我国区域内"镇与镇"或"县与县"之间体育产业集群同质化问题,通过政府间建立引导产业集群发展的协调机制打破区域行政区划锁定,可以建立跨区域的体育产业集群管理委员会,作为该区域的政府性服务性组织,协调企业之间生产、经营、信息交流、产品准入标准等工作,避免体育产业集群发展区域同质化问题,走高端化发展道路。

---

[1]陈佳贵,王钦. 中国产业集群可持续发展与公共选择政策[J]. 中国工业经济,2005(9):5-10.
[2]郑健壮. 产业集群政策理论综述对我国集群发展的启示[J]. 管理观察,2009(4):121-123.

二、基于社会资本锁定规避的政策选择

我国的体育产业集群在发展初期形成了以血缘、地缘和业缘关系维持的社会信用网络所形成的社会资本，集群内部的交易成本得以降低，有效促进了产业集群内部信息的沟通与交流。随着集群的发展，以血缘、亲缘和地缘联系为纽带的排他性社会性资本限制了外部信息和技术资源的进入以及集群内部广泛的合作，集群内部高新技术人才缺乏、信息的滞后、管理水平的低下以及"协调效应"无法发挥问题凸显，集群内部的"小而全"使其难以形成产业网络；同时，由于集群内部新信息和新技术的缺乏，"学习效应"的发挥也仅限于内部成员之低层次的简单模仿，甚至处于停滞状态。而这种社会资本的锁定会限制中国产业集群的技术创新能力和产业分工网络的形成[1]。区域社会资本的包容性客观需要打破产业集群发展中的社会资本锁定：一是政府要重视质量监管、诚信监督、知识产权保证、社会公平竞争制度的建设，增强集群内成员间的信任。二是政府应大力发展服务型生产力中心、技术信息中心、质量检测控制中心、开放性行业技术中心等集群发展机构，通过创建这些技术创新平台和区域服务体系，促进集群系统内生产企业、研究机构、咨询机构、大学等要素的有机结合，释放出集群内部"集体创新"效率并增强集群对外部技术的吸收能力。我国体育产业集群内部升级应注重与本区域中政府相关部门、金融机构、行业协会等组织形成一个具有自身特色的社会网络结构，并以此破解社会网络的锁定，为产业集群升级营造良好的社会网络。

三、基于价值链低端锁定规避的政策选择

一直以来，我国体育产业集群主要依靠丰富廉价的劳动力资源和自然资源，加入到由跨国公司构建主导的全球价值链体系当中。我国低成本的同质化竞争环境易使体育产业集群的发展陷入低价值的恶性循环，难以吸引世界著名企业加盟，国内价值链整合力不足，发展路径还处在全球价值链的低端。以我

---

[1]陈佳贵，王钦.中国产业集群可持续发展与公共选择政策［J］.中国工业经济，2005（9）：5-10.

国体育用品制造业为例，需要想办法与价值链中的领导厂商接触、合作，学习其先进的技术和理念，为产品升级打下良好的基础。一方面，国家和地方政府的公共政策重点放在增强本地生产系统的内力和利用国际资源耦合机制层面，不仅需要挖掘体育产业集群发展的内在因素，还须有选择性地嵌入全球价值链，促进产业集群的价值链升级；另一方面，政府应该不断完善公共技术服务平台和产品质量检测服务平台建设，全面推进企业质量管理体系建设，广泛开展质量认证、环保认证和3C认证等。再者，政府应积极鼓励和推动企业采用国际标准和国外先进标准，协助企业应对技术贸易壁垒，组织参与同国际经济行为主体的对话，为我国体育产业集群发展营造公平、公正的国际竞争环境。

本章小结

我国体育产业集群主要包括政府主导型产业集群和市场主导型产业集群两种类型。体育产业集群长期处于要素密集型的生产状态和技术密集型的产业环节缺失，这需要加强价值链上生产要素的研发，利用群内科研机构推动产品技术开发进程，促使体育产业集群价值链纵向延伸至集群中的地方政府、中介组织、知识生产机构等辅助机构，并寻找两者互动发展的战略价值环节，发挥集群中辅助机构的协调效益。从总体上来讲，体育产业集群的升级要积极嵌入全球价值链，构建和完善集群网络，并通过公共政策作用发挥，规避和摆脱体育产业集群发展中的行政区划锁定、社会资本锁定和价值链低端锁定等无效率状态，提升体育产业集群的竞争力。

体育产业聚集区发展要符合城市的发展规划，通过行业关键技术进行研发，积极推进体育产业创新，积极引导企业向园区集聚，政府要充分利用区域内大学、科研机构等资源，促使产、学、研一体化。且政府通过完善管理体制，通过规范各个职能部门的职责权限，提高职能部门的管理水平，进而不断完善市场机制，建立良好的市场秩序，落实已有产业集群和企业发展的各项优惠政策，还需要加强对产业集群公共服务平台建设、智慧集群建设、集群企业或机构在产业链各环节的合作创新等的财政资金支持。

第六章 体育产业集群式发展中地方政府角色分析

20世纪20年代以来,产业集群所具有的群体竞争优势和聚集经济效益的优势逐渐体现出来。《集群促进政策绿皮书》(*The cluster initiative green book*)通过对全球500个产业集群的分析得出,政府促进型集群占32%、产业促进型占27%,两者共同促进的占35%;集群融资主要通过政府的为54%、通过产业的占18%,通过两者共同融资的为25%[1]。由此可见,政府在促进产业集群发展方面具有重要作用。2014年,《关于加快体育产业发展促进体育消费的若干意见》(国发〔2014〕46号)文件出台,该文件强调以体育设施为载体,打造城市体育服务综合体,推动体育与住宅、休闲、商业综合开发[2]。国家体育总局等八部委联合印发《关于加强大型体育场馆运营管理改革创新提高公共服务水平的意见》(体经字〔2013〕381号),提出打造特色鲜明、功能多元的体育服务综合体和体育产业集群[3]的要求。国家《体育产业发展"十三五"规划》也强调要形成一批特色鲜明的产业集群和知名品牌,这些政策文件为体育产业集群的形成和发展提供了政策保障。体育产业集群发展融合了体育产业和产业集群的理念与机制,以合理的利益分配机制为基础,以核心体育产业为支撑,形成了多层次、多结构的体育经济活动地域系统和体育企业战略同盟,具有鲜明的产业集聚优势和带动辐射效应[4],是体育产业高质量发展适应经济发展新常态的主动选择,更是适应我国社会主要矛盾变化的必然要求。

---

[1] 朱辉. 产业集群发展与政府推动 [D]. 杭州:浙江大学,2006.
[2] 国务院关于加快发展体育产业促进体育消费的若干意见 [EB/OL]. http://www.gov.cn/zhengce/content/2014-10/20/content_9152.html.
[3] 国家体育总局等八部门关于加强大型体育场馆运营管理改革创新提高公共服务水平的意见 [EB/OL]. http://industry.sports.cn/chanyezhengce/2014/1017/61368.html.
[4] 梁强,王欣. 我国体育产业集群模式比较分析 [EB/OL]. wapwenku.baidu.com.

目前，中国特色社会主义进入了新时代，推动高质量发展既是保持经济持续健康发展的必然要求，也是适应我国社会主要矛盾变化和遵循经济规律发展的必然要求[①]。体育产业是朝阳产业、民生产业，但需要充分发挥政策对体育产业引导带动作用，进而逐步建立和完善相应的服务平台和规范措施，更好地帮助企业和各类市场主体科学决策、有序投资，从而激发体育消费潜力和加快供给侧结构性改革双向发力，全面推动体育产业高质量发展。毋庸置疑，中国体育产业发展实践印证了政府和市场"两只手"均需要强劲发力，但易出现发展快速又"混乱"的局面，这从客观上既需要促进发展又要有效治理[②]。体育产业集群对公共资源的过度使用和某些领域负外部性的存在，会导致体育产业集群发展中的市场失灵。新凯恩斯主义认为政府干预必须坚持公共福利最大化原则，在市场失效和市场扭曲的领域发挥作用。因此，体育产业集群发展中政府越位或缺位均会导致政府失灵，这需要政府和市场的有效组合，充分发挥政府部门的作用，促进体育产业集群的高质量发展。

第一节　体育产业集群发展中政府作用的内在逻辑

一、体育产业集群发展中的市场失灵

政府通过制定和实施政策、法规以及行政管理措施来弥补和矫正体育产业集群发展中的市场失灵缺陷。（1）体育产业集群内部效应所导致的市场失灵。体育产业集群内部存在不完全契约、道德风险和机会主义行为等现象。集群内部部分企业的不良行为威胁着集群内部所有体育企业的整体利益，集群发展同质化竞争、无序竞争现象非常严重。比如，晋江运动鞋业中专业运动、休闲运动和时尚运动鞋产品抄袭、品牌建设仿制等乱象时有发生，贴牌生产企业纷纷效仿知名大企业，运动鞋品牌建设任重道远，政府对其进行干预矫正迫在眉

[①] 推动高质量发展，保持经济持续健康[EB/OL]. http://m.sohu.com/a/310077159_819391.2019-04-24.
[②] 江小涓. 发展体育产业 政府市场两手都要硬[EB/OL]. http://www.sohu.com/a/246453747_499982.2018-08-10.

睫。（2）信息不对称导致的市场失灵。信息不对称，是指交易双方在交易过程中拥有的信息数量不对等[1]。我国区域内"镇与镇"或"县与县"之间存在体育产业集群同质化问题，各区域之间存在着信息不对称的问题，这需要通过政府部门建立引导产业集群发展的信息协调机制，打破区域行政区划锁定，可以建立跨区域的体育产业集群管理委员会，作为该区域的政府性服务性组织，协调企业之间生产、经营、信息交流、产品准入标准等工作，进而整合优势资源，避免集群发展区域同质化问题的出现。

二、体育产业集群发展中的政府失灵

政府适当地对体育产业集群进行治理有利于产业集群发展，当政府在实施产业政策和产业管制等方面出现背离产业集群发展的规律和目标时，易出现"政府失灵"。政府失灵主要是指公共部门在提供公共物品时趋向于浪费和滥用资源[2]，以致公共物品无法满足个人、企业的需求。体育产业集群发展中的政府失灵主要有：（1）政府干预不足所导致的政府失灵。政府干预体育产业集群的范围过小或者力度不足时，难以弥补市场机制的缺陷，市场机制正常运行无法维持，市场机制作用无法有效发挥。例如，地方政府由于财力或制度上的限制，不能满足集群内企业对公共产品或服务质量方面的要求，致使体育产业集群缺乏良好的外部环境而不能健康发展。（2）政府干预过度所导致的政府失灵。政府对体育产业集群干预的范围和力度，超出了弥补市场失灵、维持市场机制正常运转的需要，体育产业集群发展就会难以为继。通常，地方政府对当地体育产业集群的投入力度过大，政府强行管辖市场机制作用领域，其作用定位由主导者变为主管者，制约了区域体育产业集群的发展。政府无法有效掌握体育产业集群信息，易导致干预的形式和方向出现差错，阻碍体育产业集群的可持续发展。

---

[1]邓欣.信息不对称与营销道德规范［J］.商业经济与管理，1997（4）：48-52.
[2]孙薇，孙义.公共选择理论及其对我国政府改革的启示［J］.辽宁经济管理干部学院学报，2006，32（4）：87-89.

第二节 体育产业集群发展中地方政府作用边界模型分析

体育产业集群发展中政府作用模型的确立，可以明确市场机制与政府作用的边界，实现两者的有效互动。假设市场失灵导致的损失是市场机制的成本，记为Cm；政府实施经济政策采取的决策、实施和矫正支出是政府职能的成本，记为Cg。二者的最优组合即为二者的总成本最小[①]。体育产业集群发展负担的总成本为C，则成本约束函数为：$MCm+GCg \leq C$。其中，M表示市场作用，G表示政府作用。如果市场作用程度增加ΔM，成本约束条件使政府作用的程度也要相应增加ΔG。则变动前后需要满足的条件为：

$$MCm+GCg=C$$
$$MCm(1+\Delta M)+GCg(1+\Delta G)=C$$

两式相减，得：

$$\Delta G / \Delta M = -Cm/Cg$$

其中，Cm/Cg是成本约束线的斜率，政府与市场机制在这种比率下相互替代，均能满足成本约束条件。等效用曲线P上市场机制和政府作用各种组合的效益是相同的。成本约束线为L与等效用曲线P的切点E是发展体育产业集群中政府与市场的最佳组合(G_1, M_1)。政府、市场成本比率的变化使成本约束线从L_1变为L_2，致使政府作用与市场机制的最佳组合由$E(G_1, M_1)$移至$F(G_2, M_2)$点，如图6.1所示。因此，市场与政府作为资源配置主体，可以互补并相互替代。当体育产业中的中小企业在集聚过程中，某一企业进入目标集群净收益为正时，市场的自发性要大于政府的建构性。当某个企业进入某目标产业集群时无法保证其效用的净增加时，政府应该通过实施产业政策，如向选择进入某目标产业集群的企业实行税收和土地等方面的政策倾斜，提高进入目标企业集群的正效用，进而吸引更多企业进入产业集群，实现体育产业集群效益。体育产业集群的形成发展需要政府与市场共同作用，其所涉及的内容非常广泛且复杂。当然，本模型只是宏观地分析了体育产业集群发展中政府与市场发挥作

[①] 詹丽，何伟军，阚如良.旅游产业集群发展研究：理论案例与实践［M］.北京：中国社会科学出版社，2015.

用的边界，并未涉及体育产业集群形成阶段、发展阶段、成熟阶段、衰退阶段各个阶段的政府职能与市场机制发挥作用的具体边界及程度。但是，无论是体育用品业集群，还是体育服务业集群，体育资源、地理位置和交通条件、市场条件、政府扶植、体育企业等众多要素，都是集群发展的重要支持，市场驱动和政府推动是其主要实现形式，交易成本降低，进而实现企业及集群的效益。

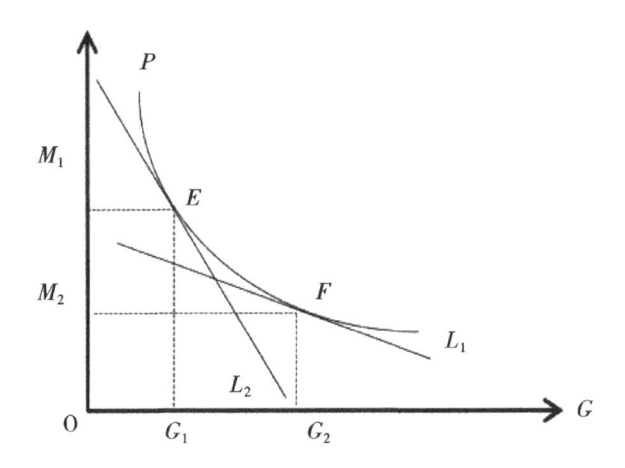

图6.1　产业集群中市场机制与政府干预的边界[①]

第三节　体育产业集群发展中地方政府实践分析

从概念性的产业集群来看，我国体育产业集群发展大体经历了企业自生集聚阶段、政府园区培育阶段、体育产业示范基地认证阶段和体育特色小镇等阶段。我国2006—2015年共有14个国家体育产业示范基地，示范基地产业类型中制造业和服务业基地的数量基本平衡，符合体育产业转型升级的方向[②]。国家体育总局对国家体育产业基地在政策、信息服务、市场开拓和基地间交流合作等方面给予扶持。

[①]詹丽，何伟军，阚如良.旅游产业集群发展研究：理论案例与实践［M］.北京：中国社会科学出版社，2015.
[②]国家体育产业基地整体发展概况［EB/OL］.http://www.360doc.com/content/16/0526/20/31721317_562559078.shtml.

晋江市体育用品业集群初步形成并逐步实现了产业集群的规模效益，市政府及相关部门对体育用品业集群发展出台了相关政策法规。2016年，晋江体育产业法人单位9110家，体育产业从业人员35万人。体育产业总产值为1472.33亿元，体育产业纳税总额52.99亿元[①]。晋江市2016年通过了《关于全面推进体育城市建设的决定》（以下简称《决定》），强调加快"全国运动鞋服产业知名品牌创建示范区"建设，建成一个集生产、研发、展示、销售、物流、原材料供应等一体化的世界性运动鞋服产业集群。制鞋产业集群是晋江市7个百亿产业集群之一，现拥有全球最为完善的运动鞋产业链，形成了鞋成品、鞋机、鞋材、皮革、鞋业化工等企业互动发展的良好格局，社会化分工、自主配套的一条龙生产协作群体业已形成[②]。晋江市成立了国家体育产业基地管理处，构建了体育产业基地建设市场化运作的一级开发主体和投融资平台，出台了体育产业、人才、商贸物流业、电子商务、科技创新等多项优惠政策，引导和鼓励体育产业企业资源整合、转型升级、互联网+、企业上市及跨境经营。晋江市政府积极干预体育用品业集群，成立了由市委书记任组长、市长任第一副组长、多名市领导任副组长、相关部门主要领导任成员的工作领导小组，组织制定体育产业发展规划和扶持政策，统筹协调全市体育产业发展工作。近年来，晋江市把引导产业升级发展，壮大鞋业集群作为领导经济工作的重点之一，加大对运动鞋产业政策的引导力度，同步实施扶持鞋产业集群和品牌发展的两个"五年规划"以及一系列政策措施，且每年根据实施情况及时出台具体细则和办法，有效推动了晋江鞋业集群的良性发展。

体育服务业一般是以体育场馆为依托，以体育自身的价值和本质功能为资源，以提供体育服务产品为主的各类服务部门的集合。体育服务业是金字塔结构，包括位于塔尖的由体育精英参与的竞赛表演，以及由普通大众参与的位于塔身的健身休闲运动。体育竞赛表演业集群需要进一步培育体育市场主体，充分发挥市场机制的作用，逐步取消商业性和群众性体育赛事活动审批，推动国内体育服务行业向市场化、专业化发展。地方体育部门对商业性、群众性体育

---

①他山之石，充满活力的千亿体育城市-晋江国家体育产业示范基地［EB/OL］. http://mt.sohu.com/20170406/n486977647.shtml.

②抢抓机遇建设具有国际影响的体育城市［EB/OL］. http://news.ijjnews.coz za sa qam/system/2016/05/25/010953641.shtml.

赛事免审批开展已实行多年，但是200人以上的活动均需由公安部门审批，特别是户外赛事表演涉及动用公共资源较多，仅依靠群众性社会团体自行协调各行政部门，难度较大。而这需要建立以企业为主体的重大赛事和各类体育活动市场化运作机制，落实《商业性、群众性体育竞赛表演管理办法》等规章制度，进一步规范体育服务业市场。从总体上来讲，体育竞赛服务业已超越了体育工作的范围，其本身与教育、文化、科技、传媒等联系紧密，涉及工商、税务、商务、公安、消防、安监等数十个部门，统一完善的联动机制尚未建立，体育服务业本身各项规章制度不健全，缺乏统一的政策体系，导致体育服务业缺乏定位、规范和管理，部门间协调较为困难，这就需要政府成立相关机构或建立联动机制，统一协调体育服务业涉及的各行业、部门相关工作。对涉及体育服务业相关投融资政策，土地保障政策，税费政策，用水、电、气政策等方面的优惠与扶持予以明确，积极营造有利于体育服务业快速发展的政策环境，促进体育服务机构之间以及体育服务机构与其他产业组织之间的融合互动，进而激发体育服务企业创新升级的热情，提升集群创新效率，推动既有体育服务业集群的演化升级。地方政府通过体育产业发展平台建设，为体育企业提供完善的配套服务体系和优质的公共服务，提升体育企业竞争优势，提升社会资本投入体育产业的质量和效益。

第四节　体育产业集群不同发展阶段的地方政府角色

国内学者王缉慈、魏后凯等均强调了产业集群市场机制自发形成的本质特性，但对政府在引导产业集群合理有序发展、创造良好外部环境等方面的政策作用也是认可的。体育产业集群是社会分工与企业内部分工共同演进下产生的自发结果，不是政府作用的结果，政府外部力量的强制作用不能创造出体育产业集群。但是，体育产业集群升级需要政府公共产品的有效供给和公共政策的有力支持。产业集群主要包括形成、成长、成熟、衰退四个阶段。区域内的地方政府只有把握好体育产业集群所处的生命周期阶段，有针对性地对体育产业集群进行引导和培育，才能避免政策刚性"一刀切"的负面影响，实现体育产业集群健康发展。其中，地方政府在体育产业集群发展周期中扮演着不同的角色，具体如图6.2所示。

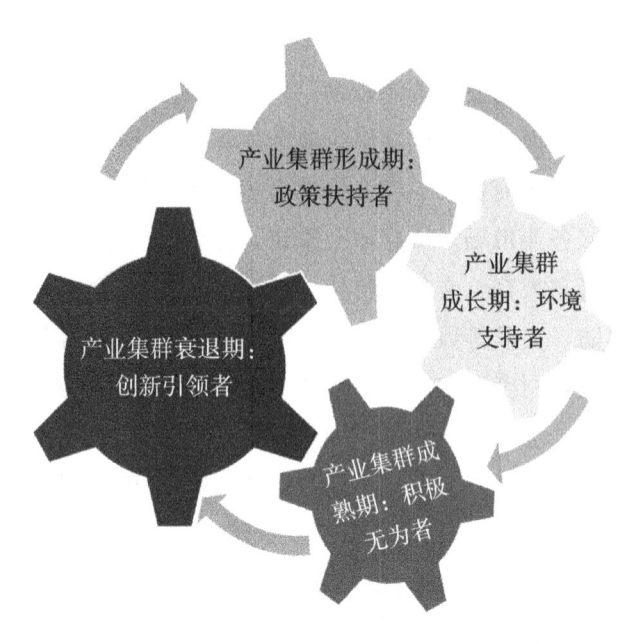

图6.2 体育产业集群不同发展阶段地方政府角色

一、体育产业集群形成期的地方政府角色：政策扶持者

在体育产业集群形成期，资源优势和社会资本优势是其形成的主要动力源，生长方式主要表现为外来企业的零星潜入和本地企业的缓慢裂变与衍生，生长动力较弱。政府是政策扶持者，其作用表现为产业引导、信息服务和创建集群形成环境条件和基础设施。（1）体育产业集群的目标定位需要综合考虑区位、产业、技术对生态环境的影响等若干因素。区位因素，主要是通过接近的便利性、社会资本形成与积累的便利性获得，区位的选择既要基于体系的成本又要基于集群创新的潜力；产业的选择，通过政府综合考虑实际情况，制定合理措施，有目的地吸引那些具备产业带动优势或配套协作归纳的项目进入区域，关键是形成有竞争力的特色体育产业；技术水平的发展和提升，通过引进、消化和吸收进入集群各个企业的已有技术，整合企业、科研院所、科研人员的力量和资源，联合攻关而迅速获得。在制定规划时，应该坚持从实际出发，高起点、高标准、高要求，统一规划、合理布局、相对集中、分步实施；应该遵循产业发展规律，做到尽力而行、量力而行、因势利导，防止盲目求高求大求全，相互攀比。要通过正确的产业引导，促进战略产业链的形成和发展。

（2）地方政府在体育产业集群形成期应当通过完善基础设施、设置服务体育企业的专门机构、出台优惠政策，来营造良好的体育企业发展软环境，聚集相关体育企业。并且，通过合理的激励措施或优惠政策，激励企业进入体育产业集群。此外，政府应该逐渐完善创业服务中心，为微型企业的形成提供"孵化器"，旨在促使产业集群在较短时间内达到临界规模，尽快发展成为一个具备自我生长能力的体育产业集群。

二、体育产业集群成长期的地方政府角色：环境支持者

体育产业通过集聚效应不断发展的阶段即为成长期。体育产业集群成长期对内部和外部条件要求较高，如体育资源的优化配置、政策法规的良好保障、国内外市场的扩张、政府的适当扶持等。该阶段的政府应致力于营造有利于体育产业集群成长壮大的商业环境，并积极引导整个体育产业集群向市场主导型转变。（1）对生产要素的配置，主要应从资金和人力资源方面满足体育产业集群企业发展的资金需求和人力资源需求。（2）要保持体育产业集群的柔性和多样化技术基础，建立技术平台。政府一方面可以通过项目规划，引导科研机构、高等院校和广大科研人员为集群提供技术开发和咨询服务，促进"产、学、研"的有效结合；另一方面，还可以通过为企业提供财政补贴或税收优惠等措施，鼓励企业不断进行技术创新。积极通过引导和激励机制促进企业成熟，为其步入市场主导阶段奠定基础。（3）政府要积极引导企业在集群内部组建自我管理的集群行业协会，提高产业集群自我管理和调整的能力。这不仅可以化解集群内企业间的种种矛盾，增强集群的凝聚力，还可以促进体育产业集群内部的信息交流，为体育产业集群进入自我竞争的市场积存力量。

三、体育产业集群成熟期的地方政府角色：积极无为者

市场机制在体育产业集群成熟期起着主导作用，这一阶段的政府应该是积极的无为者。政府作为的着力点，应该是收集行业信息、促进产业升级、拓展集群发展空间，实现产业集群的不断优化和升级服务。（1）为体育产业集群输入外部信息。成熟期的集群创新网络的节点数量已经停止增长，但集群可能由于专业化带来的过度自信而成为一个封闭系统。而集群学习和创新能力的下

降，必然会造成集群活力的下降。为了维持集群在市场中的快速反应能力以及创新能力的不断提升，政府要注意捕捉市场信息，向体育产业集群输入新的信息，促使其获得体育产业提升的新技能或新产品。（2）促进体育产业结构优化升级。针对成熟期的体育产业集群，各级政府需要加强对体育产业的引导，确定合理的集群规模，避免不正当的或过度的市场竞争，并不断洞察行业的发展动态，建立体育产业"集群衰退预警系统"，在集群出现衰退迹象时，积极引导企业转型，促进产业结构的不断升级和优化。（3）引导体育产业集群企业进入全球价值链的分工体系。一方面，政府根据体育产业集群发展的特点，充分挖掘国内市场需求并有选择性地引入大型跨国公司或促成企业与国际企业的合作，推动体育产业集群企业嵌入全球价值链，带动集群价值链升级；另一方面，政府应积极组织和推动企业参与国际经济行为主体的对话，为中国体育产业集群发展营造公平、公正的国际竞争环境。

四、体育产业集群衰退期（复苏期）的地方政府角色：创新引领者

产业集群从成熟直至消亡的阶段被视为衰退期。集群进入衰退期，需求市场逐渐萎缩，集群成员数目开始减少，集群逐渐丧失学习和应变能力，继而走向衰亡[1]。产业集群的衰亡必然会对区域内依赖于集群发展起来的社会经济产生诸多不利影响。在集群衰退期的政府应该成为创新的引领者，把工作重心放在刺激创新上，为集群发展找到新的动力，促进产业集群的再次升级和顺利更替。（1）集群的升级是指其自身的继承性发展，更替则是集群的产业转型[2]。要实现体育产业的升级和转型，首先需要洞察体育产业集群关键技术和终端产品的市场状态，通过协助企业进行技术升级和产品更新，实现产业集群的升级；二是通过市场发展动向分析，促使衰退期的体育产业生产要素向新兴体育产业部门转移，实现体育产业集群的转型；三是要重视体育产业集群更替和升级中政策制定、规划设计与投资环境优化等各种先行工作。当然，政府可以通过体育产业区位转移、开辟新的市场、引入新的特色产业、对产业机构进行重组等措施延缓集群的衰退。（2）政府、金融、研究和中介机构，要努力提供适

---

[1]孙婉睿.哈尔滨市推进优势产业集群的对策研究[D].哈尔滨：哈尔滨工业大学，2009.
[2]甄翠敏，丁日佳.政府在产业集群发展中的角色定位[J].新东方，2007（1）：31-34.

合体育产业集群升级、转型的公共产品、信贷服务和技术服务等，使得企业易于衍生和创建，形成体育产业创业空间集聚的正反馈效应。同时，集群内企业也可以通过产权交易或企业并购等形式实现进入和退出，以完成集群内企业的优胜劣汰，实现部分企业的升级和转型。比如，福建晋江体育用品产业集群在其生命的发展周期中处于衰退阶段，必须融入新内容，改变集群发展的制约空间，重新提升集群发展的生命力，虽然还不清楚新集群的诞生到底能够在晋江产生多大的效应，但以集群模式发展体育产业是晋江市政府的追求。政府部门加大资金扶持力度，出台促进中国鞋都等产业集群专业市场发展的财税专项扶持措施，实施纳税贡献奖励，引导品牌企业税源留在晋江、总部留在晋江；还非常注重对龙头企业的支持力度，将运动鞋产业集群核心企业审批事项纳入行政审批"特别通道"服务范围，允许符合条件的重点项目"先行施工"，对规模、贡献较大的企业优先安排经济开发区、出口加工区用地。积极协助龙头企业争取上级政策支持，努力从各层面加大对龙头企业扶持力度，引导企业从单纯依靠速度效益转向争取规模效益和聚集效益。

总之，体育产业集群对促进区域经济社会发展具有重要作用。体育产业集群发展中的市场失灵和政府失灵促使政府必须对其进行干预。体育产业集群市场失灵主要包括体育资源的公共属性所导致资源开发中的市场失灵；体育产业集群内存在不完全契约、道德风险和机会主义行为等外部性因素导致的市场失灵，体育产业信息不对称导致的市场失灵。体育产业集群发展中的政府失灵主要有政府干预不足导致的政府失灵，干预过度导致的政府失灵；政府对体育产业集群信息掌握的缺乏，易导致干预形式和方向出现差错，体育产业无法健康发展。体育产业集群发展中政府干预模型的确立，有利于明确产业集群发展过程中市场机制和政府干预的宏观边界，进而实现市场机制和政府干预作用的协同。政府在体育产业集群形成期是集群政策扶持者，在成长期应为环境支持者，在成熟期应为积极无为者，在衰退期（复苏期）应为创新引领者。

本章小结

体育产业集群发展需要对集群组织内部价值链进行治理，推动地方体育产业集群价值链层级从低端向高端飞跃，提升体育产业集群的创新能力；并且，促使市场机制有效配置资源,实现资源配置的"帕累托改进"。首先,政府在资金供应方面要改变传统模式下政府单独出资、大包大揽过度干预体育产业集群发展的局面,通过组建股份制商业银行,推行企业财产抵押贷款、组建企业跟踪监督机构、建立专门的信用担保机制和企业债权维护机制等措施,放宽对企业信贷的限制,创立体育产业专项发展基金,拓宽融资渠道,建立政府宏观指导、企业自主投资、银行独立审贷的投融资体制,促进民间投资向产业集群集聚。其次,体育企业需要通过市场信息的收集及时调整生产,找到急需的技术产品,进而满足市场新的需求。政府需要建立或优化区域的体育产业集群信息服务系统,促使企业降低交易成本,提升管理水平,促进集群内体育企业在科研、培训和教育等方面的资源共享。再次,地方政府应该成立代表众多企业利益的体育产业协会,通过行业协会有效地传达行业发展规划、产业政策,更好地实施行政法规和有关法律;积极支持各类体育行业协会制定行规行约、技术标准,还要严格监督集群内企业的服务质量、竞争方式、经营行为,鼓励公平竞争,打击违法行为,维护区域形象。政府要为体育产业集群的升级提供公共服务和公共政策支持。地方政府要把握好体育产业集群所处的发展阶段,有针对性地对体育产业集群进行引导和培育,避免政策刚性的负面影响,实现体育产业集群的可持续发展。针对体育用品业集群、体育服务业集群,各级政府部门需要成立相关机构或建立联动机制,统筹协调体育服务业内的各行业、各部门,积极营造有利于体育产业集群快速发展的政策环境。通过建立规范的市场准入制度,构建以企业为主体的重大赛事和各类体育活动的市场化运作机制,鼓励社会力量进入体育产业市场,规范体育产业的市场化运作。

第七章　体育产业融合式发展模式研究

党的十九大报告强调指出，推动高质量发展是保持经济持续健康发展的必然要求，是适应我国社会主要矛盾变化和全面建成小康社会、全面建设社会主义现代化国家的必然要求，是满足人民日益增长的美好生活需要的必然要求。而发展方式转变、产业体系和产业结构的转型升级是高质量发展中的重要内容。2018年，我国体育产业领域风起云涌，体育消费需求的提高客观要求体育产业的提质升级，体育产业与文化、旅游等多个行业的深度融合，步入新时代的体育产业已经进入新的高质量需求发展阶段，体育产业融合必将为未来高质量发展助力添彩。产业融合（Industry Convergence）是20世纪70年代末在高新技术推动下产生的经济现象。关于产业融合，国内学者厉无畏认为，它是指不同产业或同一产业内的不同行业相互渗透、相互交叉，最终融为一体，逐步形成新产业的动态发展过程，其特征在于新的产业或新的增长点等融合结果的出现[1]。关于体育产业融合，学者认为其主要指体育产业内部不同行业要素或体育产业与相关产业间相互渗透、相互交叉，最终融为一体，形成新的产业业态的动态发展过程[2]。体育产业通过渗透融合、延伸融合以及内部的重组融合等方式，形成多种新型体育产业融合业态。

发达国家体育产业发展高水平的原因之一就是体育产业与相关产业的融合度较高。体育产业在欧美等发达国家已成为支柱产业，与旅游、商业、建筑、通讯、新闻媒体、游戏网络等产业充分融合发展，创造了巨大的产业效益和社会效益[3]。相比较之下，我国体育事业的独立性依然较强，需要大力深化改革，积极拓

---

[1] 周勇.产业活动路径分析的整体框架构建［J］.科技管理研究，2010，30（4）：129–132.
[2] 王建基，邹淑娥.我国体育产业增长极培育问题与策略［J］.中国经贸导刊，2012（26）：67–69.
[3] 党挺.国外体育产业融合发展分析及启示［J］.体育文化导刊，2017（3）：127–131.

展业态，促进行业间的相互融通。体育产业本身具有发展潜力大、辐射范围广、关联度高、带动作用强等特征[1]，具有与经济社会各领域多个行业交互融合发展的内在属性，可产生较强的乘数效应。体育产业多元复合市场需求的强力拉动、产业内外资本的大规模介入和信息技术的有力渗透，都预示着现代意义上的体育产业融合时代的到来[2]。2011年10月，党的十七届六中全会通过的《中共中央关于深化文化体制改革推动社会主义文化大发展大繁荣若干重大问题的决定》明确提出，"推动文化产业与旅游、体育、信息、物流、建筑等产业融合发展，增加相关产业文化含量，延伸文化产业链，提高附加值[3]。"2014年10月，国务院发布的《关于加快发展体育产业促进体育消费的若干意见》再次强调："促进体育产业与其他产业相互融合，实现体育产业与经济社会协调发展[4]。"2015年，国务院发布的《关于加快发展生活性服务业促进消费结构升级的指导意见》指出，要促进康体结合，推动体育旅游、体育传媒、体育会展等相关业态融合[5]。这一系列国家体育产业政策的出台，明确了产业融合成为促进体育产业结构转换升级以及产业竞争力提高的重要方式和手段选择。本文通过分析体育产业融合的关联性、效应、路径模式及其政策选择，利于全面把握体育产业融合发展的内在规律，对促进我国体育产业的融合发展有着重要的现实意义。

第一节 体育产业融合式发展的前提：产业关联

产业间的关联性是产业融合存在或发生的决定性因素。赫希曼提出了"关联效应"的概念，强调关联效应包括前向和后向联系。体育产业关联性是指体

---

[1] 体育总局.[EB/OL].（2015-12-08）.http://www.chinanews.com/ty/2015/12-08/7661105.shtml.
[2] 周霄.国内体育产业融合研究述评[J].商业经济，2015（4）：104-106.
[3] 詹新寰，孙忠利，等.产业融合机制下体育产业发展研究[J].首都体育学院学报，2008，20（6）：1-4.
[4] 国务院.关于加快发展体育产业促进体育消费的若干意见[EB/OL].http://www.gov.cn/zhengce/content/2014-10/20/content_9152.html.
[5] 周霄.国内体育产业融合研究述评[J].商业经济，2015（4）：104-106.

育产业各部门在发展过程中构成的立体型投入产出关系的总和[1]，受经济体制、资源配置方式和社会需求机构等因素的影响[2]。随着时代的发展，各种新型业态和融合业态不断涌现。《国家体育产业统计分类》对体育产业"为社会公众提供体育服务和产品的活动，以及与这些活动有关联的活动的集合"的定义无法对体育产业作边界清晰、内容准确的界定，原因在于新兴产业的出现与传统产业的融合与消失是一个动态的发展过程，它会改变传统产业的竞争和产业界线，体育行业也不例外[3]。

体育产业作为一个高关联性的产业，分为上游、中游和下游三个关联层次，其中体育服务业在体育产业中外延性较强，且与其他产业有着较强的关联性。从市场供需角度出发，市场层面的融合分为供给融合和需求融合两个方面，具体如图7.1。从需求角度来看，某一部门生产的产品或服务，究竟需要多少其他部门向其投入产品或劳务；从供给层面来看，某一部门生产的产品或服务究竟提供给多少其他部门使用，即支持其他部门的发展。随着体育产业消费个性化需求的越发明显，需求结构发生了重大变化，越来越多的用户提出了业务综合化的要求，要求企业提供跨产业整体方案的系统化解决或跨行业的"一站式服务"[4]，体育产业融合逐渐出现。一些学者运用部门关联数学模型，推算出体育行业与其他部门的产业关联度（表7.1），表中这六个部门行业与体育行业联系相对较为紧密，而健康产业、文化产业和旅游业与体育产业的关联度位列前三名。

---

[1] 汪艳，汪贺东，等.我国体育产业结构优化研究——基于产业关联视角［J］.体育科技文献通报，2012（12）：118-119.
[2] 卢佩霞，徐永盈.长三角地区体育旅游资源开发的战略研究［J］.体育成人教育学刊，2006（3）：37-39.
[3] 国家统计局.国家体育总局.［EB/OL］.（2015-10-09）.http://www.chinanews.com/ty/2015/10-09/7561086.shtml.
[4] 邓彩兰.发展少数民族体育旅游业 促进青海区域经济发展［J］.攀登，2008（2）：51-53.

```
      上游  →     中游     →    下游
```

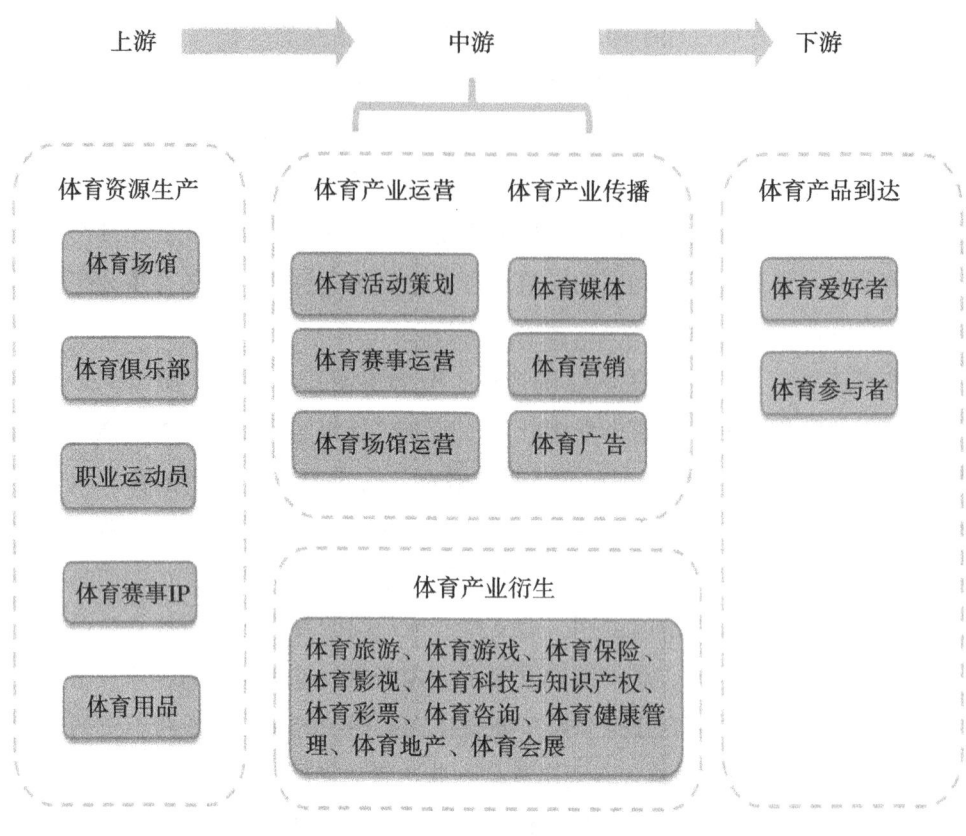

```
┌─────────────┐  ┌──────────────────────────┐  ┌─────────────┐
│ 体育资源生产 │  │ 体育产业运营  体育产业传播 │  │ 体育产品到达 │
│             │  │                          │  │             │
│  体育场馆   │  │  体育活动策划   体育媒体  │  │  体育爱好者 │
│             │  │                          │  │             │
│  体育俱乐部 │  │  体育赛事运营   体育营销  │  │  体育参与者 │
│             │  │                          │  │             │
│  职业运动员 │  │  体育场馆运营   体育广告  │  │             │
│             │  └──────────────────────────┘  │             │
│  体育赛事IP │  ┌──────────────────────────┐  │             │
│             │  │      体育产业衍生         │  │             │
│  体育用品   │  │ 体育旅游、体育游戏、体育保险、│ │             │
│             │  │ 体育影视、体育科技与知识产权、││            │
│             │  │ 体育彩票、体育咨询、体育健康管││            │
│             │  │ 理、体育地产、体育会展     │  │             │
└─────────────┘  └──────────────────────────┘  └─────────────┘
```

图7.1 体育产业链图

资料来源：艾媒咨询。

表7.1 基于灰色理论的中国体育产业融合发展

关联情况 行业	农业	工业	旅游业	健康产业	互联网产业	文化产业
关联度	0.7592	0.7336	0.7838	0.8989	0.6440	0.7903
关联排序	4	5	3	1	6	2

资料来源：根据国家体育总局经济司委托项目研究结果所得。

体育产业之间的关联是由部门之间的供求关系所维系的，体育产业各个行业之间存在着内在的前向关联和后向关联[1]，而行业结构关联模式对于把握行业群中的核心行业（资源禀赋的特色行业）具有重要借鉴价值。随着社会经济的发展，

---

[1] 杨强. 体育产业与相关产业融合发展的内在机理与外在动力研究［J］. 北京体育大学学报，2013（11）：20–25.

由于分工方式的差异，传统体育产业链上以工序或工艺划分的生产环节转变为以承担不同知识生产智能的模块单元，实现了产业链上的知识分工与知识联结。

产业的高度分化构成了产业融合的前提和基础性条件，而这一条件只是产业融合的主体性条件。产业融合表现为产业边界的重新划分与产业整体属性的改变，产业边界划分成为产业融合的关键。"融点"是指体育产业与其直接、间接相关或非相关产业之间由于经济、资源、技术、市场、功能等产生的相互关联点，要从体育产业和相关产业找准融点，促进体育产业的融合发展。体育产业价值链主要包含设计、生产、销售和消费四个环节的价值创造活动，各个环节专业化分工及独立分别运作构成产业价值链结构的基础，产业价值链中存在"融合点"的某些价值环节就会与原有产业价值链进行分解，成为相对独立的"价值活动单元"。按照产业行为的特征，体育产业与其他产业价值链之间相对独立的"价值活动单元"在资源、技术、业务和市场4个方面出现融合机会，即产业价值链上的截取与重新整合形成共同的价值融合点。由此看出，关联性是体育产业与相关产业融合发展的基础，这需要体育产业融合找准自身的"融点"[1]，进一步降低体育产业融合的盲目性。

第二节 体育产业融合式发展的效应分析

体育产业融合效应主要表现为产业边界的重新划分与产业整体属性的改变，对体育产业本身与整体社会经济结构的优化，加快产业结构转型升级，最终形成体育产业持续的竞争优势，提高经济竞争力。相比较于《体育及相关产业分类（试行）》（2008年），《国家体育产业统计分类》（2015年）体育产业融合对体育产业分类的影响明显，中类与小类的分类数量依然一致，但一对一、一对多、多对一的名称调整、新增类别等改动也较多，充分表明体育产业分类由于受到体育产业融合发展的影响导致原有产业的融合与消失，而新增产业大类的出现也表明了体育产业在融合发展过程中出现了新的业态[2]。特别是《体育产业统

---

[1] 李宗利.产业融合视角下张家界旅游商品产业集群发展路径研究[J].湖南行政学院学报，2013（5）：40-46.
[2] 杨双燕，许玲.英国体育文化创意业发展及对中国体育产业的启示——基于主导产业扩散效应理论视角[J].北京体育大学学报，2015，38（1）：45-50，56.

计分类（2019）》中大类和中类数量不变，小类增加19个，原有的7个中类未保留并被调整为小类。原来分类中有23个小类名称有所变更，新增20个小类，合并了2个小类，有26个小类内容有所变更，见表7.2。体育产业130个行业小类中，11个行业小类的全部活动属于体育产业活动，119个行业小类的部分活动属于体育及相关产业活动[①]。体育产业统计门类设计强调体育与文化、教育、旅游、健康、传媒、金融等产业的融合性，兼顾了生产、消费两条主线以及体育上下游产业及新兴产业，体育产业活动上下游链条更加完整，具体如表7.2所示。

表7.2 我国2015年与2019年体育产业统计分类比较

分类	《国家体育产业统计分类（2015）》	《国家体育产业统计分类（2019）》	新增、调整内容
大类	（11个）	（11个）	2019年新增：有5个大类名称调整，变更后的名称为"体育场地设施管理""体育经纪与代理、广告与会展、表演与设计服务""体育教育与培训""其他体育服务""体育用品及相关产品销售、出租与贸易代理"
中类	37（0）	37（0）	2019年：37个中类总数不变，但原分类中有17个中类名称有所变更。新增了7个中类，即"体育服务综合体管理""体育广告与会展服务""体育表演与设计服务""体育咨询""体育博物馆服务""体育用相关材料制造""体育相关用品和设备制造"
小类	52（0）	71（19）	2019年：新增了"体育服务综合体管理""体育保险经纪服务""体育票务代理服务""体育设计服务""体育咨询""体育博物馆服务""冰雪器材装备及配件制造""运动船艇制造""航空运动器材制造""体育用新材料制造""体育场馆用设备制造""体育智能与可穿戴装备制造""运动饮料与运动营养品生产""运动休闲车制造""运动康复训练和恢复按摩器材制造""户外运动器材及其他体育相关用品制造""体育场馆装饰装修""足球场地设施工程施工""冰雪场地设施工程施工""体育场地设施安装"20个小类

资料来源：根据我国2015年《体育及相关产业分类（试行）》和2019年《国家体育产业统计分类》进行整理所得。

[①]柴仲学. "互联网+"时代我国体育场馆服务转型升级的发展路径研究[J]. 南京体育学院学报：社会科学版，2017，31（2）：88-92.

一、产业竞争力提升效应

体育产业本身具有发展潜力大、辐射范围广、关联度高、带动作用强等特征，因此具有与经济社会各领域的多个行业进行交互融合发展的内在属性，可产生较强的乘数效应。关于体育产业融合，国务院"46号文"表示要充分发挥体育产业和体育事业的良性作用[①]，推进体育产业和其他产业相互融合。由于体育产业属于第三产业，在融合发展中结合产业优势发展自身，体育产业自身产业结构得以优化，其他产业完成了转型升级，产业竞争力得到提高[②]。2019年"新版体育产业分类中体育产业活动涉及178个国民经济行业代码，比上版增加了37%（2015版分类涉及130个），有32个是全面反映体育特征的行业代码，比上版的13个增加了1.5倍，体现了体育产业在国民经济中的渗透有所扩展，反映出体育产业在国民经济中的位置和作用日益凸显"，具体见图7.2。

行业	数值
体育培训与教育	28.4
体育用品及相关产品销售	87.9
体育场馆服务	88.9
体育管理活动	99.7
体育健身休闲活动	113.2
其他与体育相关服务	141
体育传媒与信息服务	150.3
体育竞赛表演活动	169.9
体育中介服务	255.1
体育用品及相关产品制造	217.7
体育场地设施建设	341.6

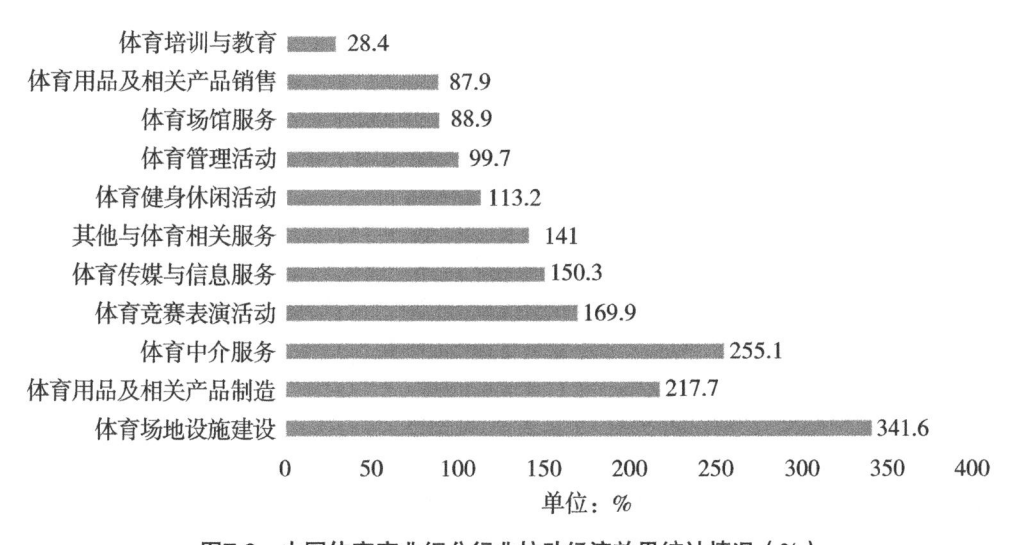

单位：%

图7.2 中国体育产业细分行业拉动经济效果统计情况（%）

资料来源：@前瞻经济学人App。

[①] 郑轶.发展体育产业，推动全民健身[R].人民日报，2014-10-23（2）.
[②] 胡小雨.体育产业化背景下体育综合体集约化设计方法研究[D].南京：东南大学，2017.

目前，体育产业形成了以竞赛表演和健身休闲为驱动、体育用品业为保障，体育场馆、体育培训、体育中介、体育传媒等业态快速发展的整体格局，显示出巨大的市场潜力和强大的发展动力。体育产业是跨行业的融合，政府对产业链赛事运营、场馆运营和体育营销三个核心环节掌握绝对的控制权。跨界融合产生的市场外溢效应促使了"体育+"事件频频出现，体育产业作为高附加值产业，其他行业从业者主动进入体育产业，促进了产业竞争力的提升。随着政策红利的逐步释放，体育产业已经成为经济发展的新"风口"。国家体育总局与国家统计局联合发布2017年体育产业总产出数据，体育产业总规模（总产出）为2.2万亿元，增加值为7811亿元。产业融合有助于产业竞争力的提升，使分立的产业价值链实现融合[1]，新价值链融合多个产业的价值，具备更大的附加值和更广阔的利润空间，能够为消费者提供更多便捷的产品和服务，适应了市场供需发展的新趋势。

二、产业结构优化效应

产业结构是指各产业构成以及各产业之间的联系和比例关系。由于产业融合使得产业之间的边界模糊化，两个或多个产业之间形成了共同的技术和市场基础，使得某些产业容易改变结构的布局，从一个产业过渡到另一产业，实现产业创新和发展[2]。信息技术、网络技术、数字技术等相继融入传统产业部门，深刻地改变了传统产业的产业属性，产业融合极大地提高了自身的生产力水平，促进了体育产业的信息化发展，同时为网络经济的发展奠定了坚实的基础，推进了产业结构的优化与发展。

在相对较为成熟的美国体育产业，体育服务业是起支撑作用的主体产业，其中健身娱乐业和竞技体育业分别占到32%和25%。从体育产业产值的内部结构来看，产业结构得以不断优化，体育服务业在体育产业中所占比重不断提升。我国体育产业结构不断优化，体育服务业（体育用品及相关产品销售、贸

---

[1] 周霄，狄强. 基于全价值链的体育产业与旅游产业融合动力机制研究［J］.武汉轻工大学学报，2015，34（3）：100-104.
[2] 王卫东.丰富内容开创体育旅游产业发展新局面［J］.体育文化导刊，2017（12）：1-3.

易代理与出租）2017年的增加值在体育产业中的占比继续上升，从2016年的55%上升到57%[①]，如图7.3所示。而根据表7.3中数据分析得出，体育服务业中的健身休闲业增速达到33.62%，竞赛表演业在未来政策趋好的情况下有望实现井喷式发展。究其原因，一方面在老百姓体育需求和政策利好的不断刺激下，传统的健身休闲、竞赛表演、体育培训等体育服务业出现快速增长；而体育健康、体育旅游、体育传媒、体育信息等新兴服务业的迅速崛起不断提高了体育产业发展的质量和效益[②]。另一方面，政策作为推动各项体育产业发展强有力的工具，要合理制定出台促进我国体育产业发展的相关政策，营造良好的发展环境，积极推动我国体育产业的快速发展。

表7.3 2016—2017年我国体育产业总产值和增加值情况

体育产业类别名称	2016年 总量（亿元）总产出	2016年 总量（亿元）增加值	2016年 结构（%）总产出	2016年 结构（%）增加值	2017年 总量（亿元）总产出	2017年 总量（亿元）增加值	2017年 结构（%）总产出	2017年 结构（%）增加值
国家体育产业	19011.3	6474.8	100	100	21987.7	7811.4	100	100
体育管理活动	287.1	143.8	1.5	2.2	504.9	262.6	2.3	3.4
体育竞赛表演活动	176.8	65.5	0.9	1	231.4	91.2	1.1	1.2
体育健身休闲活动	368.6	172.9	1.9	2.7	581.3	254.9	2.6	3.3
体育场馆服务	1072.1	567.6	5.6	8.8	1338.5	678.2	6.1	8.7
体育中介服务	63.2	17.8	0.3	0.3	81	24.6	0.4	0.3
体育培训与教育	296.2	230.6	1.6	3.6	341.2	266.5	1.6	3.4
体育传媒与信息服务	110.4	44.1	0.6	0.7	143.7	57.7	0.7	0.7
其他与体育相关服务	433	179.7	2.3	2.8	501.6	197.2	2.3	2.5
体育用品及相关产品制造	11962.1	2863.9	62.9	44.2	13509.2	3264.6	61.4	41.8
体育用品及相关产品销售、代理与出租	4019.6	2138.7	21.1	33	4295.2	2615.8	19.5	33.5
体育场地设施建设	222.1	50.3	1.2	0.8	459.6	97.8	2.1	1.3

资料来源：根据国家体育总局官网相关数据进行整理。

[①] 杨强.体育旅游产业融合发展的动力与路径机制［J］.体育学刊，2016，23（4）：55-62.
[②] 荆立新.区域产业一体化发展的现实需求分析［J］.学习与探索，2013（12）：122-124.

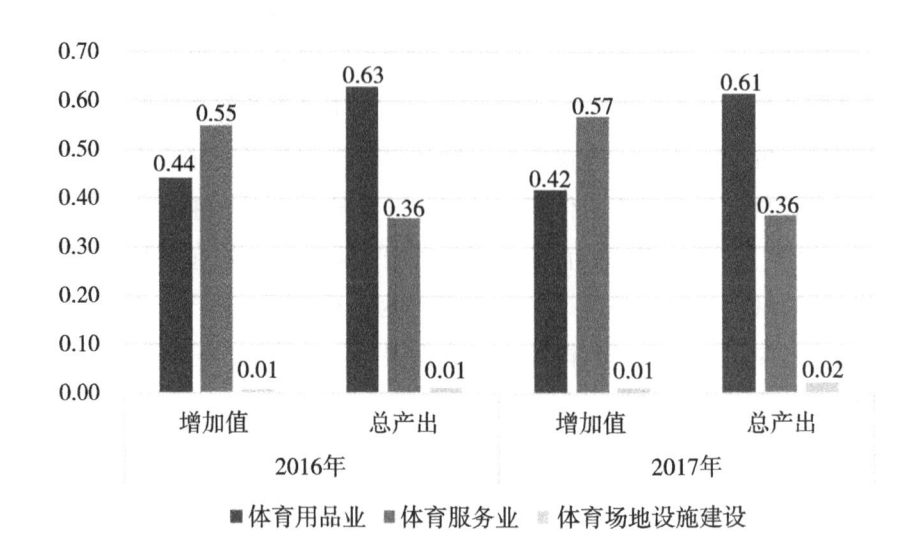

图7.3 2016年和2017年体育产业增加值和总产值占比情况

三、消费提升效应明显

从国际经验看，经济发展进入中上等收入阶段即超过6500美元后，体育消费较大规模的有效需求开始形成，体育产业随之也进入快速增长的时期。2017年，我国人均收入水平已经超过8500美元，全国居民恩格尔系数为29.39%，我国进入了体育产业需求快速增长的时期，居民在体育消费方面的支出将开始大爆发。近年来，随着政策红利的逐步释放，体育产业消费市场日益繁荣，年消费规模接近万亿。

产业融合后，一些传统产业延伸了价值链，附加了新的功能，催生了许多新产品和新服务。根据"供给创造自身需求"定律，产品最终需求会随着产业融合不断得到提升，满足人们更高层次的消费需求，市场竞争性得到提升，新市场结构重新被塑造[1]。体育产业融合过程中产生的新技术、新产品、新服

---

[1] 姜永常. 旅游产业融合发展的动力、机制与策略研究——以文化旅游业为例[J]. 哈尔滨商业大学学报：社会科学版，2013（4）：107–112.

务取代某些传统技术、产品或服务,从客观上提高了消费者的需求层次,造成这些产业市场需求逐渐萎缩,在整个产业结构中的地位和作用不断下降;体育产业融合催生出新技术融合,改变着传统体育产业的生产与服务方式,促使体育产品与服务结构的升级,进而带动需求结构升级,从而拉动体育产业结构升级,激活消费潜能,拓展产业空间[①]。同时,产业链的延伸和产业间整合所导致的成本节约,实现企业价值增值,并通过收入的增长和价格的下降促进消费。比如,区别于传统观光旅游,体育旅游具有参与群体更广泛、消费需求更加多元、客户黏性更显著等特征。体育产业与旅游产业融合进一步促进旅游消费结构从低层次的观光需求向高层次的体验性休闲度假需求转型升级。根据联合国世界旅游组织统计数据得出,体育旅游是全球旅游市场中增长最快的细分行业,年均增长率达到14%。根据华奥星空数据统计,2016年前4个月赛事带来的旅游、交通、住宿、餐饮等关联消费额高达119亿元,对举办地经济拉动值超过300亿元。

四、企业内部结构创新效应

产业融合不仅导致了企业组织之间产权结构的重大调整,而且引发了企业组织内部结构的创新。体育产业融合发展过程中,企业并购现象频频出现,企业并购诉求包括横向的规模扩张或纵向产业链延伸,抑或在自身优势的基础上加码多元化发展、直接通过并购实现跨界转型[②]。在融合发展趋势下,企业并购主要指一家企业以一定的代价或成本取得另一家或几家企业的经营控制权、全部或部分资产所有权,为获得企业的竞争优势而采用的并购。

目前,我国大部分体育产业企业都属于小微企业,行业集中度不高,只有通过兼并、跨行业跨区域重组、并购整合等外延手段来促进体育企业融合发展,提高行业集中度,才能做强做大我国体育产业。此外,产业重组融合要求

---

① 张海燕,王忠云.旅游产业与文化产业融合发展研究[J].资源开发与市场,2010,26(4):322-326.
② 杨晓生,于永慧.广州市体育产业发展探析——基于广州市体育产业现状调查的思考[J].城市观察,2010(6):83-97.

企业注意组织内部结构的创新。体育产业内部重组融合发展模式是指体育企业发展主要依托对体育产业内部各个业态的融合来进行，特别是随着体育产业与信息技术产业的融合发展，很多体育企业的不同业务可以在同一运作平台上开展，它们之间可以互补，通过协作发挥出更大的效应[1]。大部分体育企业都是在利用产业内部的重组来进行融合发展。当然，我国体育产业重组融合面临审批多、融资难、负担重、服务体系不健全、体制机制不完善、跨地区跨所有制兼并重组困难等情况，《国务院关于进一步优化企业兼并重组市场环境的意见》为体育产业企业的兼并重组，跨地区、跨行业融合提供了政策指导和支持[2]。比如，体育和旅游业的跨界整合，不但改变了原有的组织结构，也促进了组织结构中的创新。为了构建体育旅游企业的纵向一体化到横向整合、虚拟转向混合整合，体育旅游企业的组织结构应趋于柔性，通过有效平台提高跨行业经营的能力。体育旅游产业竞争与公益并存，政府减少产业管制，能使体育旅游产业吸收更多的资金、技术和人才。在产业整合过程中，通过对公司治理机制的完善，来化解资源配置和利益分配的冲突。

第三节　体育产业融合式发展的路径模式分析

体育产业不是一个孤立的产业形态，与其他产业或体育产业内部的重组融合是由体育行业的自身性质所决定的，而体育中介业和体育场馆业以及体育+高科技则表现出良好的融合态势，具体如图7.4所示。目前，我国体育产业延伸度不够，体育与其他产业融合的潜力未得到有力挖掘。

---

[1]张金桥，王健.论体育产业与文化产业的融合发展［J］.上海体育学院学报，2012，36（5）：41-44，76.

[2]张广俊，李燕领，邱鹏.体育产业融合的动因、路径、效应与策略研究［J］.武汉体育学院学报，2017，51（8）：50-56.

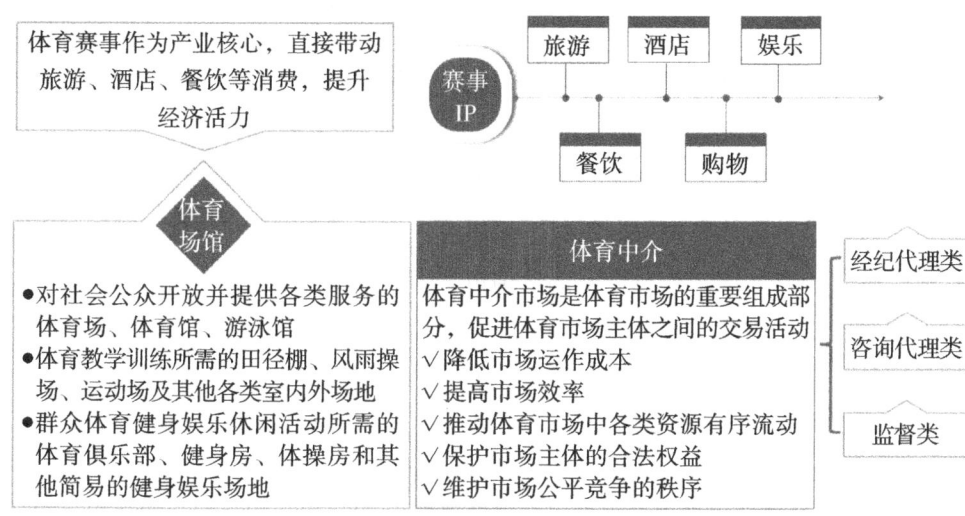

第七章 体育产业融合式发展模式研究

体育赛事作为产业核心,直接带动旅游、酒店、餐饮等消费,提升经济活力

赛事IP → 旅游、酒店、娱乐、餐饮、购物

体育场馆
- 对社会公众开放并提供各类服务的体育场、体育馆、游泳馆
- 体育教学训练所需的田径棚、风雨操场、运动场及其他各类室内外场地
- 群众体育健身娱乐休闲活动所需的体育俱乐部、健身房、体操房和其他简易的健身娱乐场地

体育中介
体育中介市场是体育市场的重要组成部分,促进体育市场主体之间的交易活动
√ 降低市场运作成本
√ 提高市场效率
√ 推动体育市场中各类资源有序流动
√ 保护市场主体的合法权益
√ 维护市场公平竞争的秩序

— 经纪代理类
— 咨询代理类
— 监督类

体育+高科技
◆ 旱雪仿真 ◆ 电竞场馆建设 ◆ 先进运动服装 ◆ 惯性测量 ◆ 球轨迹追踪 ◆ 360度回放

图7.4 体育产业细分领域相互融合图

资料来源:@前瞻经济学人App。

通过产业要素解构,资源、技术、功能和市场是体育产业与其他产业融合的四大关键点,进而演化为体育产业融合的资源、技术、功能和市场路径。体育产业与相关产业融合发展主要有技术、产品、资源和市场四个层面的路径模式,四者共同构成了体育产业与相关产业融合路径模式模型,并产生出融合型的体育业态产品,如图7.5所示。

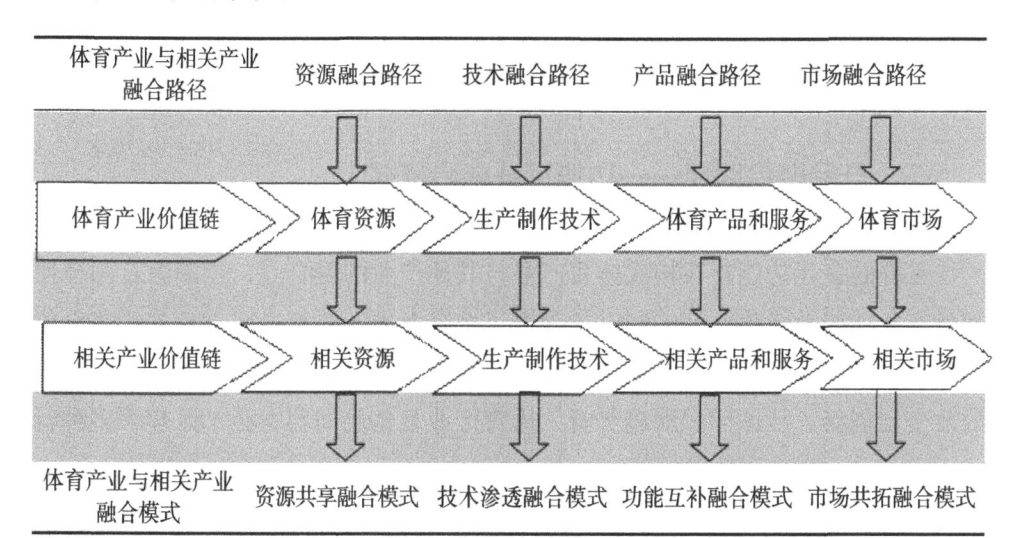

体育产业与相关产业融合路径	资源融合路径	技术融合路径	产品融合路径	市场融合路径
体育产业价值链	体育资源	生产制作技术	体育产品和服务	体育市场
相关产业价值链	相关资源	生产制作技术	相关产品和服务	相关市场
体育产业与相关产业融合模式	资源共享融合模式	技术渗透融合模式	功能互补融合模式	市场共拓融合模式

图7.5 体育产业融合发展的路径模式

一、技术融合路径——技术渗透融合模式

技术融合对于体育产业融合的实现非常重要。技术创新是将体育产业产品制作与研发技术同体育资源开发技术相结合，使体育产业与其他产业融合发展的技术路径得以形成，体育产业的价值链环节被渗透到其他产业之中，形成体育产业融合发展的技术渗透融合模式。在体育赛事领域，英国体育产业借助新型科技的推动，从高清晰电视转播到3D技术都有运用，2013年温网爱好者即可通过个人苹果手机中的App，即时了解赛事过程，观测详细数据；用户可以通过360°全方位、高空转播图像来观看英国体育频道的内容。这些转播技术的引入使英国商业体育赛事的收视率节节攀升[1]。同时，全民健身领域中"互联网+场馆"模式激发了民众健身热情，体育场馆的利用率也得以提高。体育场馆通过门户网站、App、收集发布信息、招投标等形式不仅提升了工作效率、改善了服务质量，还增加了业务范围，实现了体育场馆的智能化、快捷化与信息化，其实质是"互联网+体育场馆"即"流量+用户群"[2]，即通过互联网平台入口切入体育场馆的用户群，把分散的场馆资源通过互联网整合起来，再经过资源的评估来撬动社会资本上市。在智能穿戴设备领域，利用智能穿戴设备获取用户数据，在云端对用户大数据进行大数据挖掘与分析，为用户提供精准的个性化服务。另外，在穿戴设备检测运动、健康数据的基础上，通过智能运动准备获取海量的运动、兴趣爱好、行为癖好及健康等各种大数据，进一步为用户提供从运动健身到健康医疗的各种增值服务。

二、产品融合路径——功能互补融合模式

互补的多元功能存在构成体育产业与其他产业的融合点，产品融合路径使相融产业功能上优势互补的同时，促进了融合发展。体育产业与相关产业价值链的产品融合，是指相关产业企业与体育企业基于市场需求所进行的商业模式的改变与创新。从国际发展趋势看，体育产业日益趋向与文化、医疗等多种行

---

[1] 国家统计局，国家体育总局．[EB/OL]．http://www.stats.gov.cn/tjsj/zxfb/201901/t20190108_1643790.html.
[2] 吴天明．新常态下中国体育产业发展的现状、机遇和挑战[J]．运动，2016（19）：134-135.

业融合发展，跨行业的复合型产品和服务愈益丰富[①]。在当前模块化分工条件下，通过设计对产品系统进行模块化分解，明确规定产品或产品体系的结构、界面和标准，被分解的产品子模块或者系统通过事先规定连接在一起。当然，产品融合并不是对所有的部件都进行重新设计或更新，而是按照模块化原理，通过模块化操作方法快速实现产品融合创新。比如，"SPORT Mall"作为一种以运动为主要商品元素的独特商业模式，兼具演艺、娱乐、展览、旅游等综合体的其他功能，将前端的消费者和后端的专业机构连接起来，立体的服务模式将那些散落的个人行为汇集到一个大服务产业的平台之中，以零售为入口，链接一切可以链接的资源，用不同的功能模块满足更多样化的需求[②]。不同产业功能上的融合点通过产品融合路径能使相融产业得到功能上的优势互补，同时能获得融合发展、相得益彰。目前，利用率不高、效益提升难依然困扰着国内体育场馆，而体育场馆功能单一无法满足除大型赛事之外的文艺演出、文化博览等多元功能需求，制约着体育场馆利用率的提高。体育产业要充分整合和利用好体育设施，打造多元功能的城市体育服务综合体。体育场馆是我国体育赛事活动开展及商业开发的重要载体，为旅游、演艺、娱乐等内容产业的开展奠定了物质基础。

三、资源融合路径——资源共享融合模式

现阶段，具有需求资源优势的产业通过资源路径融入体育产业，构建资源共享路径模式。政府通过"标准规范"和"规划设计"把体育资源和相关资源进行有效整合，为体育产业与相关产业价值链融合创造出良好的发展基础。"体育+旅游"目前处于探索阶段，政策利好促使其成为一种新的产业融合消费方式。2014年8月，《关于促进旅游业改革发展的若干意见》（国发［2014］31号）提出增强体育与旅游的融合。"体育+旅游"的融合发展本质上属于资源复合型产业融合。体育赛会、体育场馆、体育用品生产企业等体育资源可作为旅游观光体验的对象，而旅游风景区或者旅游主题公园等资源作为场地提供者促

[①] 张广俊，李燕领，邱鹏.体育产业融合的动因、路径、效应与策略研究［J］.武汉体育学院学报，2017，51（8）：50–56.
[②] 党挺.国外体育产业融合发展分析及启示［J］.体育文化导刊，2017（3）：127–131.

进特色休闲健身活动发展，旅游的广泛参与性扩大了体育项目的受众面和影响力[1]。体育作为内容，进一步提升了旅游的资源价值；旅游作为渠道，进一步拓展了体育的实现方式[2]。而在《旅游资源分类、调查与评价》中，体育健身活动的独立馆室或场地为代表的体育健身馆场被认定为旅游资源。某些极具建筑景观魅力的大型体育场馆，往往被作为城市地标性景观开发成为城市特色旅游产品，吸引了大量旅游者[3]，比如属于国家5A级旅游景区的包括鸟巢、水立方在内的整个奥林匹克公园园区，在竞赛和文艺演出的基本职能外，还被赋予了很多新的内涵，成为奥运会赛后可持续发展的典范。

四、市场融合路径——市场共拓融合模式

市场是体育产业与相关产业融合的有效路径之一，主要指以市场共拓为秩序的融合路径，以结构合并、项目合作等形式，对接体育产业与相关产业的价值链，其主要表现方式包括产业市场运作、市场营销的创新、品牌整合培育与资本运营等[4]。市场融合是指体育产业价值链中的销售活动单元被截取并与其他产业价值链中的销售活动单元通过价值链延伸寻求共同的营销融合点，从而促使同一销售服务平台上体育新业态产品的形成。在体育产业融合发展大背景下，其他相关产业纷纷瞄准体育市场寻找发展契机，使市场成为这些相关产业与体育产业相融合的有效路径[5]。"体育+地产"模式是体育元素被引入商业地产总体规划与开发过程之中，两者在资源和市场等要素方面有机整合，实现了双赢的局面，其本质属于体育产业融合的市场共拓融合模式。"体育+地产"模式可以实现两个产业市场的相互带动。另外，体育产业与文化产业融合在两大产业市场运作、市场营销的创新、品牌整合与培育、资本运营等方面均有所体

---

[1]陈柳钦.产业融合的发展动因、演进方式及其效应[J].郑州航空工业管理学院学报，2007（4）：14-19.

[2]2017年体育产业已成为国民经济新的增长点[EB/OL].http://sports.people.com.cn/n1/2019/0114/c202403-30526597.html.

[3]黄海燕.我国体育产业新阶段特征及发展趋势[J].体育学研究，2018，1（1）：13-20.

[4]孔令刚，蒋晓岚.基于产业融合视角的文化创意产业发展战略[J].华东经济管理，2007（6）：49-52.

[5]李名亮.数字时代广告产业融合的效应与结局[J].山西大学学报：哲学社会科学版，2017，40（5）：56-63.

现，如体育产业中应用原有的文化传播渠道、网络传递方式，使体育产业的产品销售模式、体育产品消费方式发生变革，并统一在一个市场知名度较高的品牌之下[1]。体育和文化市场共拓融合发展成果涌现，但融合发展存在五大瓶颈：一是品牌瓶颈。体育产业尤其是体育用品制造行业，设计研发多源于国外，消费市场也是以外来品牌为主导，本土企业自主创新能力较弱，文化内涵不明确，未能形成品牌效应[2]。二是平台瓶颈。受限于技术、资金、人员等资源不足的情况，未能实现资源合理配置，平台资源的有限制约着体育产业与文化产业的高效融合。三是内容瓶颈。缺少具有较强吸引力的品牌体育活动项目，突出表现在赛事开发上，缺少"拳头"产品[3]。四是体制瓶颈。文化产业和体育产业分属不同部门，税收、行业准入、活动审批与管理以及体制上的差别需要突破，以促进两个产业的融合发展。因此，需要重点通过龙头企业和品牌赛事的带动促进文化体育产业链的延伸和重构。

第四节 中国体育产业融合式发展的政策选择

近年来，通过制定政策促进体育产业融合\创造和谐的外部环境，成为促进体育产业融合发展的客观选择，推动了体育产业发展方式的转型和升级。

一、完善部门协作机制，优化政策支持环境

美国、英国等体育产业发达国家体育产业繁荣是多个部门和多个行业政策共同营造的良好政策环境的结果。我国体育产业发展绝非体育部门的独角戏，需要在其他政府部门、全社会参与下共同推动。从正效应来看，不同管理部门从自身角度着眼可以为产业发展提供更为专业具体的意见，在各部门有效沟通的基础上，使政策更为全面、专业、系统。从负效应来看，如果各管理部门之间缺乏沟通协商，则会出现管理缺位、重复管理、权责不清等问题。在体育与

---

[1] 张广俊，李燕领，邱鹏.体育产业融合的动因、路径、效应与策略研究［J］.武汉体育学院学报，2017，51（8）：50-56.
[2] 汪桂霞.产业融合与产业组织创新关系研究［J］.当代经济，2010（19）：126-128.
[3] 国务院.［EB/OL］.（2014-03-24）.http://www.gov.cn/zhengce/content/2014-03/24/content_8721.html.

养老融合发展方面,首先,政府要创新融合发展观念,针对两大产业融合的特性,协调和引领体育、养老产业管理部门与企业共同制定培育和发展体育健康服务产业的具体任务和发展方向。例如,各级政府通过协调财政部门、宣传部门、体育局、老年体育协会以及企业等相关单位,整合现有的体育和养老资源,培育和发展体育养老产业。因此,国家体育总局首先应该对体育产业融合发展加强规划引导和部门协调,统筹拟订相关产业与体育产业扶持政策,要使相关产业政策科学有效,在政策内容上需要明确统一,具有系统性、权威性和连贯性,避免出现政出多门、各自为政的现象,集聚各部门的有限资源促进体育产业的融合发展。同时,体育产业融合发展需要构建国家—省级政府—市级政府—县级政府四级联动的政策发展体系。各级地方政府需要针对中央、国务院产业和体育产业发展政策出台情况以及各地实际,统筹制定本级体育产业发展政策。特别是各市、县(市)人民政府要出台政策促进体育消费,充分发挥体育产业融合作用,满足人民群众多样化体育需求、保障和改善民生、培育新的经济增长点。

二、鼓励企业创新,促进体育消费需求

技术创新对于促进体育产业融合,优化体育产业结构有着重要作用。在我国体育部门和科技职能部门之间,功能性接口和协调机制仍然缺乏,体育产业和科技的融合发展受到体制性障碍和结构性矛盾的严重制约。政府应当重视和鼓励关联度高的产业技术创新,为体育产业的融合搭建公共技术平台,鼓励与体育产业相关的技术研发、推广,对进行技术创新的体育企业给予政策支持。比如,对企业自主研发(如体育科技器械、体育装备研发、体育医疗技术等)形成的技术开发费用,允许按当年实际发生额的20%加计扣除[1]。体育科技企业科技开发前期试验费用,按照10%的比例在企业所得税税前列支。准予企业按收入总额的5%计提技术开发风险准备金和呆账准备金,以降低体育企业的研发风险和研发成本[2]。

---

[1] 杨京钟,吕庆华,易剑东.中国体育产业发展的税收激励政策研究[J].北京体育大学学报,2011,34(3):5-8.
[2] 庹权,杨晓生,杨忠伟.关于我国体育产业课税改革的思考[J].中国体育科技,2005(6):9-11.

近年来，关于旅游产业、健康服务业、文化产业、体育产业等一系列推动产业发展，促进消费的政策文件纷纷出台，旨在将消费市场的活力充分释放出来。2014年，国务院办公厅"46号文"将全民健身上升为国家战略，通过提高体育健身参与率促进体育消费，共同推动体育与医疗、文化等融合发展。在其他领域，各产业明确提出与体育产业的融合发展策略，2014年2月，《推进文化创意和设计服务与相关产业融合发展的若干意见》（国发［2014年10号］）中也特别强调"拓展体育产业发展空间，积极培育体育健身市场，引导大众体育消费"。如2014年8月发布的《关于促进旅游业改革发展的若干意见》（国发［2014］31号），将融合发展视为旅游业转型升级的重要方式，增强体育与旅游的融合是其重要内容。2014年，国家旅游局与中医药管理局共同签署了《关于推进中医药健康旅游发展的合作协议》，这些政策文件的颁布和实施为健康产业与旅游产业的融合提供了政策指导。上述相关宏观政策给体育产业融合发展带来了前所未有的机遇，这需要找准体育产业与各产业的融合点，落实政策，促进体育产业转型升级，提高体育产业竞争力。

三、出台激励企业的财政、税收和金融等政策

实践证明，国家通过制定和完善相关的财政政策、税收政策、金融信贷政策等措施激励企业通过股份制改造扩大产业规模，促进体育产业融合发展，提升体育产业竞争力。

一是完善财政政策。根据体育业营业税改征增值税改革，合理调整中央与地方财政分享比例，增强地方财政支持体育事业和发展体育产业的主动性和财力保障[1]。整合体育制造业、服务业等产业内各类财政扶持政策，各地应该积极推动设立体育产业引导基金，推进体育产业结构战略性调整[2]。并根据体育产业融合发展的需要调整财政投入结构和方式，进而加大对产业融合项目的财政投入力度，实现体育与相关产业的深度融合。

二是完善税收政策。体育产业税费政策不完善、不具体、缺乏针对性。

---

[1] 马应超，王宁涛.财税政策支持体育产业发展的国际经验与启示［J］.中国财政，2014（22）：71-73.
[2] 朱蓉.基于产业融合的文化产业升级路径研究——以浙江省为例［J］.改革与战略，2014，30（1）：110-114.

2015年，体育产业实施"营改增"的税费模式，但是税率差异较小的行业税费差异减税效果不显著。从体育产业发展引导的角度来看，建议采取"多规合一"等方式组合运用增值税、消费税、所得税、房产税等具体税收政策工具，调整和补充相关税收工具，远期构筑体育产业专门的税收体制。比如，在体育与医疗融合发展方面，提示我们在促进"体医融合"过程中，应该注意体育与卫生行政部门引导作用发挥，提供政策扶持，制定税收优惠、水电优惠、信贷支持、房屋与场地建设等扶持政策，同时通过体育产业引导资金以奖励、补贴等方式对参与"体医融合"发展的企业与机构予以支持，以助推体育健康服务产业建设[①]。

三是制定和完善金融信贷政策。首先，加大财政对银行融资机构的激励力度。财政部门可以通过一定比例的补贴或奖励给予银行金融机构针对高新技术体育企业的贷款，财政可以采取贴息的手段对高新技术体育企业的科技贷款支持；通过补贴或奖励的方式鼓励银行采取多种担保形式解决体育科技企业的融资需要。其次，积极促使国家开发银行等政策性银行以无息贷款、低息贷款、延长信贷周期、优惠贷款、贷款贴息等方式，对体育科技企业给予资金支持[②]。

总之，企业是体育产业融合发展的推动者和直接受益者，这些主体往往存在对政策需求"搭便车"的现象。体育产业发展需要多方共同努力，需要充分调动企业在产业制度体系建设方面的能动性，打造有效市场的客观环境。同时，为增强政策执行的效应与落地性，地方政府要建立政策执行的反馈渠道，这也是深化"放管服"改革的要求，切实做好为各类体育企业法人服务的重要举措。

本章小结

产业融合利于优化体育产业结构，提高体育产业竞争力，而对体育产业融

[①] 张文亮，杨金田，张英建，等."体医融合"背景下体育健康综合体的建设[J].体育学刊，2018，25（6）：60-67.

[②] 王家宏，邵伟钰.促进体育产业与科技融合的财政政策研究[J].成都体育学院学报，2015（4）：1-6.

合效应、路径模式及政策选择进行研究，对于把握体育产业发展规律，促进体育产业快速发展有着重要的现实意义。研究结果表明，产业关联性是体育产业融合的前提。研究体育产业与其他产业的价值链的延伸，在渗透与重组的基础上提出体育产业融合发展的技术渗透路径模式、功能互补路径模式、市场共拓路径模式与资源共享路径模式。

体育产业融合发展需要政府部门营造良好的政策环境，制定激励企业融合发展的财政、税收、金融信贷政策，鼓励技术创新，促进消费需求、贷款贴息等方式，对体育科技企业给予资金支持[①]。而企业作为体育产业融合发展的推动者和直接受益者，往往存在对政策需求"搭便车"的现象。体育产业发展需要多方共同努力，需要充分调动企业在产业制度体系建设方面的能动性，打造有效市场的客观环境。同时，为增强政策执行的效应与落地性，地方政府要建立政策执行的反馈渠道，这也是深化"放管服"改革的要求，是切实做好为各类体育企业法人服务工作的重要举措。

---

①王家宏，邵伟钰. 促进体育产业与科技融合的财政政策研究［J］. 成都体育学院学报，2015（4）：1-6.

第八章 江苏省体育产业政策实施机制及其成效分析

第一节 江苏省体育产业政策发展背景

一、国家良好政策环境，引领发展方向

2014年，国务院印发了《关于加快发展体育产业促进体育消费的若干意见》，体育产业的发展出现新机遇，呈现快速发展态势。之后，《关于加快发展健身休闲产业的指导意见》（国办发〔2016〕77号）和《关于加快发展体育竞赛表演产业的指导意见》（国办发〔2018〕121号）、《"一带一路"体育旅游发展行动方案（2017—2020年）》《关于促进全民健身和体育消费推动体育产业高质量发展的意见》（国办发〔2019〕43号）等一系列相关体育产业政策文件，形成完善的产业政策体系，有效地推动了我国体育产业发展，也为江苏省体育产业政策的科学制定和发展指明了方向。

二、江苏雄厚经济水平，提供良好基础

江苏省经济发展水平在国内名列前茅，也使得在江苏省城乡居民的生活中，体育成为不可或缺的组成部分。江苏省人民政府与国家体育总局于2018年推动新时代体育强省建设，江苏成为全国试点省份，率先开展新时代体育强省建设工作。近年来江苏省体育事业取得众多突破，竞技体育实力稳中有升，省优秀运动队多元化办队局面基本形成，在第18届亚运会上，全省获15项次金牌，金牌数列全国第5位，奖牌数列全国第4位。国家体育总局与江苏省人民政府签署公共体育服务体系示范区合作协议，在全国率先建成公共体育服务体

系示范区，其功能明确、网络健全、城乡一体、惠及全民，充分展现其典型的示范以及带动作用的影响。体育产业快速发展，初步形成一定规模，产业结构不断优化，2018年全省体育产业规模已经达到4066.18亿元，创造增加值达到1387.2亿元，体育产业增速明显高于GDP增长率。全省经济基础与体育事业蒸蒸日上形成的良好环境，为江苏省体育产业政策的落实提供了稳固的基础。

三、全省系统谋划，奠定坚实基础

随着政策环境的不断优化，江苏省加快顶层设计步伐，抢抓体育产业发展机遇，在全国率先以省政府名义出台《关于加快发展体育产业的实施意见》等各项政策，为体育产业发展提供了有效指引。通过系统谋划、整体推进，进一步强化政府部门在体育产业政策、标准、规划引领及优化服务等方面的职能。近年来，江苏不断顺应国家加快发展体育产业的新形势和新要求，在理论研究、政策制定、工作实施、指导服务等方面加大力度，推动形成相对完善的体育产业政策体系和工作体系，产业发展环境不断优化，体育改革创新与产业高质量发展走在了全国前列。

第二节　江苏省体育产业政策发展现状

一、体育产业政策概况

近年来，江苏体育产业以新时代体育强省建设为引领，坚持高起点站位、高质量发展，焕发出新的蓬勃生机与活力：时尚体育运动井喷式发展，成为社会消费新热点；竞赛表演产业释放红利，焕发经济发展新生机；产业结构布局优化见效，构筑区域经济新风景。江苏省体育产业发展迅速，陆续出台了一系列体育产业政策。

（一）精准化的产业政策设计

近年来，江苏省体育产业正面临着率先发展、跨越发展的重要机遇期，随着

"全民健身""健康江苏"战略的逐步实施,"互联网+"、智慧旅游、大数据等理念与工具的广泛应用,江苏省全面加强体育产业政策顶层设计,助推体育产业的快速发展。江苏省人民政府于2015年出台《关于加快发展体育产业促进体育消费的实施意见》,明确提出了大力促进体育消费,充分发挥体育产业在满足人民群众多样化体育需求、保障和改善民生、培育新的经济增长点、增强国家凝聚力和文化竞争力等方面的重要作用,成为全省体育产业发展的指导性文件[1]。2017年又颁布了《关于加快发展健身休闲产业的实施意见》。为进一步落实政策,江苏省结合自身特点,2018年8月,江苏省体育局陆续出台《江苏省加快发展水上运动产业行动方案》《江苏省加快发展航空运动产业行动方案》《江苏省加快发展山地户外运动产业行动方案》《江苏省加快发展冰雪运动产业行动方案》多项政策措施,积极培育消费市场和市场主体,努力提高产业集中度和品牌影响力,发挥江苏特色,积极融入国家体育旅游总体空间布局。这些行动方案出台充分体现了江苏省对加快发展体育产业的高度重视,进一步提升了体育产业在江苏国民经济和社会发展中的地位。总体来说,江苏省致力于"体育强省"建设的奋斗目标,形成了较为科学、系统、完善的体育产业政策体系,有力激发了体育市场活力。

(二)精细化的产业政策领域

近年来,江苏省政府出台一系列省级文件,明确了全省体育产业发展目标和任务,并进一步细化了各行业业态和载体。

通过系统梳理显示(表8.1~表8.3),2014—2019年江苏体育产业政策中基本涵盖了各行业业态政策,各市体育产业政策进一步强化了各行业领域。江苏省体育产业政策涉及领域包括体育产业基地、体育设施、体育活动以及相关运动产业等,并且集中在管理层面,对13个地级市体育产业的发展具有指导意义,也让各地级市在制定当地体育产业政策时有了一定参考依据。江苏省13个地级市体育产业政策的制定更加细化,各地方政府的政策类型也相对集中。从整体趋势来看,体育健身休闲、体育竞赛表演是江苏省体育产业重点部署领域,体育健身休闲是13个地级市体育产业的重点发展环节。此外,在资金扶持和产业载体上也有相应政策出台。

---

[1] 国务院印发.关于加快发展体育产业促进体育消费的若干意见[DB/OL].2014-10-20.

第八章 江苏省体育产业政策实施机制及其成效分析

表8.1 2015年以来江苏省体育产业政策颁布情况一览表

序号	政策	颁布主体	发布时间
1	《关于加快发展体育产业促进体育消费的实施意见》	江苏省人民政府	2015
2	《江苏省"十三五"体育产业发展规划》	江苏省体育局	2016
3	《关于加快发展健身休闲产业的实施意见》	江苏省人民政府办公厅	2017
4	《江苏省体育旅游发展行动计划（2018—2020年）》	江苏省体育局 江苏省旅游局	2018
5	《江苏省加快发展水上运动产业行动方案》	江苏省体育局	2018
6	《江苏省加快发展航空运动产业行动方案》	江苏省体育局	2018
7	《江苏省加快发展山地户外运动产业行动方案》	江苏省体育局	2018
8	《江苏省加快发展冰雪运动产业行动方案》	江苏省体育局	2018
9	关于进一步促进体育消费的行动计划（2019—2022年）	江苏省体育局 江苏省发展改革委	2019
10	关于推动江苏体育竞赛表演产业高质量发展行动方案	江苏省体育局	2019

表8.2 2014—2019年江苏省体育产业政策领域类型分布频次一览表

政策类型	频次（数）	百分比（%）
体育竞赛表演	5	55.6
体育场馆服务	3	33.3
体育健身休闲	1	11.1
体育用品及相关制造业	2	22.2
体育中介服务产业	2	22.2

表8.3 2014—2019年江苏省地级市体育产业政策领域类型分布频次一览表

政策类型	频次（数）	百分比（%）
体育竞赛表演	26	51.0
体育场馆服务	25	49.0
体育健身休闲	36	70.6
体育用品及相关制造业	24	47.1
体育中介服务产业	26	51.0
体育传媒业	23	45.1
其他相关服务（体育旅游、体育健康服务及体育彩票）	28	54.9

（三）协同化的产业政策保障

为进一步落实全省体育产业政策顶层设计路径，江苏省建立了多层次、多样化、立体化的协同保障体系，尤其是在体育产业资金政策和体育产业相关载体政策方面[①]。其中体育产业资金政策涵盖了体育产业发展专项资金、健身俱乐部专项扶持资金、体育场馆免费低收费开放补助资金、体育消费券发放等多个方面，引导和刺激体育市场活力，激发大众体育消费潜力；体育产业相关载体政策包括体育健康特色小镇、体育产业基地、体育服务综合体、体育公园等多个类型，引导和支持体育产业载体发展，形成有市场、有内容、可持续的发展格局[②]（表8.4）。

表8.4 江苏省体育产业政策协同化保障实施措施一览表

类别	支持政策	颁布主体	涉及内容
体育产业发展专项资金	江苏省体育产业发展专项资金使用管理办法	省财政厅、省体育局	体育场馆运营类项目、健身休闲服务业项目、赛事活动类项目、体育装备类项目
健身俱乐部专项扶持资金	江苏省健身俱乐部专项扶持资金管理暂行办法	省财政厅、省体育局	各类健身俱乐部
体育场馆免费低收费开放补助资金	江苏省体育场馆免费低收费开放补助资金管理办法	省财政厅、省体育局	体育场馆
体育消费券发放	江苏省体育消费券发放方案	省体育局	健身群众、部分突出贡献群体及省会南京市贫困中学生

[①]国务院办公厅印发《关于促进全民健身和体育消费推动体育产业高质量发展的意见》[DB/OL]. 2019-09-18.

[②]江苏省体育局、江苏省发改委联合印发《关于促进体育消费的行动计划（2019—2022年）》继续实施每年1亿元体育产业发展专项资金[DB/OL]. 2019-08-07.

（续表）

类别	支持政策	颁布主体	涉及内容
体育健康特色小镇	关于开展体育健康特色小镇建设工作的通知	省体育局	体育健康特色小镇
体育产业基地	江苏省体育产业基地管理办法	省体育局	综合类、特色类体育产业基地、体育产业示范单位评选
体育服务综合体	关于加快体育服务综合体建设的指导意见	省体育局	体育服务综合体（体育中心型、全民健身型、商业中心内嵌型、其他型）
体育公园	关于加快体育公园建设的指导意见	省体育局	各类体育公园

二、体育产业政策内容

（一）体育产业政策目标分析

通过系统规划，江苏省确立了相对科学、完善的体育产业政策目标（表8.5）：一是关于江苏省体育产业总体规模目标。《江苏省"十三五"体育产业发展规划》明确提出，到2020年，江苏省体育产业总规模超过5000亿元，增加值约占全省地区生产总值的1.5%，体育服务业增加值占体育产业增加值35%左右。而各个相关体育产业政策也对其规模提出具体产业规模发展目标。二是关于江苏省体育产业政策方向目标，确立体育产业从业人员达到110万人；人均体育场地面积达到2.5平方米；全省经常参加体育锻炼人数比例达39%以上，国民体质合格率达93%以上，参与冰雪运动人口达到百万以上，各市冰雪运动知识进校园覆盖率达到70%等相关目标。三是关于辅助政策目标，确立初步建成"一网、一中心、一平台"（全省体育信息服务网络、省级体育数据中心、省级智慧体育应用平台）的智慧体育基础框架，培育2~3项国内外知名的品牌冰雪体育赛事等，结合体育产业发展的重点任务进行了不同的谋划。

表8.5 江苏省体育产业政策目标情况一览表

类别	体育产业发展目标
《江苏体育发展"十三五"规划》	总规模超过5000亿元，体育产业从业人员达到110万人，体育服务业增加值占体育产业增加值35%左右。全省体育彩票五年销量达700亿元，保持全国领先地位
《江苏省"十三五"体育产业发展规划》	到2020年，体育产业总规模超过5000亿元，增加值约占全省地区生产总值的1.5%，体育服务业增加值占体育产业增加值35%左右；体育产业从业人员达到110万人；人均体育场地面积达到2.5平方米；全省经常参加体育锻炼人数比例达39%以上，国民体质合格率达93%以上
《江苏省"十三五"智慧体育发展规划》	到2020年，全省体育信息化水平明显提升，初步建成"一网、一中心、一平台"（全省体育信息服务网络、省级体育数据中心、省级智慧体育应用平台）的智慧体育基础框架
《省政府办公厅关于加快发展健身休闲产业的实施意见》	到2020年，健身休闲产业总规模达到3000亿元，约占体育产业总规模的60%；到2025年，健身休闲产业总规模达到4500亿元
《关于加快发展体育产业促进体育消费的实施意见》	到2025年，江苏省体育产业总规模超过7200亿元，增加值占全省地区生产总值的1.6%，体育服务业增加值占体育产业增加值比重50%左右，体育产业从业人员达到180万人；人均体育场地面积达到2.6平方米，经常参加体育锻炼的人数达到3500万、约占全省总人口的42%
《江苏省体育旅游发展行动计划（2018—2020年）》	到2020年，在全省培育20个国家级体育旅游精品项目，打造100个省级体育旅游精品项目，体育旅游总人数达到1亿人次
《江苏省加快发展冰雪运动产业行动方案》	到2022年，产业收入规模达到100亿元左右；江苏省参与冰雪运动人口达到百万以上，各市冰雪运动知识进校园覆盖率达到70%。新建室外嬉雪场地10片；冰雪产业特色进一步凸显，培育2~3项国内外知名的品牌冰雪体育赛事
《关于进一步促进体育消费的行动计划（2019—2022年）》	到2022年，全省体育消费结构明显优化，服务性体育消费占比进一步提高，体育消费规模稳步提升，体育消费政策体系和市场环境更加优化，体育消费引领体育产业转型升级能力更加凸显，全省体育消费总规模达到2800亿元左右，城乡居民人均体育消费达到3200元左右

（续表）

类别	体育产业发展目标
《推动江苏体育竞赛表演产业高质量发展行动方案》	到2025年，基本形成产业结构合理、竞赛产品多元、市场环境优化、发展水平均衡的体育竞赛表演产业体系，体育竞赛表演产业的引领带动作用明显提升，体育竞赛表演产业发展水平位居全国前列。培育10项以上全国以上级别的体育精品赛事，打造20项左右具有自主知识产权的体育竞赛表演品牌，发展30个以上具有全国以上级别赛事运作能力的专业体育赛事运营公司

（二）体育产业发展资金政策分析

按照江苏省产业政策顶层设计和具体落实路径，全省陆续设立了省体育产业发展专项资金、健身俱乐部专项扶持资金、体育场馆免费低收费开放补助资金、体育消费券等资金扶持政策等。

1. 体育产业发展专项资金

2010年12月，江苏省财政厅、体育局联合制定了《江苏省体育产业发展专项引导资金使用管理暂行办法》，并成立省政府体育产业发展引导资金使用管理协调小组，由省政府分管领导任组长，省财政厅会同省体育局负责引导资金使用、管理工作。政策内容明确专项引导资金的机构的主要职责、资助范围、支持方式、立项管理、申报制度，以及立项、实施和绩效管理，且绩效考评结果作为以后年度安排引导资金预算控制数的重要依据。2011—2019年省级体育产业发展专项资金实施9年来累计投入7.966亿元，共扶持1009个项目，有力刺激了各类市场主体的发展壮大。

2. 健身俱乐部专项扶持资金

2016年省体育局出台《江苏省健身俱乐部促进计划》，提出"到2020年，全省建成1000个具有较大影响、年均拉动体育消费500万以上的健身俱乐部"，并设立健身俱乐部专项扶持资金。首先，在省级体彩公益金中设立健身俱乐部专项扶持资金，并制定专项资金管理办法，以年度组织申报。其次，将健身俱乐部纳入体育消费券使用范围，凡符合条件的健身俱乐部均可申请纳入体育消费券使用定点场所[①]。最后，将健身俱乐部纳入体育产业专项资金扶持范围，发展规模较大、经济社会效益突出、符合扶持条件的健身俱乐部，均可申请体育产业引导资金。资金实施4年来，累计发放健身俱乐部专项扶持资金5460万元，支持142个健身俱乐部[②]。

3. 体育场馆免费低收费开放补助资金

2015年开始，为规范和加强江苏省体育场馆免费和低收费开放补助资金的管理与使用，省财政厅、省体育局出台《江苏省体育场馆免费低收费开放补助资金管理办法》。从补助范围和标准、资金申报和审批、资金管理和使用以及监督检查和绩效评价等方面，制定江苏省体育场馆免费开放补助资金补贴标准[③]（表8.6）。省体育局每年安排5000万元左右专项经费，补助110多个大型体育场馆向社会免费或低收费开放。在江苏省体育局委托第三方机构对全省5000多名群众进行的公共体育服务满意度调查中，群众满意度达90.86%。

表8.6 江苏省体育场馆免费低收费开放补助资金补贴标准一览表

场馆名称		层级	座位数（个）	补助标准（万元）	中央补贴比例	省级补贴比例
体育场	甲类	国家	60000及以上	350	20%	60%	30%
	乙类	国家	40000~59999	250	20%	60%	30%
	丙类	国家	20000~39999	130	20%	60%	30%
	丁类	省级	10000~19999	100	0	60%	50%
体育馆	甲类	国家	10000及以上	300	20%	60%	30%
	乙类	国家	6000~9999	200	20%	60%	30%
	丙类	国家	3000~5999	100	20%	60%	30%
	丁类	省级	2000~2999	80	0	60%	50%

---

① 胡娟，王巍，姜迪，杨靖三.江苏省健身俱乐部成长性评价模型及其应用［J］.体育与科学，2018，39（1）：55-62，71.
② 江苏省财政厅关于印发江苏省健身俱乐部专项扶持资金管理暂行办法的通知［DB/OL］.2017-01-05.
③ 国家体育总局财政部关于推进大型体育场馆免费低收费开放的通知［DB/OL］.2015-08-17.

（续表）

场馆名称		层级	座位数（个）	补助标准（万元）	中央补贴比例	省级补贴比例	
游泳（跳水）馆	甲类	国家	6000及以上	500	20%	60%	30%
	乙类	国家	3000~5999	300	20%	60%	30%
	丙类	国家	1500~2999	150	20%	60%	30%
	丁类	省级	注：泳池标准不低于25米×16米	100	0	60%	50%

4. 体育消费券

江苏体育消费券项目作为一项促进体育消费的政策，其政策效应无疑是积极的、正向的、有价值的，作为一项促进全民健身的举措，也是一项体育与金融跨界融合合作的创新。据统计，全省共350家健身场馆参与消费券发放活动，有98万人申办"江苏全民健身卡"和"全民健身公共积分卡"。在消费券发放期间，各定点场馆的健身人数和经营业绩都实现了不同幅度的增长[①]。省体育局从2017年开始，每年在全省向健身群众发放5000万元体育消费券。在体育消费券发放方式上，省体育局委托中国银行江苏分行和上海积分通公司，采用"体育+互联网+金融"的模式，通过"江苏全民健身卡"和"全民健身公共积分卡"发放。2017年，全省69万人申办了"江苏全民健身卡"，直接拉动体育总消费乘数比例为1∶16。2018年，体育消费券除向普通群众发放外，还向省级（含）以上劳模、先进工作者、道德模范、社科名家等部分突出贡献群体以及省会南京市贫困中学生进行发放。发放标准为突出贡献群体每人2000元、贫困中学生每人1000元。

（三）体育产业载体政策分析

1. 体育健康特色小镇

2016年9月，省体育局印发《关于开展体育健康特色小镇建设工作的通

[①] 江苏省体育局关于印发《江苏省体育产业发展专项资金使用管理办法》的通知［DB/OL］. 2016-11-16.

知》，提出体育健康主题和特色鲜明，具备一定规模和优势，发展思路清晰、推进措施有力的建制镇可以推荐的基本要求[①]。对于体育健康产业特色非常鲜明、集聚程度非常高的区域，可以跨建制镇推荐申报。在全国体育系统率先启动体育健康特色小镇建设工作，提出到2020年将培育20个左右体育健康特色小镇。江苏体育健康特色小镇以体育健康为主题和特色，融合体育、健康、旅游、休闲、养老、文化、宜居等多种功能，是推动体育产业转型升级、服务全民健身和全民健康的创新抓手和载体，先后于2016年9月、2017年4月、2019年4月分三批共计确定21个体育健康特色小镇共建名单。2018年1月和6月，省体育局分两批对前两批14家共建小镇进行了中期评估。根据中期评估情况汇总，第一批8个共建小镇项目投入五年总目标为245亿元（前四年计划投入191亿元），目前累计实际完成总投入207.12亿元（达到五年总目标的85%）；第二批5个共建小镇项目投入五年总目标为144亿元（前四年计划投入109亿元），目前累计实际完成总投入114.087亿元（达到五年目标值的80%）。

2. 体育产业基地

2009年，江苏启动了省级体育产业基地创评工作。2018年2月，为加强江苏省体育产业基地[②]建设的规划与管理，充分发挥产业基地的集聚效应、规模效应和示范作用，引导社会力量参与体育产业发展，推动体育产业发展模式创新，促进体育与相关行业融合互动，培育打造龙头体育企业，全面提升我省体育产业规模和质量[③]，省体育局制定出台了《江苏省体育产业基地管理办法（修订稿）》。2013年成功创建苏南（县域）国家体育产业基地后，省体育局加大对国家体育产业示范基地项目的培育打造力度，陆续成功创建武进、宜兴、张家港、南京建邺、溧水5个国家体育产业示范基地，江苏共创、江苏金陵、南京边城、江苏康力源、南通铁人、江阴四方等7个国家体育产业示范单位和海澜马术表演、红山体育公园、江苏中正体育场地设施检测服务平台、新动力连锁汽车越野、曹甸青少年体育装备制造创意产业园、江南环球港体育服务综合体、南京金地体育公园7个国家体育产业示范项目。省级体育产业基地评选工作自2009

[①]江苏省体育局关于开展体育健康特色小镇建设工作的通知［DB/OL］.2016-09-12.
[②]江苏省体育局关于印发《江苏省体育产业基地管理办法》的通知［DB/OL］.2011-08-31.
[③]江苏省政府关于加快发展体育产业 促进体育消费的实施意见［DB/OL］.2015-0609.

年启动以来，共命名了100家省级体育产业基地。2019年又对100家省级体育产业基地进行复审和新申报，目前重新认定命名82家省级体育产业基地。

3.体育服务综合体

2017年，省体育局在全国体育系统率先印发《关于加快建设体育服务综合体的指导意见》及《体育服务综合体建设参考标准》，提出到2020年培育打造40个体育服务综合体，实现省、市、县三级覆盖，在全国率先建成设备完全、功能齐全、运营创新、服务领先的体育综合网络体系[1]。市和县（市、区）要立足城市定位，依托体育中心、全民健身中心以及县级体育设施"新四个一工程"，建设一批与城市发展水平相协调、配套功能强的体育服务综合体。支持社会资本新建或利用具备条件的房产设施（空间）建设特色体育服务综合体。另外，江苏省提出要完善体育服务综合体政策，经省体育局认证为体育服务综合体的场馆，优先列为江苏省体育消费券定点服务场所。鼓励社会资本和各类投资基金投资体育服务综合体建设运营。引导金融机构加大体育服务综合体建设运营项目的信贷支持力度，支持有条件的体育服务综合体运营机构进入资本市场募集资金，鼓励担保、再担保机构提供优惠服务[2]。与有关部门沟通，完善与体育服务综合体建设有关的土地、规划等政策措施，落实国家和省有关体育场馆的税收以及水电气热等优惠政策。根据江苏现状，江苏体育服务综合体分为体育中心型、全民健身中心型、商业中心内嵌型、其他型7种类型。两年来，江苏省体育局先后两批对项目规模体量较大、业态较完整、体育项目较多、发展基础较好、具备体育服务综合体雏形的27家单位进行命名体育服务综合体，2019年，27家体育服务综合体累计完成营业收入约25.5亿元（同比增长20.9%）。

三、各市体育产业政策

近年来，为有效落实体育产业政策，加快促进当地体育产业发展，江苏省

---

[1] 江苏省体育局关于加快体育服务综合体建设的指导意见［DB/OL］. 2019-03-11.
[2] 江苏省政府关于创新重点领域投融资机制鼓励社会投资的实施意见［DB/OL］. 2015-08-20.

对13个地级市的体育产业进行了规划和部署，13个地级市也迅速拉开各市体育产业的帷幕。

（一）南京市体育产业政策与成效

南京市积极贯彻落实国家和江苏省体育产业发展政策，加快培育市场主体，大力延伸体育产业链，推动体育产业高质量发展并走在全省前列（表8.7）。首先是，政策保障更加有力，激发了社会投资热情，2013年设立市级体育产业专项资金，已支持120余个项目。2019年出台了《南京市社会力量举办体育赛事资助办法》，通过政府购买公共服务等不同方式让更多社会力量参与到大赛中，还出台了《南京市高水平职业体育俱乐部资助奖励实施办法（试行）》[1]，大批优秀社会体育企业以及民间社会体育力量得到政府资金的扶持和产业政策的倾斜。2019年2月，南京市体育局发布了《关于发布我市中央和省级财政资金补助的体育场馆2019年开放工作方案的公告》，将南京市龙江体育馆、溧水区体育公园体育馆、高淳区体育中心体育馆、六合区体育馆、六合区游泳馆、溧水区体育公园游泳馆、高淳区游泳馆、栖霞区全民健身中心游泳馆、南京青奥体育公园体育场馆共9家体育场馆开放工作方案予以公布，便于广大市民掌握健身场地信息，并接受广大市民监督。体育产业落地政策时效性初步彰显，各大游泳馆陆续低价免费对外开放。走集约化发展路径，扩展体育产业新领域，打造"体育+"和"+体育"的产业发展新模式；完善联动机制，推动体育产业协调发展[2]。南京市建立了由分管的副市长为召集人、33个部门为成员的体育产业发展工作部门联席会议制度。完善评价考核机制，按照产业规模和结构、产业载体、产业基础、产业支撑等重点产业项目向全市12个版块分解南京市发展体育产业目标任务。

---

[1] 关于印发《南京市高水平职业体育俱乐部资助奖励实施办法（试行）》的通知[DB/OL]. 2019-01-29.

[2] 关于发布我市中央和省级财政资金补助的体育场馆2019年开放工作方案的公告[DB/OL]. 2019-02-19.

表8.7 南京市体育产业政策颁布情况一览表

序号	政策	颁布主体	发布时间
1	《市政府关于加快发展体育产业促进体育消费的实施意见》	南京市人民政府	2017年5月
2	《南京市体育产业发展引导资金使用管理办法》	南京市体育局、南京市财政局	2017年3月
3	《南京市社会力量举办体育赛事资助办法》	南京市体育局、南京市财政局	2019年4月
4	《南京市高水平职业体育俱乐部资助奖励实施办法（试行）》	南京市体育局、南京市财政局	2019年9月
5	《南京市体育旅游发展行动计划（2019—2025年）》	南京市体育局 南京市文化和旅游局	2019年10月
6	《南京市山地户外、水上、航空、冰雪运动产业发展规划（2019-2025年）》	南京市体育局	2019年12月

（二）无锡市体育产业政策与成效

近年来，无锡市委、市政府高度重视体育产业发展，2015年以来出台了一系列关于发展体育产业的相关政策（表8.8），明确未来一段时间无锡体育产业发展的指导思想、目标任务、重点领域、实施路径和保障措施[1]。2019年9月，无锡市体育局进一步制定了《推动无锡市体育竞赛表演产业高质量发展实施方案》《无锡市大型体育赛事奖补专项资金管理办法》，这对于促进无锡市体育竞赛表演产业的繁荣和健康发展起到了重要的作用。未来一段时间，无锡市将围绕体育强市的战略目标，坚持新发展理念，坚持高品质发展，推动体育产业集聚化、融合化、品牌化，奋力当好全省体育产业高品质发展的领跑者[2]。

---

[1]江苏省体育局关于印发《推动江苏体育竞赛表演产业高质量发展行动方案》的通知[DB/OL]. 2019-07-01.
[2]无锡市体育局：坚持新发展理念 加快体育产业发展步伐[DB/OL]. 2018-02-06.

表8.8 无锡市体育产业政策颁布情况一览表

序号	政策	颁布主体	发布时间
1	《市政府办公室关于加快发展体育产业促进体育消费的实施意见》	无锡市人民政府办公室	2016年12月
2	《无锡市"十三五"体育事业发展规划》	无锡市人民政府办公室	2016年12月
3	市政府办公室关于加快发展健身休闲产业的实施意见	无锡市人民政府办公室	2017年6月
4	《无锡市"十三五"体育产业发展规划》	无锡市发展和改革委员会无锡市体育局	2016年12月
5	《无锡市智慧体育总体发展规划（2017—2020年）》	无锡市人民政府办公室	2017年9月
6	《关于大力发展体育旅游的实施意见》	无锡市体育局、无锡市旅游局	2017年6月
7	《推动无锡市体育竞赛表演产业高质量发展实施方案》	无锡市体育局	2019年9月
8	《无锡市大型体育赛事奖补专项资金管理办法》	无锡市体育局	2019年9月

（三）徐州市体育产业政策与成效

近年来，徐州市坚持品牌引领融合发展战略，先后出台《徐州市"十三五"体育产业发展规划》[1]《徐州市人民政府关于加快发展体育产业促进体育消费的实施意见》[2]等政策（表8.9），借助徐州市国际马拉松等重要品牌赛事重要平台，抢滩淮海体育产业经济中心建设等重大发展机遇，使得徐州市体育产业与体育事业取得较快的发展[3]；按照特色引领、突出重点、统筹推进的总体思路，经过多年的努力运营，基本形成了运动休闲、体育用品制造业、健身娱乐、竞

---

[1]徐州市政府办公室印发《市政府办公室关于印发徐州市"十三五"体育产业发展规划的通知》[DB/OL].2017-02-03.
[2]徐州市人民政府关于加快发展体育产业促进体育消费的实施意见[DB/OL].2018-02-14.
[3]徐州.充分发挥体育事业在淮海经济区中心城市建设中的应有作用[DB/OL].徐州体育.2019-03-02.

赛表演、体育彩票销售为重点的、多种所有制并存、社会各界共同兴办的体育产业格局。2017年4月，江苏省体育局与徐州市贾汪区签署了"贾汪区大泉时尚运动特色小镇"（现为"徐州贾汪区茱萸山体育健康小镇"）共建协议，以省地共建的模式启动体育健康特色小镇的建设。2017年8月，该特色小镇被国家体育总局列为首批国家级运动休闲小镇试点建设项目。自创建以来，按照国家体育总局、省体育局的要求，贾汪区委、区政府成立创建工作领导小组，制定了联席会议制度，及时研究解决创建工作中遇到的困难与问题，确保创建的工作有力推进。该区有关部门根据各自承担的任务，积极开展创建工作，形成了政府主导、部门齐抓共建的良好氛围。

表8.9 徐州市体育产业政策颁布情况一览表

序号	标题	颁布主体	发布时间
1	徐州市人民政府关于加快发展体育产业促进体育消费的实施意见	徐州市人民政府	2018年3月
2	徐州市"十三五"体育产业发展规划	徐州市人民政府办公室	2017年2月

（四）常州市体育产业政策与成效

近年来，随着经济社会的快速发展，常州市颁布了《市级体育产业发展引导资金使用管理暂行办法》的指导性文件，从多个层面支持和引导体育产业实现快速发展，并连续印发了一系列政策（表8.10），规划和指引全市体育产业有序、健康发展，常州市体育产业取得了一定的发展成效[1]。产业规模不断扩大，产业结构不断改善，形成了体育用品装备、运动场馆、品牌赛事、培训服务等产业门类。健身休闲业热情高涨，常州已经具备了各类健身会所、健身俱乐部以及体育旅游市场，体育健身休闲业已初步建成；体育场馆规模化，新北区的春江、武进区的横林镇、钟楼区的新闸等全民健身中心，以品牌管理提供专业的健身服务；体育培训、体育竞赛社会化，游泳、羽毛球、网球和围棋等培训活动发展较快，有效地满足了市民在家门口就能看到高端、高水平的竞技比赛的需求；体育制造业兴起，各市区的制造业方兴未艾，如溧阳的房车制

---

[1] 任洪兴. 让社会组织成为公共体育服务的主角 [J]. 中国社会组织, 2014（5）: 33–34.

造，武进区的康复医疗、恒泰泳池、运动地板，新北区普利的游泳装备，天宁区的运动草坪；体育彩票业快速发展，2018年度常州市体育彩票销售量近30.79亿元，创历史新高，增幅排在全省第一的位置。

表8.10 常州市体育产业政策颁布情况一览表

序号	标题	颁布主体	发布时间
1	关于印发《市体育局直属单位维修改造及设备器材采购管理办法》的通知	常州市体育局	2015年1月
2	关于印发《市级体育产业发展引导资金使用管理暂行办法》的通知	常州市财政局 常州市体育局	2015年6月
3	关于开展全市体育产业专项调查工作的通知	常州市体育局 常州市统计局	2016年9月
4	关于印发《常州市体育产业发展"十三五"规划》的通知	常州市体育局	2016年12月

（五）苏州市体育产业政策与成效

苏州市作为全国首批被国家发改委和国家体育总局列为"全国体育产业联系点城市"之一，为满足人民日益增长的对美好生活的需要，将体育产业、促进体育消费摆上了重要位置，纳入了国民经济和社会发展规划，使体育产业发展驶入了快车道。相继出台了多项政策（表8.11），从制度层面进一步规范苏州市体育产业发展。截至2019年底，市级体育产业专项资金累计向112个项目发放专项资金4200万元；创设了苏州市中小企业贷款担保资金，推出了"体融通"小额贷款担保产品，截至2019年底，共发放专项担保贷款7120万元；围绕着篮球、马拉松、竞走等项目，外企运动会、八国男篮争霸赛、金鸡湖半程国际马拉松、太湖国际马拉松等一批精品赛事发展壮大；昆山市、张家港市先后被评为国家体育产业示范基地；江苏金陵体育器材有限公司被评为国家体育产业示范单位，新动力文化发展（太仓）有限公司、江苏中正检测股份有限公司被评为国家体育产业示范项目；启动了苏州市体育惠民消费行动，2018年、2019年向市民发放体育惠民消费补贴1400万元，发放了12万张体育惠民卡，直接刷卡消费达8654.10万元，间接带动相关消费超2亿元，惠及市民40.98万人次。2019年全市体育彩票累计销售达43.28亿元,人均体彩消费约403元,销量连续十五年排名全省第一,持续保持全国大中城市前列。全市共有7984家涉及体育及和相关产业活动的法人单位,占全省体育产业法人单位的24.4%。

表8.11 苏州市体育产业政策颁布情况一览表

序号	标题	颁布主体	发布时间
1	市政府关于加快发展体育产业促进体育消费的实施意见	苏州市政府	2016年5月
2	苏州市"体融通"担保贷款实施细则	苏州市体育局、苏州市财政局	2016年7月
3	苏州市体育产业发展"十三五"规划	苏州市发展和改革委员会、苏州市体育局	2016年9月
4	苏州市市级体育产业发展专项资金管理办法	苏州市财政局、苏州市体育局	2020年3月修订
5	关于进一步促进苏州旅游与体育产业融合发展的指导意见	苏州市旅游局、苏州市体育局	2017年2月
6	苏州市市级体育产业补贴项目实施细则	苏州市体育局	2017年7月
7	苏州市体育惠民消费行动实施办法(试行)	苏州市体育局	2017年8月
8	苏州市政府办公室关于加快发展健身休闲产业的实施意见	苏州市人民政府办公室	2018年6月
9	苏州市体育产业示范基地管理办法	苏州市体育局	2018年12月

(六)南通市体育产业政策与成效

近年来,南通体育紧紧围绕长三角一体化国家发展战略机遇以及沿江沿海的资源禀赋,省足球改革发展唯一试点城市、体育之乡等特色,切实加强组织领导、科学谋划、统筹推进,体育产业发展取得了显著的成效(表8.12)。一是南通市体育产业做到了强化服务意识,激发融合发展活力,加快融入长三角一体化建设,与上海市杨浦区体育局签订了《体育改革发展战略合作框架协议》,通过政企研等机构合作,实现了两地体育产业发展优势互补、合作互利共赢的模式。二是依托独特的优势,强势推进特色发展,全力推进体育特色小镇的培育，制定并推动了《南通市体育局政企研联动推进体育特色小镇培育创建工作方案》。三是突出赛事经济，努力扩大消费市场，先后举办了亚欧乒乓球全明星对抗赛、U14国际少儿足球邀请赛、体彩杯国际男篮挑战赛等20项大赛，有力带动了体育产业的繁荣发展。

表8.12 南通市体育产业政策颁布情况一览表

序号	标题	颁布主体	发布时间
1	关于加快推动农村乡镇体育公园（广场）建设的通知	南通市体育局	2014年5月
2	关于印发《南通市体育竞赛管理暂行办法》（试行）的通知	南通市体育局	2014年9月
3	关于印发《南通市市区室外体育健身器材管理办法》的通知	南通市人民政府	2017年1月
4	《南通市全民健身实施计划（2016–2020年）的通知》	南通市人民政府	2017年2月
5	《关于加快发展体育产业促进体育消费的实施意见》	南通市人民政府	2017年7月
6	《关于加强体育系统产业管理的暂行办法》	南通市体育局	2018年4月

（七）连云港市体育产业政策与成效

近年来，为加快全市体育产业发展，连云港市先后出台了《连云港市体育产业发展专项资金使用管理办法》[1]等，有力助推全市体育产业步入良性轨道（表8.13）。体育用品制造业有了一定基础，大的体育企业有二十几家，碳纤维自行车年销售超过两亿元；场馆建设和运营持续改善，体育场馆服务类单位共有51家，2018年年运营收入高达1.41亿元；体育培训业初步发展，体育培训机构达60多家，规模较大的有神州文武学校、张国良乒乓球培训学校；体育健身休闲行业方兴未艾，2018年全市共有200多家健身培训行业，总收入为5.89亿

---

[1] 连云港市体育局关于《组织申报2018年度市级体育产业发展专项资金项目》的通知[DB/OL]. 2018-06-05.

元,以爱尚韦德为代表的品牌建设稳步推进;体育旅游强势发展,体育旅游拉动消费近20个亿;体育用品销售发展强劲,其中天马科技一枝独秀,线上和线下同步发展,年销售额超过25亿元;体育竞赛表演业开始起步,群众喜闻乐见的骑行、铁人三项等项目参与人数众多。

表8.13 连云港市体育产业政策颁布情况一览表

序号	标题	颁布主体	发布时间
1	连云港市体育产业发展专项资金使用管理办法	连云港市体育局、财政局	2018年1月
2	《连云港市体育产业发展规划（2018—2020年）》	连云港市体育局	2018年3月

（八）淮安市体育产业政策与成效

近年来,淮安市出台了《淮安市健康服务业发展促进计划》等多项政策文件（表8.14）,深入实施全民健身国家战略,着力深化体育产业供给侧改革,有效引领拉动体育消费需求,扩大体育产品和服务供给,初步建立现代体育产业体系,体育产业对经济社会发展的贡献度不断增强[1]。一是坚持特色发展,"体育+"新业态明显攀升。组织申办一系列高水平国际、国内赛事和群众性特色活动,促进体育赛事与旅游业紧密结合。二是坚持融合发展,现代体育产业新体系明显健全。注重运用系统思维谋划淮安体育产业发展,以层次丰富、特色鲜明、功能互补、集约发展为导向,强化重大体育项目载体布局建设。三是坚持政府引导、市场驱动、集约发展、开放共享,通过产业化和市场化方式有效扩大体育产品和服务供给,推动形成投资健康的消费理念和充满活力的体育消费市场。

表8.14 淮安市体育产业政策颁布情况一览表

序号	标题	颁布主体	发布时间
1	《淮安市全民健身实施计划（2016—2020年）》	淮安市体育局	2018年1月
2	《淮安市健康服务业发展促进计划》	淮安市体育局	2018年8月

---

[1]淮安市人民政府关于印发淮安市全民健身实施计划（2016—2020年）的通知［DB/OL］.2017-01-06.

(九)盐城市体育产业政策与成效

近年来,盐城市颁布实施了《盐城市城镇职工医疗保险个人医疗帐户用于运动健身实施办法(试行)》等系列政策文件(表8.15),推动体育产业规模逐步扩大,总体水平稳步提高,在市场培育、彩票销售、赛事运作、场馆多元化经营等方面走在全省前列[①]。2017年,全市符合条件的体育产业项目和体育场馆获得省级专项补助资助金共970万元。2018年,盐城市体育局以体育产业发展专项资金、体育健身俱乐部专项扶持资金申报为平台,以体育健康特色小镇、体育服务综合体创建为抓手,以体育产业统计调查和消费调查为依托,进一步梳理、挖掘盐城体育产业存量资源,开拓、发现一批品质好、质量优、效益高的体育产业项目,为推动盐城体育产业高质量发展注入新的活力。

表8.15 盐城市体育产业政策颁布情况

序号	标题	颁布主体	发布时间
1	关于印发《盐城市城镇职工医疗保险个人医疗帐户用于运动健身实施办法(试行)》的通知	盐城市体育局	2014年9月
2	《盐城市体育产业专项调查实施方案》	盐城市体育局 盐城市统计局	2016年8月
3	关于印发《盐城市体育产业发展"十三五"规划》的通知	盐城市体育局	2016年12月
4	关于印发《盐城市体育俱乐部联赛实施意见(试行)》的通知	盐城市体育局	2018年11月
5	关于进一步加强全民健身设施管理的通知	盐城市体育局	2018年11月

(十)扬州市体育产业政策与成效

近年来,扬州市先后出台了《扬州市全民健身实施计划(2011—2015

[①] 盐城市人力资源和社会保障局关于进一步明确全市城镇职工基本医疗保险个人医疗帐户使用范围的通知[DB/OL]. 2014-07-02.

年）》①《扬州市级体育彩票公益金项目管理环节操作规范实施细则》《扬州市群众性体育比赛五年总体规划（2016—2020）》《扬州市全民健身实施计划（2017—2020年）》等系列政策（表8.16），体育产业发展势头良好，成功创建1个国家级体育产业示范项目和8个省级体育产业基地以及2个省级体育服务综合体②。仪征枣林湾列为国家级运动休闲特色小镇试点项目，被评为江苏省首批体育健康特色小镇。健身休闲业项目类别不断丰富，击剑、赛艇、电子竞技等时尚运动项目供给提升；营销模式日益创新，竞赛表演业赛事数量和赛事等级逐年提升，近3年来每年举办各类体育赛事活动300多项，年参与人数达300多万人次。借助省运会契机，规划建设体育场馆20处，其中新建场馆8处，改建场馆12处，体育场馆设施条件得到显著提升，对外开放程度不断提高；体育用品销售与制造业，以生产销售体教玩具、运动装备和健身器材为主，产值占该市体育产业总值的60%以上；体育旅游业，作为该市体育融合发展业态的代表，已形成了运动拓展体育旅游区块，生态休闲体育旅游区块和户外拓展体育旅游区块。

表8.16 扬州市体育产业政策颁布情况一览表

序号	标题	颁布主体	发布时间
1	扬州市体育局关于开展《扬州市全民健身实施计划（2011—2015年）》实施效果评估的通知	扬州市体育局	2014年8月
2	市政府关于加快发展体育产业的实施意见	扬州市人民政府	2015年2月
3	市政府关于推进全市域体育设施建设的实施意见	扬州市人民政府	2015年9月
4	市体育局、市财政局关于印发《扬州市级体育彩票公益金项目管理环节操作规范实施细则》的通知	扬州市体育局、扬州市财政局	2016年7月
5	扬州市体育局关于印发《扬州市群众性体育比赛五年总体规划（2016—2020）》通知	扬州市体育局	2016年11月
6	市政府关于印发《扬州市全民健身实施计划（2017—2020年）》的通知	扬州市人民政府	2017年3月

①扬州市发展改革委对市政协八届三次会议第230号提案的答复［DB/OL］.2019-06-20.
②市体育局关于组织对大型体育场馆免费低费开放补助项目检查的通知［DB/OL］.2015-11-25.

（十一）镇江市体育产业政策与成效

2015年以来，镇江市发布了一系列相关政策，各县级市进一步落实体育产业政策，出台《丹阳市体育产业发展专项资金使用管理暂行办法》等（表8.17）。镇江市体育产业发展进入了一个快速增长的阶段，基本形成以健身休闲、竞赛表演、场馆服务、体育培训、用品制造、服务贸易、彩票销售等为主的体育产业体系，以体育旅游、体育康复等为代表的新兴体育产业蓬勃发展，产业结构进一步完善和优化[①]。近几年，全市大力发展传统体育产业项目，同时抓住发展契机，打造了一批以体育航空运动、户外休闲运动等为主的体育旅游产业企业，如金山湖国家房车露营地、固山途居房车露营地、世业镇体育健康特色小镇等时尚体育项目相继落户镇江。

表8.17　镇江市体育产业政策颁布情况一览表

序号	标题	颁布主体	发布时间
1	关于组织对大型体育场馆免费低收费开放补助项目检查的通知	镇江市体育局	2015年11月
2	关于印发《丹阳市体育产业发展专项资金使用管理暂行办法》的通知	丹阳市财政局	2016年10月
3	句容市加快发展体育产业促进体育消费的实施意见的通知	句容市人民政府办公室	2016年12月
4	关于组织申报2018年度省健身俱乐部专项扶持资金的通知	镇江市体育局	2018年3月

（十二）泰州市体育产业政策与成效

近年来，泰州先后出台《泰州市加快体育产业发展的实施意见》《泰州市体育产业发展引导资金管理办法》等系列政策（表8.18），体育产业走上了稳步发展的正常轨道。体育健身休闲业蓬勃发展，省级体育产业示范单位——江

[①]镇江市人民政府关于印发镇江市加快体育产业发展的实施意见[DB/OL].2013-06-03.

苏省皇仕堡健身管理有限公司在泰州地区开了8家分公司；不断打造丰富多彩的体育品牌赛事，兴化市举办的赛事被国家体育总局评定为国家最高水平的A1类赛事，远大足球俱乐部成功获得2019年度中乙联赛名额，成为该市足球改革发展史上一个新的里程碑；公共体育服务体系建设提档升级，推进泰州体育由粗放式、自发性发展向有序引领、高质量发展方向转变，提升体育工作整体指导、服务水平；体育彩票销售再创佳绩，2018年泰州市体育彩票销售13.84亿元，销量排全省第6位；增幅40.32%，增幅位列全省第7；体育发展基础和环境更加优化，泰州市体育公园已开工建设，有望2020年竣工，到时大型的体育产业平台将为泰州体育产业发展注入新的活力。

表8.18 泰州市体育产业政策颁布情况一览表

序号	标题	颁布主体	发布时间
1	泰州市加快体育产业发展的实施意见	市人民政府	2013年6月
2	泰州市体育产业发展引导资金管理办法	市体育局、市财政局	2013年11月
3	泰州市体育产业发展专项资金使用管理办法	市财政局市体育局	2017年10月

（十三）宿迁市体育产业政策与成效

近年来，宿迁坚持发展时尚体育运动，着力培养体育健身服务、体育竞赛表演、体育用品销售、体育休闲旅游市场，不断优化投资环境，扩展空间，引导体育消费，先后出台《宿迁市体育产业"十三五"发展规划》《宿迁市全民健身实施计划（2016—2020年）》等系列文件（表8.19），体育产业取得了突飞猛进的发展。为全面深化改革创新、充分发挥市场决定作用，广泛吸引社会力量参与体育事业和体育产业发展，全面提升宿迁市体育产业发展规模和质量效益，加快体育强省建设，结合全市实际，出台了《宿迁市体育产业投资指南（2014—2015年）》，进一步推动宿迁体育产业的快速发展。

表8.19 宿迁市体育产业政策颁布情况一览表

序号	标题	颁布主体	发布时间
1	关于印发《宿迁市体育产业发展引导资金使用管理办法》的通知	宿迁市财政局 宿迁市体育局	2018年1月

（续表）

序号	标题	颁布主体	发布时间
2	《宿迁市体育产业"十三五"发展规划》	宿迁市体育局	2016年11月
3	市政府关于印发宿迁市全民健身实施计划（2016—2020年）的通知	宿迁市政府	2017年2月
4	宿迁市体育产业投资指南（2014—2015年）	宿迁市体育局	2015年3月

第三节 江苏省体育产业政策推进措施

一、强化顶层设计，实施三级联动

借助国家良好政策环境，江苏省多次抢抓体育产业发展机遇，在全国率先出台加快发展体育产业的各项政策，为体育产业发展提供有效指引。江苏加快发展体育产业的扶持政策是一个系统谋划、整体推进的过程，强化政府部门在体育产业政策、标准、规划引领及优化服务等方面的职能所在。在过去的几年时间中，江苏不断顺应国家加快发展体育产业的新形势和新要求，在理论研究、政策制定、工作实施、指导服务等方面加大力度，推动形成相对完善的体育产业政策体系和工作体系。经过精心设计，江苏省体育产业发展政策逐步完善，发展环境不断优化，体育改革创新与产业高质量发展走在了全国前列。

为保证政策顺利落地，江苏省进一步建立省、市、县三级联动，体育部门和相关部门配合联动，以及多政策协助联动的多元保障机制。具体而言，从基层、社区再到13个省市辖区已经形成了省、市、县三级联动体育产业发展体系；多项政策由省财政厅、省体育局等多部门联合发布和共同管理；多层次、多领域、多样化政策共同支撑体育产业顶层设计的顺利落地。整体来看，江苏省体育产业政策注重整体的协调性和内部的协同性，政策覆盖面广泛，联动政策体系贯穿于江苏省体育产业政策之中，形成较为完整的上下联动机制[1]。

---

[1] 刘鹊.体育产业创新发展的政策支撑体系研究［C］.中国体育科学学会.第十一届全国体育科学大会论文摘要汇编.中国体育科学学会，2019：7218-7219.

二、凝练江苏特色，突出自身优势

江苏省委、省政府高度重视体育工作，明确体育产业享受现代服务业发展政策，从宏观政策、意见到各行业业态和各载体政策，再到资金政策，建立覆盖面广泛的体育产业支撑体系，突出江苏特色发展主攻方向，并在税费、金融、用地、人才等方面明确一系列扶持政策，为体育产业发展创造了良好的政策环境[1]。为了确保体育产业政策得到贯彻落实，江苏省积极推进、不断细化落实已出优惠政策的具体方法，结合探索和推广政府与社会力量合作新模式，吸引企业、协会等各界力量共同推进政策落实。借助各类媒体，全方位、多角度地进行广泛宣传，将产业政策和培育体育消费观念及习惯等宣传有机结合起来。各地积极推动省级体育产业政策落地，制定多种支持政策，充分结合各自传统优势，形成独具特色的地方体育产业。

三、强化资金引导，挖掘发展潜能

为进一步引导江苏体育产业科学发展、健康发展、有序发展，先后制定了多层次、多领域、多样化的体育产业引导基金政策，充分发掘全省体育产业发展潜能。引导资金政策主要建立五个机制保证有效运行：一是协调会商机制。为加强引导资金的组织领导，提高工作开展效率，省政府成立了引导资金管理协调小组，并强化省政府办公厅、省财政厅、省体育局多部门合作，建立工作会商机制，从出台管理办法到印发申报通知，从组织申报到市级评审，从组织专家评审到安排实地考察，从确定考察名单到拟定资助项目和额度，从制定工作方案到具体落实工作等方面都形成联动机制。二是上下联动机制。为避免各市在申报过程中从本位出发，有效解决项目源和项目质量问题，按照"市级有建议权，省级有否决权"的两权评审流程，省辖市享有推荐权，鼓励县级体育部门和财政部门推荐当地的优质体育产业项目，但各市不得限定各县（市、区）上报项目的数量。省级单位享有否决权，对项目组织专家评审，以提高项

---

[1] 江苏省"十三五"体育产业发展规划［DB/OL］. http://www.360doc.cn.

目本身的需求和品质。三是项目评审机制。为使引导资金评选工作能够规范操作，真正遴选出能代表江苏特色和发展优势的好项目、大项目，引导资金资助项目的立项通过专家评审的方式予以确定。首先，建立引导资金评审专家库，从国家体育总局和省体育系统、省级政府相关部门、高等院校、有关专业机构四类单位选择相关专业人员组成；其次，根据前期确定的项目评审标准，组织专家对所有项目按项目类别属性进行分类评审，由专家对所有项目进行打分排序。四是实地考察机制。为避免书面评审可能存在的弄虚作假、书面评审片面、主观评判等现象，有效解决项目真实性和可行性问题，采用实地考察和专家书面评审相结合，实地考察阶段主要是验证项目单位是否具备实施项目的能力条件和核查项目的真实性，一旦发现问题将一票否决。五是舆论宣传机制。为了增强资金的引导效果，有效解决引导资金政策实施初期社会知晓面低的问题，一方面通过发布申报公告和媒体宣传的方式等，将引导资金政策以及江苏未来体育产业发展的方向等信息传递给大众[1]。同时通过公示拟资助项目信息，通过每一个具体项目的公示，引导更多的社会企业效仿和学习这些类似的优质项目，提取对企业未来发展的有用信息，实现知识共享。另一方面，通过舆论宣传，对外发布申报公告及拟支持项目公示信息等，也强化了对引导资金申报评审程序的舆论监督。总体来看，通过建立系统的五大机制，有力地发挥了体育产业引导资金的巨大作用，推动了全省体育产业实现跨越式发展。

四、推进五大举措，实现高质量发展

目前，江苏省体育产业进入了以"高质量发展"为目标定位的新发展阶段。为推进全省体育产业快速发展，江苏省积极推进"引领、协调、聚集、融合、创新"五大政策保障措施，推进新时代体育产业快速发展，即发挥政府作用，实现引领发展；本体产业成为龙头，实现协调发展；整合优势产业资源，实现聚集发展；跨界互融互动，实现融合发展；运用互联网、大数据等高科技，实现创新发展。

---

[1] 江苏省财政厅/江苏省体育局关于印发《江苏省体育产业发展专项资金使用管理办法》的通知［DB/OL］.2016-03-02.

江苏省体育产业工作推进中，政府重点加强体育产业高质量发展的顶层设计，培育完整产业体系、提升核心竞争力、扩大品牌影响力，满足人民群众个性化、多样化和不断升级的体育消费需求[①]。以体育本体产业为龙头，围绕体育竞赛表演业和健身休闲业展开布局，在政策和资金方面给予重点扶持，做大做强本体产业。整合优势资源，确立"建链、补链、强链"的主要任务，强化体育产业基地、体育特色小镇、体育服务综合体等载体建设，实现聚集发展。开启"体育+"融合发展路径。全省各部门紧抓实施新旧动能转换重大工程有利契机，全面开启跨界互融互动模式。运用互联网、大数据等高科技手段，实现创新发展，催生新业态快速发展。各领域积极引导和支持互联网、大数据、人工智能与体育产业的深度融合，推动智慧体育公共服务平台、智慧体育场馆、体育电商新零售等业态发展。全省积极以创新为内生动力，全面提升产品技术含量和品牌附加值。

第四节　江苏省体育产业政策发展展望

一、推进政策优化步伐，释放社会领域潜力将成为主攻方向

目前，江苏体育产业已经形成较为完整的政策体系，相关配套举措基本健全，实际效应已然显现，但随着全省体育产业的持续发展，政策的实时性和实用性会有所变化，按照现实需求和未来发展，及时调整和优化政策就显得十分必要。随着供给侧结构性改革持续深入、新时代高质量发展步伐加快，体育产业政策惠及的重要领域将进一步扩大，政策的精准化和精细化要求进一步提升。充分挖掘"互联网+"、人工智能、云计算、大数据等新功能，大力推广全民健身，多渠道增加社会供给，鼓励国民积极健身强体将成为加快体育产业发展、促进体育消费的主攻方向。

[①] 江苏省体育局. 江苏省发展改革委联合印发《关于促进全民健身和体育消费推动体育产业高质量发展行动方案》[DB/OL]. 2020-04-24.

二、强化激励政策效果，深化"放管服"改革将成为推进重点

企业是主要的体育市场主体，也是体育产业发展的重要推动者和直接受益者，如何激发企业的内在潜力和市场活力有赖于各方的共同努力。实践中充分调动企业在产业制度体系建设中的能动性，对于打造有效市场的客观环境有着重要的作用。围绕企业的核心诉求，反映遇到的瓶颈政策，制定适合的、科学的、有针对性的激励制度体系至关重要。同时，为增强政策执行的效应与落地性，地方政府应按照放管服改革的现实与要求，建立政策执行的反馈渠道，切实为各类体育企业法人做好服务工作。

三、健全政策执行保障，实行阶段性评估将成为工作常态

随着江苏省体育产业政策体系趋于完善，进一步强化政策执行的落实保障将成为未来关注的重点，研究出台促进江苏省体育产业发展的地方性法规或标准体系，将成为提供体育产业良好制度环境的关键。同时随着产业政策的持续推进，积极对体育产业发展目标任务进行细化分解，加强实时监测、督查和全程跟踪纪实，推动各项任务有效落实，将成为未来工作常态。多维度了解支持和促进体育产业发展政策措施的落实情况，进而建立政策落实的评估机制，持续关注政策推进、落地情况和民营企业的满意度等是急需解决的现实问题，将成为营造体育产业发展良好氛围的努力方向。

本章小结

江苏省体育产业发展政策逐步完善，发展环境不断优化，体育改革创新与产业高质量发展走在了全国前列。首先，江苏省内不同地区的体育产业政策制定和实施的发展水平差异较大。虽然2014年以来，江苏省十三个市、县至少都颁布了一项体育产业政策，其中扬州市颁布数量位于全省首位，共颁布了十项体育产业政策，徐州市、宿迁市仅颁布了一件体育产业政策。在江苏省首批体育服务综合体名单中，南京最多，为4项，无锡、苏州为2项，南通、连

云港、扬州、镇江、泰州5个城市没有颁布。地区间体育产业政策的制定和实施都存在差异性，存在时间前后、数量多少、是否落实政策等差异性。其次，政策执行时部门之间存在矛盾冲突，导致政策的执行力不够，政策的落实性效果欠佳。近些年，各省市区跟进全国体育产业政策的颁布速度迅速提升，政策颁布得越来越及时，但政策颁布的效果并没有迅速提高，实践证明，虽然地方体育产业政策制定上都明确了相应部门的责任，但是执行时难免会造成部门之间的矛盾与冲突。再次，政策内容与地区体育产业发展需求存在一定偏差。较多市、县颁布的体育产业政策是直接选用省或国家所颁布的文件，与当地的发展水平及发展环境并不吻合，导致目标偏差，对上一级的体育产业政策文件直接应用，没有结合地区实际，没有考量投入的资源有多大产出，没有确立可以使目标有可量化的考核标准，从而不利于在执行过程中对实现目标进程进行考查。第四，体育产业政策内容较宏观，地方重视程度存在较大差距，内容偏离合理性及具体可操作性。体育产业激励政策效果尚不明显，江苏省缺乏有影响力的高端体育品牌和强有力带动作用的龙头企业；无法吸引社会资本参与体育发展，且地方重视程度不一，也会导致其政策的落实效果差距较大，导致内容也不符合本地发展详情，缺乏合理性，同时更缺乏可操作性。第五，体育产业政策制定和实施要充分考虑不同地区的发展水平差异，通过提高政策间的协调匹配性，从客观上降低地方政府落实产业政策的总成本出发，制定差异化产业政策。也即地方体育产业政策在与中央产业政策相衔接基础上，既要继承原有政策的科学内容，也要根据地区资源禀赋等条件设计可操作性的实施方案，而不是中央政策的仿照与照搬。与此同时，国家体育总局将体育产业的社会效益纳入考核与评价，进一步摆脱以往的分物、分指标、批项目、抓配置的工作方式，把目标放在"努力满足人民日益增长的多元化、多层次体育需求，丰富体育产品供给，扩大有效市场"上，这在某种程度上是自我认识的革新，更是适应时代变革、体育产业持续化发展做出的选择。最后，需要提高地方政府领导的对于体育产业发展的认知，政策执行、法规完善及市场体系健全等方面需要科学顶层设计。因此，在政策制定方面要有所突破，提高体育产业政策制定的层级。

第九章 苏州市体育产业发展引导资金运行管理研究

《国务院关于加快发展体育产业促进体育消费的若干意见》[①]（国发〔2014〕46号）：在政策措施部分提出：鼓励社会资本进入体育产业领域，建设体育设施，开发体育产品，提供体育服务。进一步拓宽体育产业投融资渠道，支持符合条件的体育产品、服务等企业上市，支持符合条件的企业发行企业债券、公司债、短期融资券、中期票据、中小企业集合票据和中小企业私募债等非金融企业债务融资工具。鼓励各类金融机构在风险可控、商业可持续的基础上积极开发新产品，开拓新业务，增加适合中小微体育企业的信贷品种。支持扩大对外开放，鼓励境外资本投资体育产业。推广和运用政府和社会资本合作等多种模式，吸引社会资本参与体育产业发展。政府引导，设立由社会资本筹资的体育产业投资基金。有条件的地方可设立体育发展专项资金，对符合条件的企业、社会组织给予项目补助、贷款贴息和奖励。鼓励保险公司围绕健身休闲、竞赛表演、场馆服务、户外运动等需求推出多样化保险产品。2016年7月13日，国家体育总局关于印发《体育产业发展"十三五"规划》[②]在加大财政金融支持，吸引社会投资的措施中提出："鼓励有条件的省市设立体育产业引导资金，优化资金使用方向和创新资金使用方式，提高资金使用效率。建立以政府为导向，以社会资本为融资基础的体育产业投资基金，鼓励地方政府引导本地体育产业投资基金的建立。"以上国家颁布的政策中均提出设立专项资金引导体育产业发展，通过资金的投入，引导社会资本向体育产业急需发展或有巨大发展潜力的领域投资，从而更好地促进体育产业规模扩大与改善产业结构布局。

目前，我国体育产业的企事业单位多以中小微企业为主，作为快速发展

[①]国务院.国务院关于加快发展体育产业促进体育消费的若干意见[Z].国发〔2014〕46号，2014-10-20.
[②]国家体育总局.体育产业发展"十三五"规划[Z].2016-07-13.

的企业来说，前期的利润收益几乎处于持平状态，甚至是亏损状态，很难再有多余的资金投入新的产品、服务及技术的开发中去，这样就造成了许多体育企业可持续发展的束缚，甚至是面临能否继续生存下去的严峻挑战。成会君（2016）认为[①]体育产业引导资金发挥财政杠杆经济作用，未被各地方政府充分认识，同时还强调目前相关引导资金的政策尚未形成完善的运作方式，导致有些省市因为引导资金存在的个别问题而因噎废食地否定其对体育产业带来的积极作用。王子朴、原玉杰（2008）[②]等认为设立体育产业引导资金的政策与社会经济发展背景主要是：一是区域间资源整合需要；二是有利于促进社会经济增长和产业结构升级需要；三是资源统筹的产业政策，需要区域主动促进体育产业的发展；四是促进与推动体育产业的发展布局。宋凌云、王贤彬（2013）[③]认为引导资金的关键在于产业政策对于社会各类资源的调配，体育产业引导资金就是发挥产业政策中对于资金资源的配置。何问陶、黄建欢等（2004）[④]认为我国的专项引导资金制度的形成主要是由于在资金资源配置核心理念下，旨在加快形成体育产业市场结构与促进体育产业资源配置，并在横向经济与体育产业发展战略等多因素影响下形成的。邢尊明（2015）[⑤]认为目前体育产业引导资金在规模与区域间不断扩大，其特殊的积极作用也日益得到政府部门的重视。体育产业引导资金本质是由当地政府按照地区体育产业发展现状和财政政策的实施情况，结合《体育法》的基本规范设立的，其资金主要由政府财政拨款和体彩公益金的一部分构成，旨在能够撬动社会资金进入体育产业领域，优化体育产业资源配置和调整体育产业结构，弥补市场经济的不足。成会君（2016）[⑥]认为体育产业的正外部性特征与政府创新管理方式要求必须设立体育产业发展引导资金，同时认为体育产业发展引导资金是对体育产业发展、规

[①] 成会君.体育产业发展引导资金的功能定位、引导机理及运行机制[J].天津体育学院学报，2016，31（1）：12-17.

[②] 王子朴，原玉杰，詹新寰.我国体育产业政策发展历程及其特点[J].上海体育学院学报，2008，32（2）：16.

[③] 宋凌云，王贤彬.重点产业政策、资源重置与产业生产率[J].管理世界，2013（12）：63-77.

[④] 何问陶，黄建欢，吴蕾.资源配置效率的产业配置重合度方法及其应用[N].证券市场导报，2004-10-25.

[⑤] 邢尊明.我国地方体育产业引导资金政策实践、配置风险及效率改进——基于8个省、自治区、直辖市的实证调查及分析[J].体育科学，2015，34（4）：12-21.

[⑥] 成会君.体育产业发展引导资金的功能定位、引导机理及运行机制[J].天津体育学院学报，2016，31（1）：12-17.

划与调控的重要财政政策。邢尊明（2015）[①]认为体育产业引导资金作为一种政策选择，其特有的优化资源配置，带动社会资本投资体育产业活跃度等方面的优势日益凸显，现已成为当地政府促进体育产业发展的重要政策选择。刘广飞（2016）[②]认为体育产业引导资金的设立主要是因为其特有的性质和目的对当地体育产业发展具有较强促进的政策性选择。吴映雪、朱菊芳（2016）[③]通过研究江苏省体育产业发展引导资金发现，其主要由省财政资金与省体彩公益金分别出资构成，在管理方式上主要是由省财政厅与体育局协同负责。

因此，本研究认为体育产业发展专项资金作为一种政府调控行为的政策手段，通过资金的投入，引导社会其他资本参与到体育产业的建设上来，旨在拉动其他相关社会资源投入到体育产业的建设上，以财政资金的杠杆作用撬动社会资源的参与，从而弥补在服务型政府转型期的体育产业发展资金投入的不足，实现体育产业的持续健康发展。政府通过设立体育产业专项资金，运用财政的有形之手进一步扩大体育产业的发展规模，并通过有目的地引导社会资本进入体育产业中有巨大发展潜力的体育服务业，在增加体育产业总体数量的基础上促进其质量上的优化，全面服务于提升体育产业竞争力。

第一节 体育产业发展专项资金演变历程

产业发展专项资金的概念虽然是近年来才在我国被广泛使用，但我国政府一直非常重视运用财政政策扶持各类产业发展。财政扶持产业发展就是为了达到促进产业发展的目的，将财政补贴、税收优惠、政府采购、财政投融资这四个常用财政政策工具运用到企业生产、经营的各个环节[④]。其中，专项资金政策是由政府提供的专项扶持资金，具有无偿资助和奖励性质，如中小企业发展专项资金政策、物联网发展专项资金政策、文化产业发展专项资金政策、体育产

---

① 邢尊明. 我国地方体育产业引导资金政策实践、配置风险及效率改进——基于8个省、自治区、直辖市的实证调查及分析 [J]. 体育科学, 2015, 34（4）: 12-21.

② 刘广飞. 江苏十二五时期体育产业引导资金投向特点的实证研究 [J]. 体育科学, 2016, 36（9）: 84-89.

③ 吴映雪, 朱菊芳. 江苏省十二五期间体育产业发展引导资金分布的研究 [J]. 南京体育学院学报: 自然科学版, 2016, 15（4）: 148-152.

④ 束磊. 促进我国小微企业发展的财税扶持政策研究 [D]. 贵阳: 贵州财经大学, 2014.

业发展引导资金政策等相关产业发展专项资金政策。这些政策的投入推动了我国各类产业的发展建设，提升了产业能力和国家竞争力。政府运用财政政策扶持产业发展，是在遵循市场作为资源配置的主要手段的基础上，发挥政府财政政策的支持与调节作用。市场失灵以及企业发展自身的特点决定了政府财政政策扶持产业发展的必要性。

在我国，产业发展专项资金这个概念虽是近几年才被广泛应用的，但在财政扶持政策的实践中，却一直存在着类似产业发展专项资金的财政政策扶持的经济活动[1]。目前，各级各地政府为实现辖区内社会经济发展与产业结构优化升级，纷纷响应国家关于加快体育产业发展的政策号召，整合区域社会资源，促进体育产业发展。体育产业发展专项资金在配置资源、加快体育产业布局和推动产业结构优化上具有重要的作用，因此，在这个背景下，设立体育产业发展专项资金就成了各地政府加快体育产业发展和促进地区经济提升所采取的重要政策手段。[2]

一、第一阶段：体育体制改革试点阶段（1993—2011年）

第一阶段主要是以试点体育体制改革工作为主线。我国在1993年《关于深化体育改革的意见》文件精神的指引下开启了体育体制改革的序幕；1995年的《中华人民共和国体育法》是我国第一部体育法，是我国体育法制化进程的标志；《奥运争光计划》和《全民健身计划》的推出，有力地推动了我国竞技体育事业和全面健身事业的发展；2000年国家体育总局颁布《2001—2010年体育改革与发展纲要》进一步释放体育事业发展活力；2002年又颁布了《关于进一步加强和改进新时期体育工作的意见》，针对新时期体育产业发展的新问题提出了发展意见。在2006年发布《体育事业"十一五"规划》[3]中，提出要初步建成具有中国特色的全民健身体系；大力发展体育产业，激活社会参与活力，营造更加有竞争力的体育体制。2011年，《体育事业"十二五"规划》[4]提出

---

[1] 财政部企业司.财政支持企业若干政策解读.[M].北京：经济科学出版社，2012.
[2] 朱武祥，潘玉平.资本配置行为、资产置换与资源配置绩效：东方集团案例分析[J].管理世界，2002（8）：116-124.
[3] 体育事业"十一五"规划[EB/OL].国家体育总局：http://www.sport.gov.cn/n16/n1092/n16864/1436212.html.
[4] 国家体育总局.《体育产业"十二五"规划》[Z].2011-05-12.

"体育强国"建设的目标,目的就是全面提升我国体育事业与体育产业发展进入新台阶,并强调推进体育管理的科学化、法治化、现代化改革。

二、第二阶段:体育事业单位财务制度实施阶段(2012—2014年)

这一阶段主要是以体育事业单位财务制度颁布为主线和特征。2012年财政部、国家体育总局印发了《体育事业单位财务制度》[①]。主要是为了规范体育事业单位的财务行为,提高资金使用效率,强化财务管理与监督,促进体育事业发展。其中,又提出获得体育专项资金的企业单位在针对专项资金的管理使用中,必须做到专款专用和独立核算,同时有义务向有关资金管理的上级政府部门及时汇报专项资金使用情况,并在项目结项时,报送专项资金使用绩效评估材料和数据,接受上级部门的检查和核算。

三、第三阶段:体育发展专项资金阶段(2014年至今)

这一时期公共财政资金对体育产业的支持明显落后于教育、科技、文化等事业,单一的资金渠道和过少的财政投入极大地限制了我国体育产业事业的进一步发展。因此,体育产业急需拓宽投资渠道和提高投资总额,与近年来社会资本的活跃相反的是社会资本对投资体育产业的冷淡态度,再加上国外资本在体育产业上投入的缺失造就了目前我国体育产业的投融资渠道单一、资金总额过少等现实问题。所以2014年《国务院关于加快发展体育产业促进体育消费的若干意见》(国发〔2014〕46号)[②]中提出,"有条件的地方可设立体育发展专项资金,对符合条件的企业、社会组织给予项目补助、贷款贴息和奖励"。体育发展专项资金属于独立设置的财政性专项资金,资金的设立必须结合当地实际的经济情况和体育产业发展情况,对于引导资金筹集来源并没有硬性规

[①]体育事业单位财务制度[EB/OL].http://jkw.mof.gov.cn/zhengwuxinxi/zhengcefabu/201301/t20130118_728769.html.
[②]国务院.国务院关于加快发展体育产业促进体育消费的若干意见[Z].国发(2014)46号,2014-10-20.

定，对于资金数量的多少也没有统一的标准，在使用目的上可以是培育新企业，引导新技术，也可以是发展现有的企业与社会组织等。

第二节 苏州市体育产业发展专项资金现状分析

苏州为促进当地体育产业的发展，相继出台了《关于加快发展体育产业促进体育消费的实施意见》《苏州市体育产业发展"十三五"规划》《苏州市体育产业发展引导资金使用管理办法》《苏州市体育产业补贴项目实施细则》《苏州市"体融通"担保贷款实施细则》等规范性操作文件，从政策上为苏州市体育产业的发展扫清障碍和注入活力。

2015年，苏州市体育产值达700亿以上，第三产业体育服务业也实现了100亿元的突破，在传统强势体育彩票的销售上也累计达175亿元以上。在全面健身领域中，建成全民健身点约5200个、1200公里的健身休闲步道和将要建成的城乡一体健身圈等，人均体育场地设施占有面积突破3m^2，远超过全国与江苏省平均水平。在体育产业未来发展战略领域，苏州市成功入选首批次国家级体育产业联系点城市，对于促进苏州的体育产业布局、完善体育产业体系和优化省级体育产业结构都具有重大的战略现实意义。苏州市体育产业的生产总规模逐年上升，年均增长率约为5.1%，体育及相关产业增长率约为7.8%，约占苏州市总体GDP的1.45%。其中，第三产业的体育服务业在体育类相关产值中的比重接近50%，体育消费总额与年人均体育消费均呈现较快的增长趋势，分别为85.29亿元和801元。截至2017年底，苏州市共有30个市级、13个省级、2个国家级的体育产业基地，总数为45个不同级别的体育产业示范基地，拥有高达17.05万人的体育产业从业人数。在品牌建设方面，苏州市及下辖各区与县级市已涌现多家全国有名的体育产业品牌，比如张家港的金陵体育、昆山多威体育等一大批具有自主知识产权的体育品牌。

一、苏州市省级体育产业发展专项资金获批情况分析

江苏省从过去到现在一直注重体育产业的发展，2015年江苏省政府在《江

苏省政府关于加快体育产业发展，促进体育消费的实施意见》[1]中就已经提出，到2015年在体育产业总体规模上要突破7200亿，GDP占比达到1.6%，体育服务业占总体增加值的50%，以及实现180万人的从业人数的目标。体育产业发展专项资金的设立能够更加有效地保障目标的实现。江苏省在2011年就已经设立了江苏省体育产业引导资金，目前已经形成了较为完整科学的体育产业引导资金的使用与管理经验[2]。截至2017年底，苏州市在申报省级体育产业引导资金上取得了丰富的成果，共有100项申报项目获得资助，资助金额高达6600万元。

苏州市在2011—2017年的近七年中，获得江苏省省级体育产业发展专项资金的资金数量情况表现为波浪式的高低起伏，但在整体上呈逐年上升的趋势。主要是在2011年初始阶段，2015年的中期阶段及最近的2017年为获得资金的波峰期，其中2015年获得资金数量最高，总额为1300万元。2012—2014年为第一个波谷期，2016年为第二个波谷期，苏州市获得省级体育产业专项资金数量明显减少。在项目获得资助数量与项目在总体占比上也呈现类似的波浪式高低起伏，但以2011年的初始阶段的项目获得的资助在数量上占比最高，2016年获得资助的项目数量与项目在当年总体上占比都处于历年来最低水平。综合这三个数据，可以看出除了2011年与2012年项目数量占比与项目数量较高外，2013—2017年的项目数量占比都较低。抛开2012年的数据，结合获得的资金数量我们可以得出，虽然苏州市在省级体育产业专项资金的获得资助的项目数量占比有所减少，但是获得的资金数量在增加，这说明相比最开始的前两年的项目数量占比较高但资金数量却不多，近年来苏州市在申报江苏省省级体育产业发展专项资金的单位项目所获得的资金数量逐步增加。单位项目的资助资金的充足，反映出苏州市体育产业企事业单位发展水

---

[1]江苏省人民政府.省政府关于加快体育产业发展促进体育消费的实施意见［EB/OL］.http：//www.js.gov.cn/jsgov/tj/bgt/201507/t20150703480230.htm.
[2]江苏体育产业大会.江苏体育产业发展报告［EB/OL］.http：//www.jssports.gov.cn/art/2015/3/30/art_3179_68112.html.

平较高，在发展的前沿性与重要性上获得了江苏省政府层面的重视与认同，同时较充足的资助资金更有利于发挥出专项资金的使用效率与单位项目工程的完成，如图9.1所示。

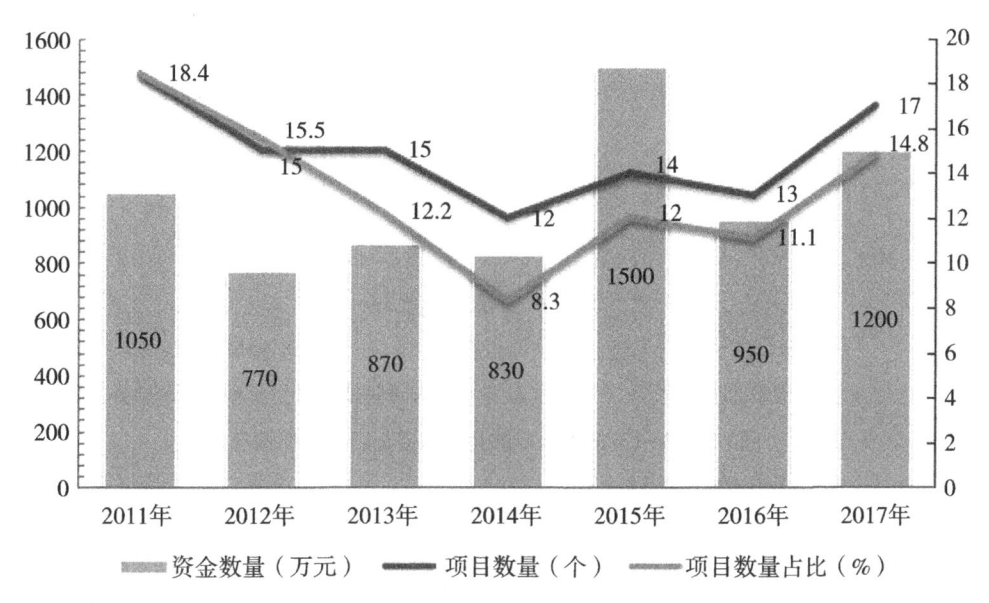

图9.1 苏州市获得省级体育产业专项资金项目与资金情况

注：资料整理自江苏省体育局网站公告公示（包含整个苏州大市与贴息类）。

二、苏州市市级体育产业发展专项资金现状分析

苏州市体育产业发展专项资金设立于2013年，每年评选一批资助项目，每年的资金规模为1000万元。其中，500万元为项目补贴，直接向入围项目发放；此外，为缓解体育中小企业融资担保难问题，利用每年剩余的500万元作为苏州市体育产业发展专项资金，推出"体融通"小额贷款担保产品。苏州市市级体育产业专项资金发展现实情况如图9.2所示。

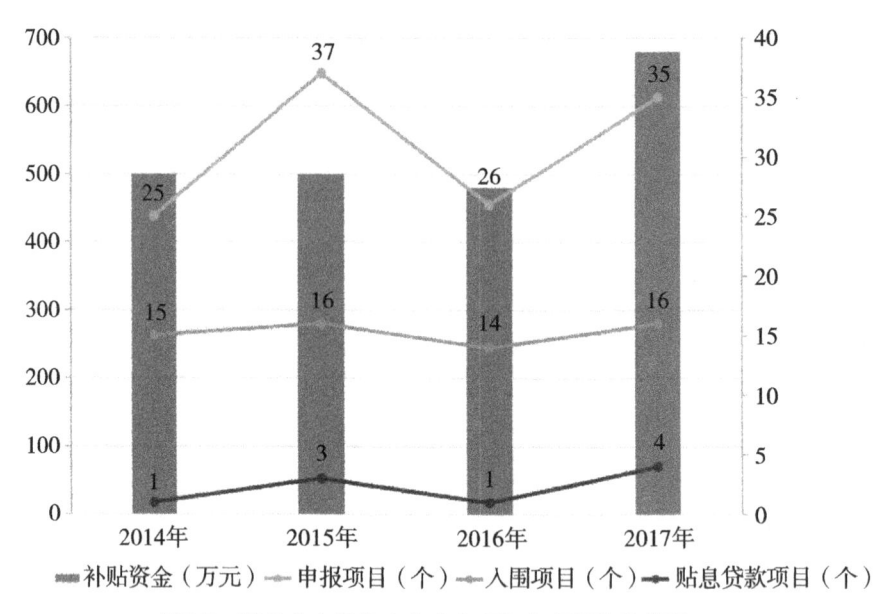

图9.2 苏州市市级体育产业专项资金项目资助情况

注：资料整理自苏州市体育局网站公告公示。

2014年10月14日，市体育局联合市财政局邀请了由市发改委、市经信委、苏州大学、会计师事务所、昆山市体育局等单位有关人员组成的7人专家小组，对26个体育产业发展专项资金补贴类项目进行了评审，同时邀请了局纪检监察室全程监督。通过申报单位现场汇报申报项目情况、专家小组提问、申报单位现场答疑、专家小组审查申报单位财务情况等综合评定后，最终15个项目入围本年度市级专项资金的实地考察阶段，共获得500万元的资金补贴。在贷款贴息上也由"体融通"完成首次的项目申报实施，由苏州英派斯健身俱乐部获得总额100万元为期1年期的贷款担保。2014年的资助重点主要在体育赛事、体育场馆运行管理、体育场馆改造与体育休闲旅游项目等。2015年是历年申报数量最多的一年，共有37个不同体育产业项目提交了申请。最终，经过初审和实地考察，16个项目脱颖而出，同时，"体融通"小额贷款担保产品也有3家体育企业申请办理，本地大型体育赛事、新兴体育运动及与足球相关的产业项目成为2015年市级体育产业发展专项资金资助重点。2016年度苏州市级体育产业发展专项资金资助，全市共有26个项目参与申报，经过条件初审、专家实地评审和公示，14个项目总共获得了480万元资助，资助方向主要集中在体育场馆建设上。其中，单个项目最高资助50万元、最低为20万元。本年度仅有1家单位通过

"体融通"渠道获得贷款担保资金。2017年共有35个项目申报，16个项目获得资助，资助金额为各年度最高的680万元。共有4家单位通过"体融通"渠道获得贷款担保资金1210万元。截至2017年底，苏州市共拨付2640万引导资金，76个项目获得资助，获得贷款贴息担保的共有1860万元，担保单位9个。体育健身休闲、体育赛事、体育装备制造等成为2017年苏州市市级体育产业发展专项资金资助的重点，同时在体育职业人才培养与体育培训方向上也在逐渐倾斜。在整体上项目入围率逐年降低，相反的是年平均项目补贴资金数量却在逐年上升。逐年增加的项目申报数量，与相对稳定的入围项目数量造就了逐年降低的项目入围率，在基本稳定的项目入围数量的前提下，逐年降低的项目入围率，一方面反映出申报苏州市体育产业发展专项资金的企业数量正在逐年增加，说明苏州市体育产业正处于蓬勃发展的时期，体育产业企事业数量众多，体育产业发展潜力大、市场广、活力足；另一方面，企事业单位较高的申报热情反映出苏州市设立体育产业发展专项资金高度符合苏州市体育产业的发展实际，充分满足了体育产业企事业单位发展中对资金的需求，同时，反映出苏州市体育产业专项资金管理机制的科学、公平、高效，也是发挥资金使用效率的重要保障，如图9.3所示。

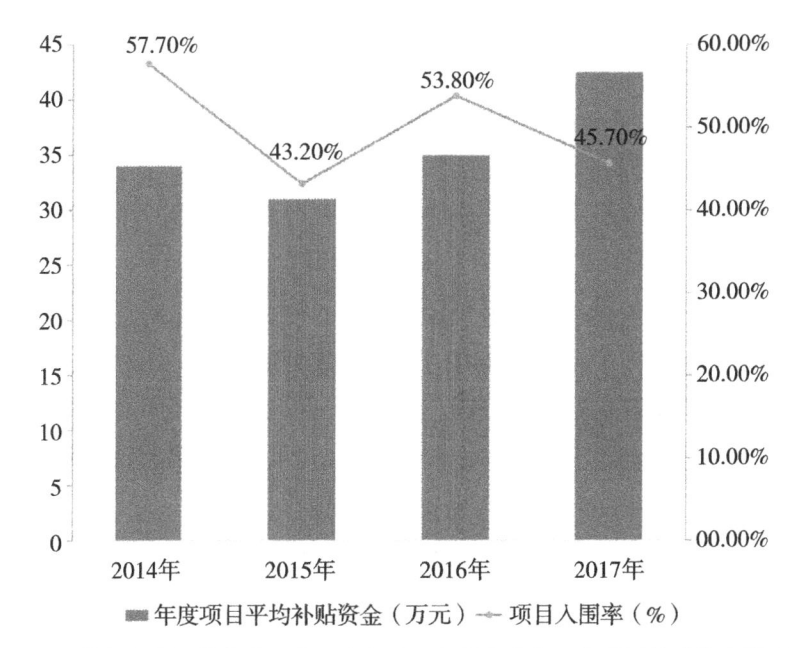

图9.3 苏州市市级体育产业专项资金项目入围率及年平均项目补贴资金情况

注：资料整理自苏州市体育局网站公告公示。

三、苏州各市县区级体育产业发展专项资金现状分析

苏州市为进一步保障体育产业顺利的开展，于2012年成立了由分管市长为领导核心的体育产业发展工作小组。根据《苏州市体育产业发展引导资金使用管理办法》《苏州市体育产业补贴项目实施细则》《苏州市"体融通"担保贷款实施细则》等政策性文件的精神，设立了体育产业发展专项资金。随后苏州市下辖的区县也纷纷响应，设立下一级的体育产业发展专项资金，如表9.1所示。

表9.1 苏州市区级体育产业专项资金发展横向比较

序号	地区	资金名称	设立年份	资金总额（万元）	资金性质
1	吴江区	体育产业发展引导资金	2013	200	独立
2	吴中区	文化体育产业扶持发展专项资金	2016	1500	联合
3	工业园区	商旅文体展及服务外包引导资金	2014	8800	联合
3	工业园区	文化体育旅游引导资金	2017	8800	联合
4	太仓市	体育产业发展专项资金	2015	100	独立
5	昆山市	体育产业引导资金	2011	600	独立
6	张家港市	体育产业发展专项资金	2014	300	独立

注：1. 工业园区资金总额为园区年度财政政策性专项支出预算。
2. 资料整理自以上各人民政府和市体育局网站。

苏州市吴中区依据《吴中区加快文化体育产业发展的若干政策意见》（吴政规字〔2016〕1号）的文件精神，于2016年设立每年1500万元的文化体育产业扶持发展引导资金（现为"专项资金"），扶持的方向主要是创新设计、体育与文化旅游、优秀传统文化和体育的开发、体育服务业等优势文化体育产业项目、产品和文化体育集聚区（园区、基地）。但是吴中区的文化体育产业扶持发展引导资金对体育相关项目的投入明显不足，在2016年的21个文体产业项目中，体育产业的项目仅为4项，占比仅约为19%。

2013年，吴江区设立了吴江区级体育产业引导资金，每年200万元，重点扶持十家企业发展优势项目。项目设立至今已经四年，主要实行跨年评选方式，

其中2014年和2015年共评审资助了20个项目。

工业园区体育产业专项资金的设立历程较为复杂，没有设立专门的体育产业引导资金，多与诸如商贸、文化、旅游等产业在一起，注重打造融合型体育产业引导资金。工业园区的引导资金的设立有两类，一是在2014年设立的苏州工业园区商旅文体展及服务外包引导资金；二是在2017年设立的苏州工业园区文化体育旅游引导资金。从设立的专项资金名称中可以看出，苏州市工业园区的体育产业发展专项资金是与其他几种产业融合在一起的，是综合性专项资金的一部分。

太仓市财政局、体育局于2015年设立太仓市市级体育产业发展专项资金，经企业自愿申报、专家评审、第三方实地核查，由市财政局、体育局联合审定入围项目。2017年共有6家体育相关企业获得共计100万元的项目补助经费。

昆山市政府专门出台的《昆山体育基本现代化工作实施意见》中明确了体育现代化事项与体育现代化的总目标，其中就包括了增强体育产业专项资金对昆山市体育产业的促进作用。后续又出台了《昆山市体育设施专项发展规划》《昆山市体育产业发展总体规划》，2011年正式设立体育产业引导资金，第一年600万元，并且以后每年都会相应地增加资金额度，在全市效率效能考核、对乡镇街道绩效考核时将体育纳入其中。

张家港在2014年设立了体育产业发展专项资金，但是在引导资金的额度上有所不同，一是300万元为体育产业发展专项资金，二是330万元用于品牌赛事建设，三是1550万元用于全面健身和培养青少年训练。目前张家港累计共资助了1080万元，共计14个项目，同时在支持群众全民健身领域共补贴了550万元。

苏州市区级体育产业专项资金发展迅速，各个区市的体育产业发展专项资金都结合自身的体育产业实际情况，制定并形成各具特色的专项资金发展道路。其中以昆山市设立的时间最早，张家港的综合资金数量最多，分类更加细致，吴中区次之，太仓市的资金数量最少，成立时间最晚，吴江区采取的评审方式最为特殊，实行跨年评选方式，工业园区的专项资金最不"专项"，是同其他产业一起的综合性资金，总金额数量最多，有利于加强体育产业与其他产业间的竞争性。

四、苏州市体育产业发展专项资金监管政策探析

(一) 苏州市体育产业发展专项资金监管主体分析

从中央和各级政府制定的体育产业发展专项资金政策来看,体育产业发展专项资金政府监管的主体是财政部门,具体管理工作由宣传部门或相关管理机构负责,对项目评审和项目监管、项目评估则委托第三方专业服务机构执行[①]。中央各部门和各级政府财政部门应当建立专项资金监督检查制度。从表9.2中可以看出,在全国范围内各省市的体育产业发展专项资金的监管主体都不尽相同,在机构属性、牵头部门与配合部门方面都各具特色。比如,北京市政策明确专项资金的管理部门是由体育部门牵头,宣传部、发展改革委、财政局、规划委、审计局、旅游局等部门相互配合。江苏省政策规定专项资金的牵头部门是省财政厅,由省体育局、评审组织管理部门相互配合。

表9.2 地方体育产业引导资金评审管理方式分析一览表

地区	机构属性	牵头部门	配合部门	评审方式
北京市	常设	体育局	宣传部、发展改革委、财政局、规划委、审计局、旅游局等	材料评审、主观评价
福建省	临时	切块负责	省财政厅、体育局、经贸委和人力资源和社会保障厅	材料评审、主观评价
江苏省	临时	财政厅	体育局;评审组织管理	材料评审、主观评价
浙江省	临时	财政厅、体育局	评审属地化管理;地方各市体育和财政部门竞争性分配方式组织评审和筛选;省级部门批复	材料评审、部分考察
青海省	临时	从属文化产业资金	纳入文化产业管理、体育部门配合	材料评审、主观评价

---

① 中华人民共和国财政部.关于重新修订印发《文化产业发展专项资金管理暂行办法》的通知[EB/OL].
(2012-5-4). http://wzb.mof.gov.cn/pdlb/zcfb/201205/t20120504-648718.html.

（续表）

地区	机构属性	牵头部门	配合部门	评审方式
云南省	临时	体育局	体育部门负责协助省体育局对资金支持项目进行监督管理，协助组织项目验收及绩效考评	材料评审、主观评价
山东省	临时	财政局、体育局	体育局：资金评审及使用管理；财政局：资金监督管理	材料评审、入围考察
广西壮族自治区	临时	财政厅	体育部门负责推荐评审专家遴选和广西壮族自治区体育资源基础数据	材料评审、主观评价

资料来源：根据各省、自治区、直辖市体育局相关部门调研数据调资料整理。

各地除北京外都没有常设的独立管理机构，在管理上缺少对资金的专业和稳定的业务管理。在管理机构组建方式上，各地也有不同，但多数省份都是以当地体育局或财政局为主导，对体育产业引导资金进行联合管理。在评审环节上，主要是以书面材料为主，少数省份结合实地考察的评审手段，但是作为评审环节的主体，评审专家的确定流程是通过上级直接指定，过程缺乏民主性。在评审标准上目前并没有统一的标准化操作流程，评审标准多是定性指标，定量指标过少。2017年，根据《中华人民共和国预算法》及其实施条例、《苏州市市级财政专项资金管理办法》（苏府〔2015〕170号）等法律、法规相关要求，结合苏州市实际，制定了《苏州市市级体育产业发展专项资金管理办法》，用以规范苏州市市级体育产业发展专项资金的管理和使用，提高公共财政资金使用效益，《苏州市市级体育产业发展专项资金管理办法》规定苏州市体育产业发展专项资金主要是由苏州市财政局（市财政局）和苏州市体育局（市体育局）共同管理。市财政局侧重资金管理，市体育局侧重项目管理，加强分工协作。

（二）苏州市体育产业发展专项资金的监管内容

1. 市财政局应履行以下专项资金管理职责

（1）牵头制定和修订专项资金管理办法；

（2）会同市体育局研究制定和健全专项资金的相关政策、具体管理制度等；

（3）根据有关要求会同体育局下达专项资金预算，并按规定批复专项资金决算；

（4）协助市体育局对专项资金进行绩效管理，对体育局提交的绩效报告进行审核和组织评价。

（5）从资金使用效益和财务合规性角度，监督专项资金相关评审和具体分配，对专项资金的使用情况和财务管理进行监督检查；

（6）监督专项资金信息公开工作；

（7）法律、法规、规章等规定的其他职责。

2. 市体育局应履行以下专项资金管理职责

（1）配合市财政局制定和修订专项资金管理办法；

（2）研究制定和健全专项资金相关政策、具体管理制度等；

（3）编制专项资金年度预算单位建议数，做好中期预算分析规划，执行已批复的专项资金预算，保障专项资金预算执行进度；

（4）受理相关单位的专项资金使用申请，牵头组织评审，对申请主体和申报材料的真实性、合法性、合规性进行审查；

（5）负责编制专项资金绩效目标，按照绩效管理要求对专项资金实施绩效跟踪和绩效评价；

（6）规范使用已下达的专项资金，监督专项资金支出项目的实施情况，按规定向市财政局报送专项资金使用情况；

（7）按政府信息公开有关规定开展专项资金信息公开工作；

（8）法律、法规、规章等规定的其他职责。

第三节 苏州市体育产业发展专项资金运行管理研究

近年来，苏州市财政对体育产业的投入逐步增大，不仅在资金规模上有了快速增长，在资金结构上也有了很大变化，苏州市及辖区内的各区县关于体育产业专项资金的设立也越来越多。因此，理清和建立科学、高效的体育产业专项资金组织管理机制，对提高体育产业专项资金在社会、经济、可持续的效率性及对本地区体育产业的发展至关重要。

一、苏州市体育产业发展专项资金组织机构研究

（一）苏州市体育产业发展专项资金组织机构构成

全国范围内各省市的体育产业发展专项资金监管的主体都不尽相同，在机构属性、牵头部门与配合部门都各具特色。

苏州市体育产业专项资金的组织管理机构主要是根据《中华人民共和国预算法》及其实施条例、《苏州市市级财政专项资金管理办法》（苏府〔2015〕170号）等法律、法规相关要求，结合苏州市实际，制定的《苏州市市级体育产业发展专项资金管理办法》，用以规范苏州市市级体育产业发展专项资金的管理和使用，提高公共财政资金使用效益。《苏州市市级体育产业发展专项资金管理办法》规定，苏州市体育产业发展专项资金主要是由苏州市财政局（市财政局）和苏州市体育局（市体育局）共同管理，如表9.3所示。总体上市财政局侧重资金管理，市体育局侧重项目管理，加强分工协作。

表9.3 苏州市体育产业发展专项资金组织评审机构一览表

牵头部门	职责分工	组织机构	评委构成	评审方式
财政局	评审属地化管理	临时设置	市发改委、市经信委、苏州大学、会计师事务所、昆山市体育局等	材料评审、考察
体育局	市级部门复批	临时设置	市发改委、市经信委、苏州大学、会计师事务所、昆山市体育局等	材料评审、考察

注：资料来源于《苏州市市级体育产业发展专项资金管理办法》。

（二）苏州市体育产业发展专项资金组织机构职责

从表9.4中可以看出，市体育局在项目管理上主要负责两个方面：一是负责研究制定相关管理政策与制度，并配合财政局的相关工作，做好顶层制度设计工作；二是编制年度专项资金预算项目数量，做好项目绩效评价目标与绩效管理工作，同时负责申报材料、申报主体的真实性、合法性、合规性的审查，

并通过网站、公告等形式向社会公开专项资金的相关信息，做好具体申报、审查、监督与评价的具体微观流程工作。市财政局主要是牵头制定和修订专项资金管理办法，其次是协助、配合与监督体育局在申请专项资金预算、绩效管理评价，专项资金相关真实性、合法性、合规性及专项资金的信息公开等方面的工作。

表9.4 苏州市体育产业专项资金组织管理机构职责情况

管理机构	管理职责
苏州市财政局	（一）牵头制定和修订专项资金管理办法； （二）会同市体育局研究制定和健全专项资金的相关政策、具体管理制度等； （三）根据有关要求会同体育局下达专项资金预算，并按规定批复专项资金决算； （四）协助市体育局对专项资金进行绩效管理，对体育局提交的绩效报告进行审核和组织评价。 （五）从资金使用效益和财务合规性角度，监督专项资金相关评审和具体分配，对专项资金的使用情况和财务管理进行监督检查； （六）监督专项资金信息公开工作； （七）法律、法规、规章等规定的其他职责。
苏州市体育局	（一）配合市财政局制定和修订专项资金管理办法； （二）研究制定和健全专项资金相关政策、具体管理制度等； （三）编制专项资金年度预算单位建议数，做好中期预算分析规划，执行已批复的专项资金预算，保障专项资金预算执行进度； （四）受理相关单位的专项资金使用申请，牵头组织评审，对申请主体和申报材料的真实性、合法性、合规性进行审查； （五）负责编制专项资金绩效目标，按照绩效管理要求对专项资金实施绩效跟踪和绩效评价； （六）规范使用已下达的专项资金，监督专项资金支出项目的实施情况，按规定向市财政局报送专项资金使用情况； （七）按政府信息公开有关规定开展专项资金信息公开工作； （八）法律、法规、规章等规定的其他职责。

注：资料来源于《苏州市市级体育产业发展专项资金管理办法》。

二、苏州市体育产业发展专项资金项目管理研究

（一）苏州市体育产业发展专项资金项目情况

苏州市体育产业发展专项资金主要是由苏州市财政局（市财政局）和苏州市体育局（市体育局）共同管理。市财政局侧重资金管理，市体育局侧重项目管理。在项目评审阶段，由市体育局联合市财政局邀请市发改委、市经信委、苏州大学、会计师事务所、昆山市体育局等单位有关人员组成多人专家小组，对体育产业发展专项资金补贴类项目进行评审，同时邀请局纪检监察室全程监督。通过申报单位现场汇报申报项目情况、专家小组提问、申报单位现场答疑、专家小组审查申报单位财务情况等综合评定后，最终确定评审项目入围本年度市级发展专项资金的实地考察。从2013年苏州市体育产业专项资金设立起，每年确定的项目数量和支持额度均不相同。每年的资金投量如表9.5。

表9.5 苏州市体育产业专项资金投量情况表

年份	确立资助个数	补贴类资金（万元）	专项资金（万元）	贴息类（万元）
2014年	15	500	1000	500
2015年	16	500	1000	500
2016年	14	480	1000	520
2017年	16	680	1200	540
合计	61	2160	4200	2060

注：数据整理自苏州市体育局网站。

从表9.5中我们可以看出，2014—2017年这四年来每年确立的资助项目个数差别不大，除了2017年的专项资金为1200万元外，之前每年的专项资金均为固定的1000万元，从每年差别不大的项目个数来看，每年单项获得的资助资金也应基本相同。苏州市体育产业发展专项资金的资助形式主要分两种，一种是补贴类资金资助，另一种是通过贷款贴息资助，从表中能够看出补贴类与贷款贴息类总资金基本相同。

从苏州市2014—2017年获资助项目类型分布图中可以看出（图9.4），体育场馆运营管理类、体育健身休闲服务类、体育赛事活动类、体育装备类、体育

培训类、体育资源社会化运作类、体育产业基地类与其他类的8大类重点扶持方向，其中以体育赛事活动类的23%、其他类的15%为第一梯队，体育产业基地类、体育培训类与体育场馆运营管理类同为13%，体育健身休闲服务类与体育装备类占比分别为11%和10%，反映出苏州市体育产业主要向体育服务类的第三产业的方向发展；最低的为体育资源社会化运作类，占比仅为2%。体育资源社会化运作类主要是指高水平运动队办队模式创新、竞技体育后备人才培养社会化运作、依托职业联赛开展的体育产业创新运营、体育社会组织创新运作等。充分反映出苏州市在职业体育联赛建设、高水平运动队的建设上缺乏长期稳定的重视，这与重视短期效果的体育赛事活动类形成了鲜明的对比。

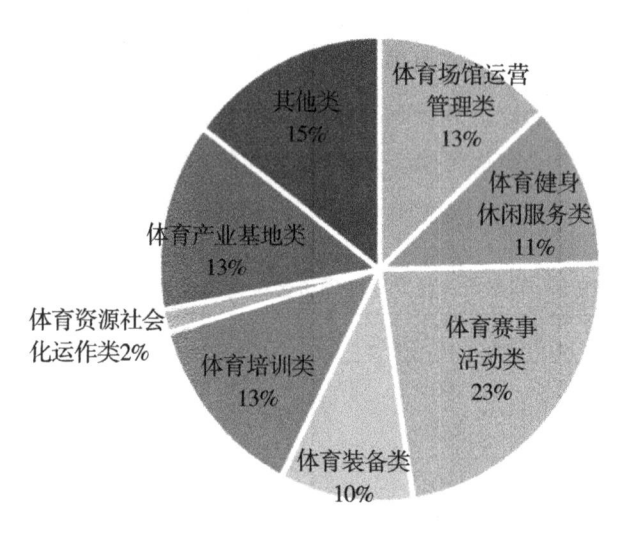

图9.4 苏州市2014—2017年获资助项目类型分布

注：数据整理自苏州市体育局网站。

苏州市现为国家体育产业联系点城市，全市目前共有各类体育产业单位4050家，截至2017年底，苏州市共争取省级体育产业引导资金项目100个，项目资金6600万元。2015年苏州市级体育产业发展专项资金资助项目及资助金额中（图9.5）体育赛事活动类资助投入最多，有5项共160万元；体育场馆管理运营类次之，共有3项，90万元；体育装备类2项、体育培训类3项，共有80万元；体育资源社会化运作类单项金额最高,有1项,共50万元;其他类为2项,共40万元。体育产业基地类与体育健身休闲服务类在2015年并没有申报或获得资助。

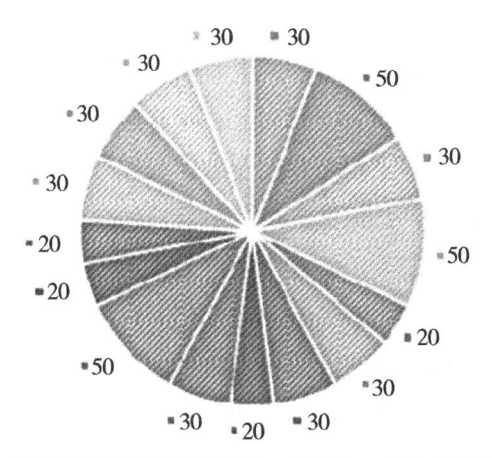

■ 力美康体育文化发展(苏州)有限公司　　■ 上海红双喜体育用品苏州有限公司
■ 吴江京浦文化体育发展有限公司　　■ 苏州中元建设开发有限公司
■ 苏州中澳武馆　　■ 苏州雷奔赛车俱乐部有限公司
■ 苏州英派斯健身俱乐部有限公司　　■ 苏州市节庆会展策划有限公司
■ 苏州汇创体育文化发展有限公司　　■ 苏州工业园区建屋体育发展有限公司
■ 苏州工业园区博派科技有限公司　　■ 苏州畅行旅游咨询有限公司
■ 苏州领军体育服务有限公司　　■ 苏州奥英体育文化有限公司
■ 苏州苏大体育科技文化有限公司　　■ 苏州工业园区飓风一号保龄球有限公司

图9.5　2015年度苏州市级体育产业发展专项资金资助项目及资助金额(单位:万元)
注:数据整理自苏州市体育局网站。

(二)苏州市体育产业发展专项资金项目运行过程

结合从苏州市体育产业发展专项资金的设立实施现状及苏州市体育产业每年进行的专项资金申报到结项的具体操作过程,将项目运行的过程分为以下五个阶段。

1. 资格审查阶段

该阶段是针对申报单位在申报项目前进行的,主要是通过一年一度的申报通知,对申报的项目及申报单位作出规定,以保障申报的项目和企业符合苏州市体育产业的总体发展,确认受资助项目和企业在未来发展中有巨大的发展潜力。其中对项目的资格要求为:

首先，是要具有良好的社会经济效益和巨大的发展前景，项目在过去的三年内获得过省市级别的相关扶持资金，产权归属清晰，管理制度规范，体育设施类的投资额度不低于50万元等。

其次，贴息类项目的要求是贷款发生时间必须在近三年期间内，发生的投资贷款项目必须与体育产业相关，截止上一年年底，该贷款项目所有本金及利息均已还清，并且在贷款期限内无逾期还款等失信行为发生。贷款贴息的比例原则上不高于贷款项目利息总额的50%，单笔贷款贴息金额不超过80万元。通过"体融通"项目发生的贷款，经专家评审为优质项目的，最高可享受该贷款项目全部利息的补贴，单笔贷款贴息金额不超过100万元。

再次，是对申报主体的要求：①项目申报主体须是在苏州市区内依法登记注册，具有独立法人资格，截止申报通知发布日存续期一年以上，从事体育产业活动的企业、社会组织或非全额拨款的事业单位。②项目申报单位与项目实施单位、专项资金使用单位必须一致。③项目申报单位财务管理制度健全，会计核算规范，财务状况良好，有明确可行、适应市场化竞争要求的运营管理体制。④项目申报单位资产及经营状况良好，资信等级较高。⑤项目申报单位用于实施该项目所需资金原则上主要通过自筹、银行贷款、吸引社会资本等方式解决。

最后，是不允许申报的情况：①申报主体存在严重失信行为的。②申报单位1年内甚至多年未实现营业收入的。项目资金来源全部为财政性资金的。③截止申报通知发布日，申报单位连续经营期未满1年（含1年）。④同一项目已获得市财政其他资金支持的。⑤申报项目以前年度和本年度已获得省、市体育产业发展专项资金支持，且内容重复。

2. 立项审批阶段

此阶段是项目申请单位申请项目资金的初始阶段。立项阶段是整个专项资金实施的基础环节，在书面材料审批和项目实地考察之后，立项阶段就已完成了，是项目及资金日后管理和使用方式的前提依据。一般的流程是，项目申报公告发布，需要申报的企业结合申报指南的要求拟定项目申报计划书（申报材料介绍）逐级递送申报书面材料，并在最终的审批立项环节之前，政府主管部门对申报项目材料进行逐级的初步评审。在逐级审批合格后，由市体育局和市财政局主导，邀请其他相关部门和专家学者对申报材料进行市级评审，并随后对入围项目进行实地考察，主要是考察项目的可行性和申报企业单位的财务情况等。在审批合格后对外发布获资助的项目和申报单位，并拟定相应的资助金额或贷款贴息额度。

3. 资金投入阶段

此阶段是项目资金投入阶段。专项资金的来源主要是政府财政资金和体彩公益金。项目立项后，报送到相关专项资金管理部门，依据项目拟资助金额和项目合同内容，向申报单位拨付相应的扶持资金，拨付形式一般有三种：一是一次性拨付；二是依据合同内容或项目实施进度分批次进行专项资金拨付；三是贷款贴息，通过"体融通"平台，向获得贷款贴息担保的单位进行一次性或分批次拨付。但是在实际的操作中也存在着拨付时间滞后和拨付资金不足额等问题。

4. 运行监管阶段

此阶段是项目的具体运行过程。运行阶段包括专项资金的跟踪管理和使用监督。主要是跟踪考察项目资金的拨付到位率和资金使用监督的专款专用率，即定期或随机检查项目资金使用情况和项目实施进程是否达到合同规定实际情况。

5. 产出验收阶段

此阶段是项目成果展示阶段。主要是针对项目结项的验收，主要考察内容是项目实施后是否对当地社会、经济、生态环境产生积极的效益，主要指标有拉动当地就业情况、增加当地财政收入、引进社会资本投入、促进技术创新、生态环境的改善、GDP占比的提升以及经济结构的优化升级作用等，同时对全面健身意识的提高，和社会对专项资金使用对当地社会经济发展满意度的重视。

（三）苏州市体育产业发展专项资金立项过程管理

苏州市体育产业发展专项资金在6—7月份组织申报，8月份专家评审，10月份拨付，对于"体融通"贷款担保类项目，常年接受办理。本文结合苏州市体育产业发展的实际情况，将立项过程中的一般流程分为6个阶段（图9.6）。第一阶段为市财政局与体育局发布本年度体育产业发展专项资金的申报公告，主要内容是阐明本年度专项资金的重点扶持方向，主要是针对申报材料、主体、申报流程的介绍和要求，并附有详细的体育产业的扶持方向类型划分等申报条件、申报表格及报送程序等基本信息。第二阶段为申报单位的申报材料填写，依据申报公告的要求和年度重点扶持方向，将所要求的数据、资料等信息如实完整地进行填写，同时，还会组织相应的申报辅导大会，就如何选择项目和填报材料等方面做详实的解释和辅导，和多家申报单位进行充分的沟通和交流，解决疑难问题，各区县按照申报要求组织本辖区项目的申报工作，在申报程序上严格按照逐级上交申报材料的流程，市体育局直属单位可向市体育局直接申报。第三阶段为提交项目申报表供评审以及评审委员会的讨论、审议与评估。在此阶段，要求申报单位现场汇报申报项目情况，通过专家小组提问与申报单位现场答疑，结合专家小组审查申报单位财务情况等，对项目的申报做出是否批准的决议。第四阶段为市财政局与市体育局对材料评审阶段入围的项目进行实地考察。根据正式的项目申报表中的单位及项目的财务情况、配套资金、资金使用规划等信息，市体育局联合市财政局届时会成立考察小组，同时邀请会计师事务所的专业财会人员，对年度入围项目单位进行实地考察，了解申报项目的具体情况，核实申报单位各项具体真实信息。第五阶段主要是立项项目在最终获批后，按照计划进入项目启动和实施阶段。主要包括考察复审之后的项目公示与资金发放，对不符合规定的申报单位进行否决，对有战略发展价值符合相关规定的项目进行专项资金的拨付，由市体育局组织业内专家按规范的评审程序和标准进行评估、论证，根据专家评审和实地考察的意见，研究审核"补贴项目"名单，报苏州市体育产业发展领导小组审定后公示（公示期为7天）。经公示无异议的项目，由市体育局与获支持项目的申报单位签订补贴项目合同，交市财政局备案后下拨该项目补贴资金。区属单位由各区财政局会同体育行政主管部门在收到市下达指标文件15个工作日内拨付；市属单位由市体育局在收到下达指标文件15个工作日内按国库管理规定拨付。第六阶段为体育产业专项资金管理部门的监督实施与绩效管理阶段。主要是获得"补贴项目"的单位应根据补贴项目合同的要求，严格执行国家有关财经政策和财务制度，科学、合理地使用补贴资金，根据体育局上报的本年度苏州市财政支出项目绩效目标申报表中的绩效目标，积极主动地做好配合工作。对未按签订内容使用专项资金的单位，按照管理规定中止或调回剩余资金，对情节严重的处以3年不得申报苏州市体育产业发展专项资金的惩罚。

图9.6 项目立项过程管理

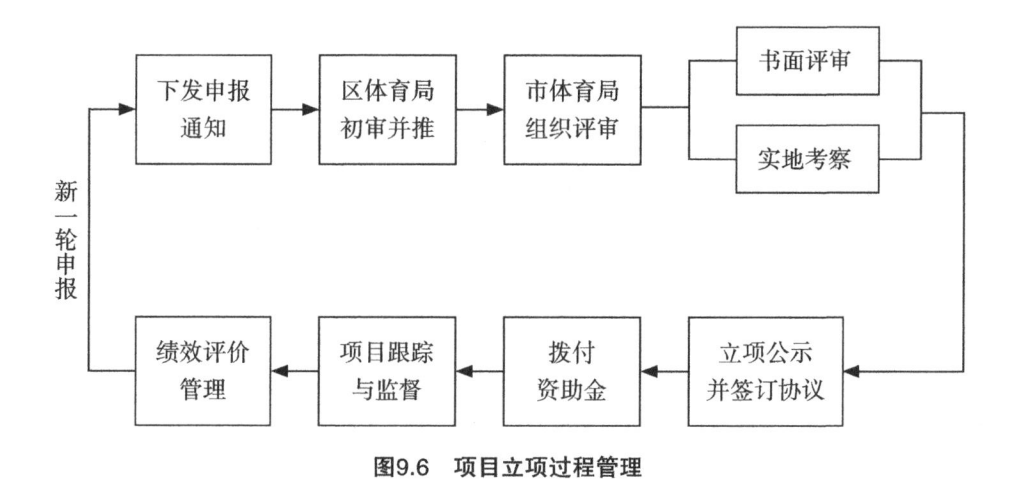

（四）苏州市体育产业发展专项资金立项结果管理

苏州市体育产业发展专项资金支持的项目实行协议管理、市财政局和市体育局联合组成的过程监督及项目完成的结果验收。项目资金申请报告获得批复后，项目管理部门与项目单位签订项目实施框架协议，协议包括项目名称、项目单位、项目履行期限、项目内容和主要技术经济指标、验收标准、专项资金支持方式和额度、违约责任、双方约定的其他条款等，项目管理单位按照协议对项目的实施情况进行监管[1]。在项目实施过程中，苏州市体育局同市财政局组织项目的中期评估。专项资金项目单位应根据项目申报的内容，保障项目顺利实施。同时要严格执行国家财政、财务规章制度和财经纪律，科学、合理地使用专项资金，并按规定妥善保存有关原始票据及凭证备查。

市体育局会同市财政局组织专家或中介机构，定期或不定期地对专项资金资助项目进行现场检查，了解项目执行、资金使用、财务管理和项目实施效果等情况，确保专项资金专款专用，发挥最佳效益。

专项资金应严格按预算安排的支出项目内容和用途分配，未经批准，不得擅自调整支出项目内容和资金安排，因政策变化等原因确需调整的，应由市体育局在规定时间内向市财政局提出书面申请，说明调整事由、依据及调整金

---

[1] 高珂.《上海市自主创新和高新技术产业发展重大项目专项资金管理办法》解读[J].华东科技，2009：18-19.

额，由市财政局审核并按规定报批后办理预算调整。

市财政局应对专项资金预算执行、资金使用效益和财务管理开展监督检查。市体育局应健全内部和项目监督机制，对专项资金的执行情况和使用情况开展日常检查。专项资金申请使用单位应对其申请主体、申报材料的真实性、合法性、合规性负责，并按规范用途及相关规定使用专项资金。

专项资金的管理、申请、分配和使用，依法接受人大监督和社会监督，接受审计机关的审计监督和监察部门的监察监督。对违反财经纪律，未按规定组织资金申报、实施，弄虚作假、挤占和挪用项目资金等行为，按《中华人民共和国预算法》《财政违法行为处罚处分条例》等有关法律、法规和规章给予处理和处罚。

（五）苏州市体育产业发展专项资金项目绩效管理

苏州市体育局要求做到与专项资金年度预算同步制定各支出项目绩效目标和评价标准，并注意加强执行中绩效监控。年终由市体育局进行绩效自评价，并报市财政局进行绩效再评价和重点评价，绩效评价的结果作为下一年度专项资金预算编制的重要依据。苏州市体育局每年向市财政局提交年度的绩效目标申请，其中体育产业发展专项资金的绩效目标主要依据每年设立的专项资金总额，包括其中的贷款担保贴息类和项目补贴类，工作经费一般在10万元左右。

在资金的绩效管理中有明确的绩效目标指标和相对应的下级指标目标实现值，以及实现绩效管理指标目标值的方法、材料及依据来源。

三、苏州市体育产业发展专项资金绩效评价内容

所谓专项资金，是国家或有关部门或上级部门下拨行政事业单位具有专门指定用途或特殊用途的资金[1]，是指上级人民政府拨付本行政区域和本级人民政府安排的用于社会管理、公共事业发展、社会保障、经济建设以及政策补贴等方面具有指定用途的资金[2]。这种资金要求单独核算，专款专用，不能挪作他

---

[1] 叶勇. 如何让"睡大觉"的专项资金"活起来"[J]. 审计与理财, 2016（6）：23-24.
[2] 陈颖芳. 改进财政专项资金管理对策研究——以株洲市为例[J]. 湖南工业大学学报：社会科学版, 2015（5）：38-42.

用，并需要单独报帐结算[①]。在当前各种制度和规定中，专项资金有着不同的名称，如专项支出、项目支出、专款等，在具体内容上也有一定的差别[②]。

（一）专项资金绩效评价的必要性

1. 专项资金绩效评价的特点

从前文的概念内涵可以总结出专项资金有三个特点：一是资金来源特殊性，主要是上级财政或政府拨款；二是使用对象的特定性，往往用于特定的事项；三是结算方式的独特性，需要单独核算、单独管理。依据专项资金的特征，能够得出专项资金绩效评价的特点包括：

（1）由于专项资金种类的多样性，各种行业的专项资金性质与特点不尽相同，因此专项资金绩效评价的指标构建应该按照实际情况选取制定，因此，绩效评价指标体系各具特色。

（2）不同的专项资金绩效评价就会出台不同的绩效管理制度，但是专款专用与转账管理是所有财政性专项资金的核心，因此在评价内容中必须得到反映。

（3）专项资金绩效评价的核心目的是保障资金使用的科学、公正、公平。

（4）由于专项资金具有特殊的政策与社会经济效益要求，所以为保障专项资金使用的效率性和目标的一致性，在进行绩效评价时必须注重资金在执行前后是否与政策和社会经济目标一致。

2. 专项资金绩效评价指标的设置要求

（1）相关性。即指标与目标的关联性，能否准确反映目标的实现程度。

（2）重要性。在指标使用上首先选取最有行业特点、最具管理和使用单位代表性的关键性指标。

（3）可比性。为保障绩效评价结果的可比较性，必须对相似的项目目标设置共同的指标。

---

① 专项转移支付资金与专项资金是不是同一个概念？[EB/OL]. https://www.zhihu.com/question/30451993?sort=created.
② 梁彩霞. 关于专项资金管理的思考[J]. 中国经贸，2012（12）：195-196.

（4）系统性。指标设计主要采取定量与定性两种指标，并结合修正指标综合反映体育产业专项资金对社会、经济、环境等多方面的促进作用。

（5）经济性。指标的设置应该具有已获得、易操作等特点，保证在绩效评价操作中的便利性和经济性。

除此之外，财政专项资金的绩效评价指标设置还应能够构成科学、完整的评价指标体系，在对资金进行绩效评价时能够在同一种操作方法和统一的标准下进行，综合评价结果具有客观、公正的评价数据。其评价方法主要包括成本效益分析法、比较法、因素分析法、最低成本法、公众评判法及综合评价法等。在实施绩效评价时，针对评价对象和评价目的，采取一种或多种评价方法进行财政专项资金的绩效评价。

3. 专项资金绩效评价的必要性

绩效评价是指运用一定的评价方法、量化指标及评价标准，对中央部门为实现其职能所确定的绩效目标的实现程度以及取得相应结果的有效性和效率及为实现这一目标所安排预算的执行结果进行的涉及绩效目标、效果、影响及管理等方面内容的综合性评价[1]。早在20世纪20—30年代，西方国家的政府公共支出绩效评价已建立起的比较完善的政府绩效评估机制，并广泛运用于中央、地方、各级政府部门和学校、国民保健机构等公共机构。西方国家政府绩效考评的实践为我国开展公共支出绩效考评提供了经验。针对专项资金自身的特点与面临的现实困境，专项资金绩效评价的重要性主要体现在4个方面：

（1）目前，我国各级别与各领域内的专项资金数量与种类不断扩大，在经济、社会等不同领域中都发挥着越来越重要的作用，但是仍存在许多管理和使用方面的问题。主要问题有：一是立项审批环节，对申报单位和申报项目的审查不严，有些地区存在极个别套用资金或项目的现象；二是资金拨付环节，在立项批准后专项资金拨付到位率不高或拨付不符合法律规定的时间；三是资金使用环节，对专项资金拨付后的跟踪管理和监督力度不够，个别项目资金未能做到专款专用，甚至有私占和挪用的现象；四是资金绩效管理环节，缺乏对专项资金使用前、中、后期的绩效评价管理，无法做到对专项资金使用的经济性、效率性与效果性心中有数，出现问题不能及时进行评价反馈，影响专项资

---

[1] 宋海红.高校专项资金支出绩效评价的现实意义剖析[J].中国证券期货，2013，4：100-101.

金日后使用的可持续改进。因此，专项资金的现实困境与不断扩大的规模亟须通过对专项资金进行绩效评价进行优化管理与使用。

（2）2015年实施的新预算法中明确规定，财政专项资金预算必须结合过往资金绩效评价的结果进行安排。其中第三十二条规定[①]：各级预算应当根据年度经济社会发展目标、国家宏观调控总体要求和跨年度预算平衡的需要，参考上一年预算执行情况、有关支出绩效评价结果和本年度收支预测，按照规定程序征求各方面意见后，进行编制。除此之外，在我国现有对财政资金分配与监管所形成的人大财政预算审议与监督、审计部门的财务审计、财政部门的财务稽查等刚性约束体制中，财政专项资金绩效评价基于结果导向和公众满意度导向，通过一系列科学、标准的方法，流程和标准，综合分析与评价财政专项资金使用与管理绩效。对财政专项资金的有效性、合规性等绩效目标进行全方位的综合评价，同时能够在宏观上形成对目标的纠错机制，完善监督程序。

（3）政府绩效评价有着深刻的社会背景及内置的价值导向，要求在追求经济、效率、效果的基础上，全面回应公民诉求，即突显所谓"公平性"[②]。良好的财政专项资金绩效评价有利于政府公信力的提升与政府执行力的加强，主要是因为绩效评价工作既涉及促进政府内部组织工作的清廉，又有利于培养社会公众对政府的亲密感，提升公众对政府的信任程度。显然，政府专项资金绩效评价的有效进行，不仅强化了组织内部的目标实现及主体责任，而且优化了政府对财政专项资金的管理，实现了政府内部财政的管理优化和外部组织执行的权威性。

（二）苏州市体育产业发展专项资金绩效评价基本原则和内容分析

专项资金绩效评价体系需依据支出的合规性、经济性、效率性和效果性从三方面构建[③]。本文主要从苏州市体育产业专项资金的规制体系构建、苏州市体育产业专项资金的专项资金绩效评价指标体系、苏州市体育产业专项资金绩效评价标准体系阐述苏州市体育产业专项资金的绩效评价管理。

---

①中华人民共和国预算法 [Z]. 中华人民共和国财政部，2014-8-31.
②郑方辉，廖逸儿. 财政专项资金绩效评价的基本问题 [J]. 中国行政管理，2015（6）：46-52.
③张亚杰，朱学义，等. 财政性专项资金绩效评价体系研究 [J]. 市场周刊：研究版，2005：81-83.

绩效评价是具有对功能作用、结构框架、相互关系、条件反馈与环境适应的特征的一项复杂的系统工程。绩效评价系统主要由评价者按照一定的绩效目标，通过科学的组织结构、评价方法（指标体系等）对被评价者进行一系列的绩效评价，并在一定的社会环境的影响下得出相关评价结果，对比评价结果是否达到或满足其所制定的绩效目标的完整过程，如图9.7所示。

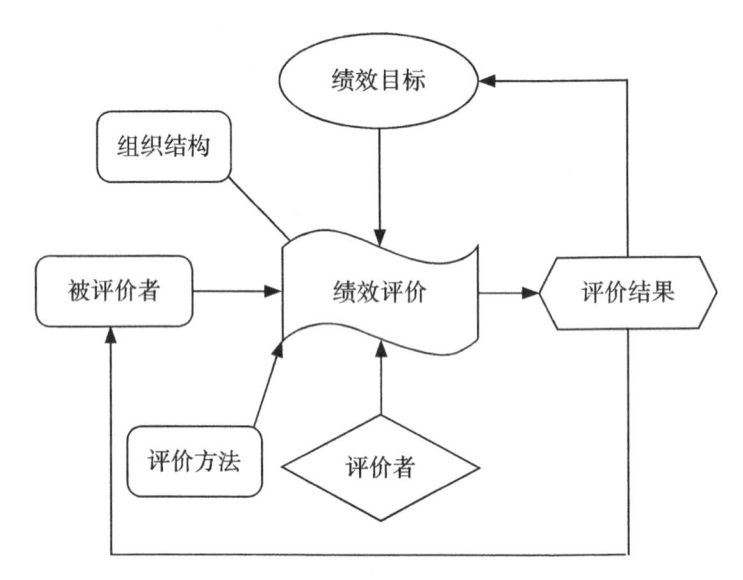

图9.7 绩效评价系统示意图[1]

1.苏州市体育产业发展专项资金绩效评价的基本原则

财政部印发的《财政支出绩效评价管理暂行办法》、江苏省财政厅印发的《江苏省财政专项资金绩效管理办法》及《苏州市市级体育产业发展专项资金管理办法》关于资金绩效评价的管理中要求遵循四方面原则：第一，科学规范原则。苏州市体育产业发展专项资金绩效评价以科学、可行为基本要求，绩效评价的规定程序，同时在绩效评价方法中充分采用定量分析与定性分析结合的方法。第二，严格遵循公正、公开的原则。苏州市体育产业发展专项资金绩效评价各环节均依法公开、接受社会公众监督，同时确保其满足真实、客观、公正的基本要求。第三，遵循分级、分类原则。苏州市体育产业发展专项资金

---

[1]张亚杰，朱学义，等.财政性专项资金绩效评价体系研究［J］.市场周刊：研究版，2005：81-83.

绩效评价既有中央对省绩效评价，也涵盖省对市县绩效评价。第四，相关性原则。苏州市体育产业发展专项资金绩效评价，清晰反映苏州市体育产业发展专项资金拨付、使用、监管、成效等资金管理环节，强调引导和撬动社会资本进入体育产业市场的成效，体现支出与绩效之间的紧密对应关系。

2. 苏州市体育产业发展专项资金绩效评价的内容分析

财政性专项资金绩效评价体系应依据支出的合规性、经济性、效率性和效果性从规制体系、指标体系与标准体系三方面着手，通过科学运作体系、合理指标评价及标准体系的共同作用，使事前、事中、事后得到多方位的控制，势必会大幅加强专项资金的管理。苏州市体育产业发展专项资金作为财政专项资金的一种，在运用绩效评价时，应作为财政专项资金的绩效考评，其具体的操作过程应该与一般的绩效评价程序一致。

（1）苏州市体育产业发展专项资金绩效评价规制内容规制体系的构建应从专项资金管理的各个环节入手，从专项资金立项审批、专项资金拨付、专项资金使用到管理监督层层把关，形成专项资金的科学运作程序，杜绝隐患[1]。

在专项资金的立项审批环节，做好事前控制，确保投向正确，项目优质。

①财政部门首先应本着事业发展需要，根据自身财力确定专项资金支出的方向和规模。苏州市体育产业发展专项资金的来源主要有两个：一是财政税收资金，即财政预算支出资金；二是来自苏州市体育彩票公益金的一部分。②申请专项资金的部门和单位，均应就用款理由、计划规模、预期效益等编制立项申请报告。苏州市每年的体育产业专项资金的申报都会通过网上及政府文件的形式发布申报公告，具体包括重点支持方向，即8大类体育产业类型；要求申报当年年度的市级体育产业发展专项资金资助补贴类的项目，必须符合国家产业政策及苏州市国民经济和社会事业发展规划、体育产业发展规划，项目发展目标明确，具有较好的社会效益和经济效益，对提升体育产业竞争力、推动体育事业发展具有积极作用。申报项目必须是当年年度前一年已完成的且未获得过省、市体育产业发展专项资金支持的项目，同时有相关各大类体育产业的优先扶持项目、所要申报类型具体细节指标、申报材料及申报单位的要求。申报程序上主要包括单位

---

[1] 张亚杰，朱学义，等.财政性专项资金绩效评价体系研究[J].市场周刊：研究版，2005：81-83.

申报、区级审查及市级评审，包括咨询电话等完整的申报信息。③财政部门建立专家评审制度，做好科学论证。充分考虑专项资金支出的各项效益（经济效益和社会效益、直接效益和间接效益、整体效益和局部效益、有形效益和无形效益、长期效益和近期效益等）和相应的各项成本，做好可行性研究报告。从技术、资金筹措、成本费用、效益、经济社会影响、组织管理等方面进行详细的可行性分析，评定项目的技术和经济可行性，具体包括各区体育行政部门会同财政部门对申报材料进行初审，对符合申报条件的项目材料加盖体育和财政部门公章，并由区体育行政部门于指定截止日期前将项目材料汇总后报市体育局体育经济产业处。然后市体育局和市财政局对各区提出申请的项目进行形式审查，并组织专家评审和实地考察，形成建议方案后，报请市体育产业发展工作领导小组审定并采用适当方式进行公示，无异议的项目由市体育局与受资助单位签订资助协议，市财政局下拨经费。④在专项资金的下发使用中，做好过程控制。主要表现为在政府部门发布获得项目申报批准后的15日内，确保苏州市体育产业专项资金拨付到申报单位，并保证足额准时到位。⑤在专项资金的拨付使用环节，做好事后评审与监督工作，即保证专项资金的使用符合申报材料既定计划，使用规范符合在专项资金申报与批准时的签约合同条例。同时由市财政局与市体育局以及其他专业资金管理部门与人员组成联合考察队，不定期对获得专项资金使用的企业单位进行随机抽查，了解项目的具体实施环节与专项资金的具体使用情况等，对发现的问题及时进行反馈与处理，政府管理部门与人员要做到对资金的使用心中有数，必须对资金使用不符合规范的项目及时叫停。除此之外，为使专项资金管理的各环节顺利进行，苏州市制定了相应的规章制度，如《苏州市市级体育产业发展专项资金管理办法》《苏州市体育产业补贴项目实施细则》等，同时结合《中华人民共和国预算法》《江苏省省级财政专项资金管理办法》等文件，对专项资金支出的合规性、效益性进行评价、考核，最大化地促进苏州市体育产业专项资金对体育产业发展的拉动效率。

（2）苏州市体育产业发展专项资金绩效评价指标内容绩效评价的核心问题是绩效评价指标体系，构建科学的指标体系能够较为准确地对专项资金的经济性、效率性与有效性进行评价，能够有效地揭露出专项资金存在的问题，并且具有具体量化可操作性的优势。如图9.8所示。

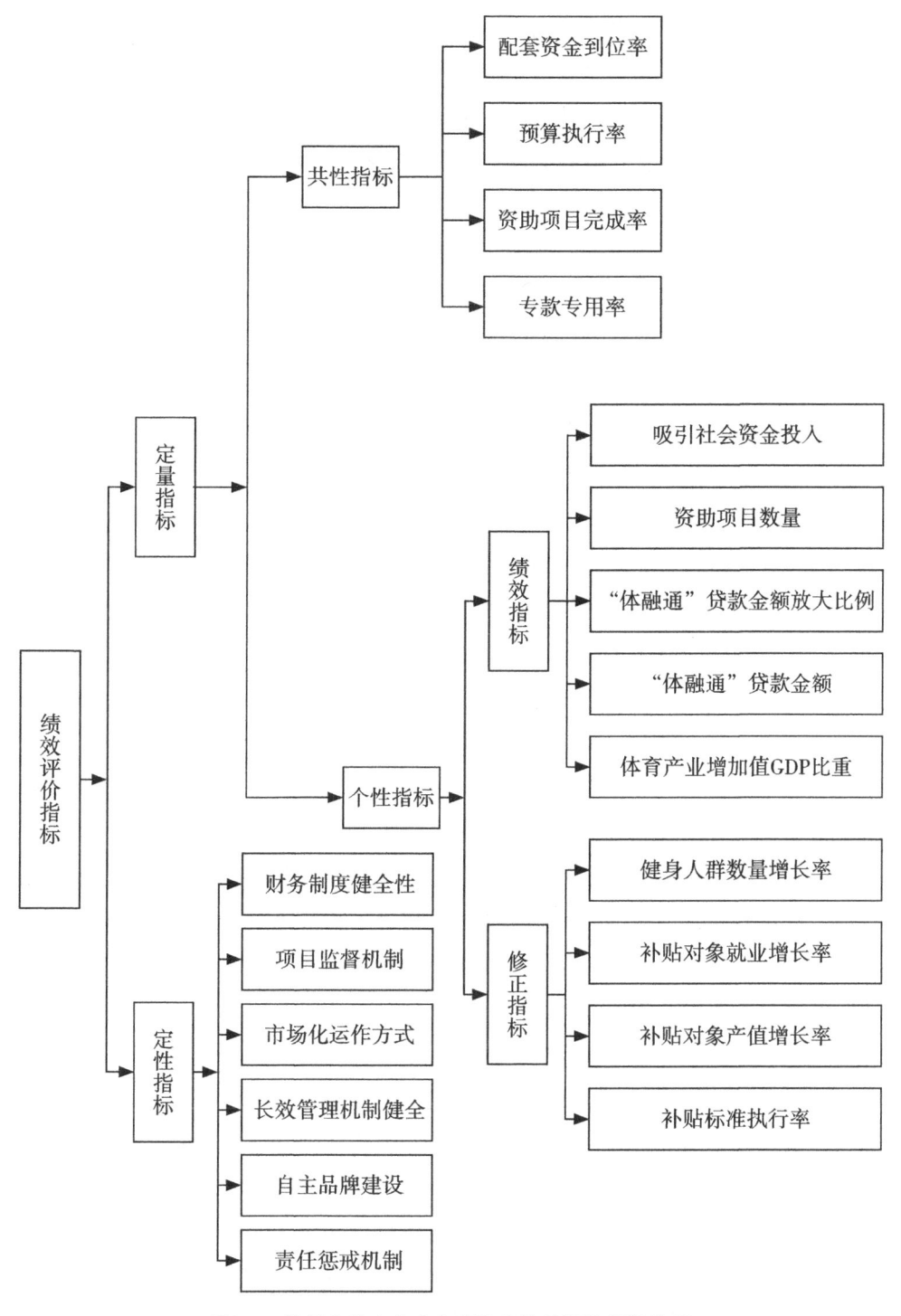

图9.8 苏州市体育产业专项资金绩效评价指标体系

注：资料整理自苏州市财政支出项目绩效目标申报表与年度市级财政支出绩效评价评分表。

①具体将评价指标拆分为定性与定量指标，定量指标包括共性指标与个性指标，其中共性指标为财政专项资金的基本指标、国家与国际通用指标等。苏州市体育产业专项资金的共性指标主要包括配套资金完成率、资助项目完成率、预算执行率与专款专用率4个。一是配套资金到位率。配套资金到位率=筹措到位的资金÷（项目完成所需预算总资金-体育产业专项资金），申报单位所募集到资金的多少，将直接影响未来申报项目是否能够顺利完成，也反映出申报单位完成项目的实力。二是资金项目完成率，年度体育产业专项资金所拨付资助的项目，其完成率直接影响着本年度体育产业专项资金使用效率，以及对苏州市体育产业发展状况。三是预算执行率。预算执行率指标能够清楚地反映出苏州市体育产业专项资金的预算管理水平。四是专款专用率。专款专用率是专项资金绩效评价的核心指标，专款专用率=实际使用专项拨付资金÷全部专项拨付资金，反映出企业对于专项资金的管理使用能力与政府的专项资金拨付之后的监督控制能力。②个性指标包括两种：一是绩效指标，是绩效评价的核心指标。绩效指标包括吸引社会投资、资助项目数量、"体融通"贷款放大比例、体育产业增加值GDP比重、"体融通"贷款金额与体育产业增加值等，反映出当年年度苏州市体育产业专项资金所取得的推动社会经济发展的成果。二是修正指标。修正指标主要是为了避免环境影响、行业属性不同等会对评价结果造成的不良结果进行修正的指标主要包括带动社会就业人数、健身人群数量增长率、补贴对象就业增长率、补贴对象产值增长率等，进一步修正和反映出体育产业专项资金实际对社会民生的有益作用。③定性指标主要是通过专业理性地分析与描述，反映出评价对象的绩效结果。其指标主要包括财务制度健全性、项目监督机制、市场化运作方式、长效管理机制健全、自主品牌建设、责任惩戒机制等指标，主要起到检验专项资金管理、使用和监督等组织管理的科学性作用，保障苏州市体育产业专项资金正确使用并提高使用效率。

（3）苏州市体育产业发展专项资金绩效评价标准内容。苏州市体育产业专项资金是财政专项资金的一种，在对财政专项资金进行绩效评价时必须注重对结果与过程的导向与控制。体育产业专项资金绩效目标的实现程度成为绩效评价的标准，其中主要包括有两方面：一方面是总体目标的实现程度。主要包括申报项目的具体结项完成情况与专项资金是否实现其自身的引导作用。另一方面是评价年度或项目阶段性目标实现程度，主要是为了逐步提高专项资金的使用效率，确保受资助项目的正常运转，并能持续提高体育产业的健康发展。评价苏州市体育产业专项资金的关键在于指标标准体系。一般来说，财政专项资金的绩效评价都涉及申报单位与政府相关管理部门，前者主要是评价资金使用绩效的基层单位，而后者肩负资金管理绩效的管理责任。从表9.6中可以看出，苏州市体育产业专项资金的绩效分解目标主要包括投入类7项、产出类4项、结果类3项及影响力类4项绩效目标指标。

表9.6 苏州市体育产业发展专项资金年度绩效目标与再评价评分表

类别	绩效指标	指标目标值	指标目标值来源	权重	评分
投入	财务制度健全性	健全	财务管理制度文件	4.00	3.20
	配套资金到位率	=100%	项目方案	4.00	4.00
	预算执行率	≥95%	项目批复文件、原始凭证	4.00	4.00
	专款专用率	=100%	项目批复文件、原始凭证	4.00	4.00
	补贴标准执行度	=100%	相关文件	4.00	4.00
	项目监督制度健全性	=100%	相关文件（公示、信用查询）	4.00	3.10
	责任惩戒机制健全性	=100%	相关文件（苏州市体育产业发展引导资金使用管理办法）	4.00	3.10
产出	资助项目数量	年度数量	相关文件	7.00	7.00
	"体融通"贷款金额放大比例	=4倍	相关材料	7.00	4.13
	资助项目完成率	=100%	后补助的方式	7.00	7.00
	"体融通"贷款企业数量	年度数量	相关材料	7.00	7.00
结果	吸引社会资金投入	项目资助金额的15~25倍	项目方案	2.67	2.67
	补贴对象产值增长率	=2%	调查问卷	2.67	0.53
	补贴对象就业增长率	=1%	调查问卷	2.65	0.53
影响力	体育赛事	支持市场化运作的赛事项目，提高体育赛事的市场化运作水平	项目方案	2.00	2.00

（续表）

类别	绩效指标	指标目标值	指标目标值来源	权重	评分
影响力	体育场馆服务	健身人群数量增长5%	调查问卷	2.00	0.40
	体育装备	支持体育装备企业自主研发项目，助推企业打造自主品牌	项目方案	2.00	2.00
	长效管理机制	健全	相关文件	2.00	1.60
指标质量				4.00	2.00
报告质量				12.00	7.85
组织管理工作				4.00	4.00
合计				100	80.53

注：资料整理自苏州市财政支出项目绩效目标申请表与苏州市财政支出项目绩效再评价评分表。

但是表9.6中指标设计的绩效评价对象仅为绩效资金的管理绩效标准体系，因此从绩效评价的角度分析，苏州市体育产业发展专项资金绩效评价标准体系指标设计时应从这两个方面进行分别设计与绩效评价，但从目前可查阅到的数据来看，苏州市在对体育产业专项资金作绩效评价时忽略了对资金使用绩效的指标设计与评价。

第四节 苏州市体育产业发展专项资金运行管理问题分析

一、苏州市体育产业发展专项资金缺乏独立的管理机构

苏州市体育产业专项资金的管理机构同我国现在的大多数省市区一样，没有专门稳定的业务管理组织主体。各地区主要以主观材料评审为主、入围考察为辅的综合考虑区域及项目结构均衡的方式进行项目评审管理。在机构属性上总共7个区市（包括苏州市）的体育产业专项资金的管理机构都是临时设立的，

对于一年一度的体育产业专项资金，在评审环节临时性的机构虽然能够在维持较为低的成本的情况下完成工作要求，但是对于一个长期稳定的专项资金的管理、监督与评价等工作并不能够做到科学、高效、公平的完成，如表9.7所示。资金管理的专业性、资金性质及专项资金目标实现的持续性要求设立一个健全稳定独立的专业管理机构。体育产业发展专项资金的管理属于多次长期性的工作，因此，在客观上临时设置的机构并不能减少管理经费的开支，相反会影响专项资金的使用效率，进而因专项资金管理的专业性、复杂性等特点导致无法实现专项资金设立之初的目的，使其在社会效益、经济效益与引导效率上受到制约，不利于苏州市体育产业的发展与体育事业战略目标的实现。

表9.7 苏州市各地区体育产业专项资金评审管理方式分析一览表

地区	机构属性	牵头部门	配合部门	评审方式
苏州市	临时	体育局、财政局	市发改委、市经信委、苏州大学、会计师事务所、局纪检监察室	材料评审、入围考察
吴江区	临时	区体育局、区财政局	各镇体育、财政部门、业内专家、中介机构	材料评审、入围考察
吴中区	临时	文化体育局、财政局	吴中区文化体育产业发展领导小组	材料评审、入围考察
工业园区	临时	园区服务业发展局（旅游局）和财政局	各镇体育、财政部门、业内专家	材料评审、入围考察
昆山市	临时	财政局、体育局	各镇体育、财政部门、业内专家	材料评审、入围考察
太仓市	临时	财政局、体育局	第三方机构、业内专家	材料评审、入围考察
张家港市	临时	财政局、体育局	各镇体育、财政部门、业内专家	材料评审、入围考察

注：资料整理中各区市体育局、财政局信息公开资源及各地区专项资金使用管理办法。

二、苏州市体育产业发展专项资金资助方式较为单一

现行的地方体育产业引导资金的项目资助方式体系，简单移植其他传统产业

资金资助方式的经验,难以有效对接各类体育产业项目类型的多样化需求[1]。当前体育产业专项资金的资助方式,比较流行的有项目补贴、贷款贴息、政府购买与以奖代补等形式。苏州市体育产业发展专项资金的资助方式针对申请资金性质的不同,主要分为两种形式:一是针对资金补贴类的项目补贴,即为获得资助的单位直接提供所申请或批准的一定数量的资金,"补贴的项目"单个项目资助额度原则上不高于80万元。具体资助额度类别根据当年"补贴的项目"资金总额和申报情况在年度申报指南中确定。二是针对贷款类的项目补贴,即为获得批准的单位提供一定数量或比例的贷款利息补助,要求单笔贷款额度不超过500万元,单笔期限原则不超过1年。由于体育产业的新兴及交叉产业属性,相对于资金需求,对专业人才的渴求是体育企业尤其是体育赛事等体育服务类企业或相关项目更为迫切的需求之一。以经验模仿为主的项目补贴、贷款贴息等常规资金资助方式,缺乏体育产业综合属性分析及区域产业发展实际需求考虑,无法对接体育产业项目的发展规律与实际需求,难以对体育产业项目本身的绩效与拉动社会资金进入体育产业形成实质性影响。除此之外,分摊到项目单位个体的资金数量偏少。体育产业属于朝阳产业,体育产业的构成细胞也主要以中小型企业为主,因此,体育企业的前期发展基本处在资金链的脆弱期,对资金的需求也更加强烈,尤其是体育服务类、体育产业技术开发类的利润回收期相对更长,受限于专项资金项目申报的条件,利润回收和技术开发应用周期相对较长,体育产业发展专项资金相对偏少的专项资金支持只能解燃眉之急,无法充分发挥开源的作用。

三、苏州市体育产业发展专项资金申报与执行时间存在矛盾

对于各地区来说,每年度的体育产业发展专项资金的申请工作一般放在春节后,即每年2月份以后,经过特定的审批程序及公示期后,项目批下来的时间一般在每年的6月,有时甚至到7月[2]。如2012年,江苏体育产业发展专项资金

---

[1] 邢尊明. 我国地方体育产业引导资金政策实践、配置风险及效率改进——基于8个省、自治区、直辖市的实证调查及分析 [J]. 体育科学, 2015, 34 (4): 12-21.
[2] 成会君, 徐阳. 我国体育产业发展引导资金的管理现状、问题及对策 [J]. 沈阳体育学院学报, 2015, 34 (1): 9-14.

于当年的3月1日申报，7月9—15日公示；再比如苏州市2017年度体育产业发展专项资金的申报，2017年7月17日发布组织申报《2017年度苏州市市级体育产业发展专项资金补贴项目的通知》，项目申报单位按属地原则于2017年8月18日前将申报材料报所在区体育行政部门，市属单位的申报材料于上述时间报送至市体育局体育产业处，再经专家评审、企业信用查询、实地考察、报市体育产业发展工作领导小组批准后于11月29日至12月5日公示，从其他刚刚设立体育产业发展专项资金的省份看也大致如此。资金的申请到项目批示占用了上半年的时间，而经费到达企业手里已经进入下半年，这种情况下企业需要在半年的时间执行完当年度申请下来的资金，这可能导致企业突击花钱的现象出现。

四、苏州市体育产业发展专项资金信息公开程度低

苏州市体育产业发展专项资金是政府财政设立的，由政府部门管理，因此其使用过程中的信息应该遵循《中华人民共和国政府信息公开条例》的规定，同时《苏州市市级体育产业发展专项资金管理办法》中关于市财政局与市体育局的专项资金管理职责中，第六条、第七条明确规定了按规定开展专项资金信息公开工作。及时的信息公开，对于提高政府工作的透明性、提高企业的信任度及提高专项资金的权威性有重要作用。体育产业发展专项资金是连续行为，有必要依据"公正、公平、便民"的原则建立固定的信息公开渠道，以便于相关人员的查询及监督。当前苏州市已经通过苏州市体育信息网、苏州市财政局、苏州市体育局及苏州市人民政府网站上发布部分体育产业专项资金的进展信息，除此之外，部分地区还利用当地报纸、政府文件等方式下发相关信息。多渠道的信息发布方式促进了体育产业发展专项资金作用的发挥，吸引了更多社会资本进入[1]。但分析当前信息发布的渠道仍有很多需要改进的地方。如苏州市并未设立专门的体育产业专项资金的官方网站，也没有在相关政府网站上设立体育产业发展专项资金栏目，同时在能查阅到的所有信息中，主要为公开征集项目信息、申报指南、管理办法及咨询机构入围比选项目比选结果公告，关于体育产业发展专项资金支持项目实地考察情况、跟踪管理情况、验收评估公

---

[1] 成会君，徐阳.我国体育产业发展引导资金的管理现状、问题及对策[J].沈阳体育学院学报，2015，34（1）：9-14.

告、吸引社会资金投入、补贴对象产值增长率、补贴对象就业增长率等内容均无，在专门网站无法查询到的还包括项目完成情况、资金执行情况、社会资金的配套情况、项目验收情况等。可以查询到的仅为体育产业发展专项资金的管理办法、历年申报公告、审批项目公示、绩效目标公示等，这些信息的不完善不利于体育产业发展专项资金的管理。

第五节　苏州市体育产业发展专项资金运行管理优化策略

一、建立健全苏州市体育产业发展专项资金管理机构

成立常设专门负责机构（小组或办公室），根据体育产业发展专项资金在组织（体育部门）、评审（体育、经济等）、监督（财政部门）、审计（审计及统计部门）等不同环节的知识及专业要求，建立稳定的业务沟通联系对接机制，通过相对稳定的专门机构人员，对体育产业发展专项资金工作进行持续专门管理，是确保体育产业发展专项资金科学分配的基本组织条件。比如，市财政局与市体育局牵头，联合市发改委、市经信委、苏州大学、会计师事务所、局纪检监察室等专业人士成立专门负责的体育产业专项资金的管理机构，充分发挥每个人的专业知识与技能，提高专项资金的管理效率。此外，在项目评审方式上，针对目前多数省份"一部门主导、多部门联合"集中业务处理式的资金分配管理方式及以主观材料评审为主的立项确定机制，给庞大的地方体育产业发展专项资金造成的巨大效率损失情况，苏州市可以借助专门的体育产业专项资金管理机构的专业人才的知识储备与产业实践的发展经验，科学设计并建立规范的项目评审程序和项目质量标准评价体系，提高苏州市体育产业发展专项资金管理效率，充分发挥出专项资金的引导作用。

二、丰富苏州市体育产业发展专项资金资助手段

体育产业专项资金的资助方式在一定程度上影响着体育产业项目绩效目标的实现情况。资助方式的科学性有利于资助项目绩效的提高，并提高专项资

金政策的权威性，同时资金资助方式作为资金政策绩效的关键变量，资助方式的完善与拨付方式的科学性，不仅能够保障获得资助项目的申报单位自身的发展与资助项目的顺利完成，而且能够提高体育产业自身的经济发展。一方面，在资金资助方式上，由于体育产业的特殊性，其产业属性既包含注重效率的经济效益，又包含注重公平的社会效益，在产业分类上既包含第二产业，也包含第三产业。因此，需要针对体育产业内部所具有的巨大的复杂性与差异性的特点，在体育产业专项资金的资助方式上要根据不同项目具有的产业分类与产业属性情况做到资助方式的具体问题具体分析。比如，针对产业分类的不同，资助上可侧重于资金、技术、人才与信息等方式；针对不同产业属性的项目，资助侧重于政策扶持、管理人才等。另一方面，要提高拨付方式的科学性，即根据现有项目完成情况以及对未来可能完成的进度或存在的问题进行评估，再决定下一阶段资金拨付的多少与是否继续拨付，将资金的使用权拿回政府手里，改变政府之前的一次性拨付与死板的时间节点拨付等，而是根据项目的完成度分阶段进行拨付，以此来提高申报企业单位完成项目的积极性，提高项目的完成率与高质量率。

三、提高申报时间和申报程序科学性

目前，发展专项资金的申报、审批与执行在时间上缺乏一定的科学性，比如苏州市体育产业发展专项资金的申报时间一般在7月份左右，而项目资金的审批入围公告一般是在11—12月，时间跨度过大，与企业的年度预算时间不吻合，不利于企业对体育产业专项资金充分、科学地规划利用。针对在时间上的矛盾，结合企业年度时间应进行如下科学的调整：申报指南的发布应调整在12月之前，通过一个月的申报单位的准备，将申报材料逐级递送到相关政府管理部门，在下一年的1月份组织专家与其他相关管理部门进行集中的材料评审与实地考察，1月中旬审批与考察结束，在1月底之前向社会公开项目入围情况，并在15个工作日内将体育产业专项资金拨付到位。通过匹配企业年度预算计划，可以让企业将体育产业专项资金纳入其公司的年度预算计划中，避免了因不知道是否能申请到专项资金的企业计划不科学，以及对突然注入的专项资金的使用不科学这种状况。年度预算的准确规划，有利于提高体育专项资金的使用效

率与保障申报项目顺利完成。在申报程序上，由于体育产业专项资金属于财政资金的一种，决定了其属性上的公共性，因此必须在项目审批程序上确保其科学性、公平性与公正性。在审批程序上确保有详实的书面申报材料、项目申报单位的个人陈述汇报、相关领域的资深专家与专业性的政府管理部门与切实有效的实地考察等一系列完整程序，确保体育产业专项资金使用的科学、公平、公正，保障专项资金的拉动效率等。通过建立合理的申报时间与科学的申报程序，最大程度地减少人为干涉，将体育产业专项资金下拨到真正对苏州市体育产业发展有促进作用的项目与企业单位，最大化体育产业专项资金的配置效率。

四、完善苏州市体育产业发展专项资金信息公开制度

苏州市体育产业发展专项资金信息公开的内容与方式是其信息公开制度构建的关键。比如在信息公开内容上，除了现有能够查到的公开信息之外，还应包括：一是项目审批中的专家个人资料、参与部门职能信息，其中包括专家的个人专长要符合资金审批的专业要求，关于审批是否合格的审批意见等；参与部门的职能是否明确及能否担任管理审批的职责等。二是实地考察前、实地考察中与实地考察后的工作准备、开展与考察结束的项目报告等。其中必须做到考察前的保密与考察内容规划工作，考察中保证考察内容的随机性、科学性与代表性。三是项目中期时的项目开展评估与资金使用情况等信息公开。其中要包括项目单位的资金使用的会计表与项目开展情况的汇报情况表等。四是项目的评估验收信息公开。其中要包括是否达到引导资金的拉动效率、拉动当地经济发展情况、促进当地社会就业情况及是否完成项目申请时的结项目标等信息。五是项目结项后的绩效评价信息公开。主要包括企业自身的绩效评价内容、项目整体绩效评价内容与项目资金评价内容等信息。在信息公开方式上主要根据《中华人民共和国政府信息公开条例》《苏州市市级体育产业发展专项资金管理办法》，以上信息应该在信息形成后20个工作日内通过政府官方网站公告、政府文件、新闻发布会以及广播、电视与报纸等方式向社会公开。在信息公开方式上应借助互联网高覆盖、低成本、高效率的优势，成立专门的独立网站，对相关的体育产业发展专项资金

信息进行全面、细致、准确、快速的公开,并将项目实地考察情况、跟踪管理情况、验收评估公告、吸引社会资金投入、补贴对象产值增长率、补贴对象就业增长率、绩效评价报告等具体信息在网站上进行链接,对于典型项目的后续发展情况进行细致的信息公布等。

本章小结

苏州市体育产业发展专项资金作为市级体育类专项资金,在政策执行过程中具有稳定与持续的特征,设立金额稳步增长,运行管理逐渐科学合理。同时市县区各级别行政层面都设有专门的体育产业发展专项资金,发展程度较为成熟完善。响应国家政策号召,从设立到运行,苏州市及各县区政府出台了诸如《苏州市体育产业发展引导资金使用管理办法》《苏州市体育产业补贴项目实施细则》《苏州市"体融通"担保贷款实施细则》多种扶持与管理政策,政策管理与政策监督较为详细,在监督管理时能够做到有规可依。苏州市体育产业发展专项资金管理部门的机构设置与全国其他省市的模式类似,由市体育局和市财政局共同管理,在管理职责上各自负责其管理内容,但是在个别管理内容上并未明确规定由谁负责,容易在日后的管理操作中出现相互推诿的"踢皮球"现象。在管理机构的性质上属于联合管理,管理人员由两个部门抽调,管理的独立性与专业性难以保证。在项目管理流程中,包括立项、投入、运行、产出四个阶段,第一阶段是项目管理阶段,申报材料需要逐级报送和评审,入围项目必须要组织实地的项目考察;第二、三阶段是资金使用管理与监督阶段,资金的拨付到位率和专款专用率都较高;第四阶段是项目验收阶段,在验收评价时定量的指标不够,在满意度调查方面的工作不到位。苏州市体育产业发展专项资金的绩效评价管理,存在着绩效指标体系不科学状况,主要是在指标选取上集中于定性指标的评价,定量指标的选取不够或选取的指标不具有代表性,导致在对苏州市体育产业专项资金组织管理过程进行绩效评价时缺少科学性和价值意义。苏州市体育产业专项资金的发展较早,整体成熟度也处于全国领先水平,但是在对其组织机构设置、项目管理和绩效评价管理的研究中发现仍存在较多可以改进的问题,比如说相对于苏州市体育产业的体量,其专项资金的总量仍然偏少，无法有效起到财政杠杆效应；资助方式过于单一，虽然有着较为合理的资金和贴息两种资助方式，但是在资金资助上仅为成本性的一次性现金补助，并没有依据受资助单位的具体实际需要进行雪中送炭式的扶持，扶持效率不高。体育产业领域的专项扶持资金发展较其他产业偏晚，在管理方式上为简单套用其他产业的成功经验，并没有真正从体育产业实际发展情况出发，制定出符合体育产业发展阶段和实际需求的管理模式和资助方式等制度体系。

研究结论与建议

结论

（1）体育产业发展模式是指可以使人们参照的某种事物的标准样式，强调的是形式上的规律，在经济领域中可以是结构、类型，也可以是对多因素相互作用构成整体的认识和把握。

（2）体育产业发展组织模式体系主要由体育产业链式发展模式、产业集群发展模式和融合发展模式构成；体育产业运行机制主要由组织系统、动力机制和调控机制有机组成。

（3）我国体育产业政府职能存在着传统体制束缚严重、宏观调控缺乏、政策扶持不力以及科学管理不到位等问题。

（4）我国现有体育产业法规多是综合性管理办法，操作性不强。体育产业宏观调控和微观管理交织在一起，多头管理与无人管理并存，职能不到位和职能错位并存。

（5）我国各级体育行政部门在推动体育产业发展方面须发挥宏观调控职能、市场监管职能、公共服务职能、社会管理职能和环境保护职能。

（6）体育产业链式发展通过股权并购、战略联盟、集群式产业链等模式对体育产品结构、渠道资源、区位资源进行整合，协调产业链中相关利益主体间的关系，实现资源的有效配置和利润的合理分配；并在投融资环境、空间布局、制度环境以及中介环境等方面进行整合，监督并引导体育产业市场运行。

（7）体育产业集群的升级要积极嵌入全球价值链，构建和完善集群网络，并通过公共政策作用发挥，规避和摆脱体育产业集群发展中的行政区划锁定、社会资本锁定和价值链低端锁定等无效率状态，提升体育产业集群的竞争力。

（8）产业融合有利于优化体育产业结构，提高体育产业竞争力，而对体育产业融合效应、路径模式及政策选择进行研究,对于把握体育产业发展规律,促进体育产业快速发展有着重要的现实意义。研究结果表明,产业关联性是体育产业融合的前提。研究体育产业与其他产业的价值链延伸,在渗透与重组的基础上提出体育产业融合发展的技术渗透路径模式、功能互补路径模式、市场共拓路径模式与资源共享路径模式。

(9)较多市、县颁布的体育产业政策是直接选用省或国家所颁布的文件,与当地的发展水平及发展环境并不吻合,导致目标偏差。对上一级体育产业政策文件的直接应用,没有结合地区实际,没有考量投入的资源有多大产出,没有确立可以使目标可量化的考核标准,不利于在执行过程中对实现目标进程进行考查。

(10)体育产业政策内容较宏观,地方重视程度存在较大差距,内容偏离合理性及具体可操作性。体育产业激励政策效果尚不明显,江苏省缺乏有影响力的高端体育品牌和强有力带动作用的龙头企业;无法吸引社会资本参与体育发展,且地方重视程度不一,也会导致其政策的落实效果差距较大,导致内容也不符合本地发展详情,缺乏合理性,同时更缺乏可操作性。

(11)苏州市体育产业发展专项资金作为市级别体育类专项资金,在政策执行过程中具有稳定与持续的特征,设立金额稳步增长,运行管理逐渐科学合理。

(12)苏州市体育产业发展专项资金管理部门的机构设置与全国其他省市的模式类似,由市体育局和市财政局共同管理,在管理职责上各自负责其管理内容,但是在个别管理内容上并未明确规定由谁负责,容易在日后的管理操作中出现相互推诿的"踢皮球"现象。

(13)苏州市体育产业发展专项资金的绩效评价管理,指标选取上集中于定性指标的评价,定量指标的选取不够或选取的指标不具有代表性,从而导致在对苏州市体育产业专项资金组织管理过程进行绩效评价时缺少科学性和价值意义。

建议

(1)我国体育场馆业要鼓励社会机构参与体育场馆经营管理活动,突出本体产业、丰富内容供给、强化体制改革、平台与组织建设，充分发挥场馆的集聚扩散效应。

（2）我国体育竞赛业要建立与完善赛事的组织体系，拓宽投融资体系；围绕赛事核心产品创建联赛品牌，提高赛事的知名度和品牌忠诚度；围绕"赛事内容"和直播技术进行创新变革，提高用户体验，注重营销手段和策略创新，健全赛事的法制法规。

（3）鼓励大型体育用品生产企业增加研发投入，开展技术创新、产品创新和营销手段创新。我国体育健身企业则需要进一步拓展产品链，通过融合餐饮、购物、旅游等经营内容进行产品组合、服务组合和营销组合。

（4）体育产业聚集区发展要符合城市的发展规划，通过行业关键技术进行研发，积极推进体育产业创新，积极引导企业向园区集聚，政府要充分利用区域内大学、科研机构等资源，促使产、学、研一体化。

（5）政府通过完善管理体制，通过规范各个职能部门的职责权限，提高职能部门的管理水平，进而不断完善市场机制，建立良好的市场秩序，落实已有产业集群和企业发展的各项优惠政策，还需要加强对产业集群公共服务平台建设、智慧集群建设、集群企业或机构在产业链各环节的合作创新等的财政资金支持。

（6）体育产业集群发展需要对集群组织内部价值链进行治理，推动地方体育产业集群价值链层级从低端向高端飞跃，提升体育产业集群的创新能力。

（7）政府要改变传统模式下政府单独出资、大包大揽过度干预体育产业集群发展的局面，创立体育产业专项发展基金，拓宽融资渠道，建立政府宏观指导、企业自主投资、银行独立审贷的投融资体制，促进民间投资向产业集群集聚。

（8）体育企业需要通过市场信息的收集，及时调整生产，找到急需的技术产品从而满足市场新的需求。政府需要建立或优化区域的体育产业集群信息服务系统，促使企业降低交易成本，提升管理水平，促进集群内体育企业在科研、培训和教育等方面的资源共享。

（9）地方政府应该成立代表众多企业利益的体育产业协会，通过行业协会有效地传达行业发展规划、产业政策，更好地实施行政法规和有关法律；积极支持各类体育行业协会制定行规行约、技术标准，还要严格监督集群内企业的服务质量、竞争方式、经营行为，鼓励公平竞争，打击违法行为，维护区域形象。

（10）政府要为体育产业集群的升级提供公共服务和公共政策支持。地方政府要把握好体育产业集群所处的发展阶段，有针对性地对体育产业集群进行引导和培育，避免政策刚性的负面影响，实现体育产业集群的可持续发展。

（11）体育产业融合发展需要政府部门建立起良好的政策环境，制定激励企业融合发展的财政、税收、金融信贷政策，鼓励技术创新，促进消费需求、贷款贴息等，对体育科技企业给予资金支持。

（12）体育产业发展需要多方共同努力，需要充分调动企业在产业制度体系建设方面的能动性，打造有效市场的客观环境。

（13）体育产业政策制定和实施要充分考虑不同地区的发展水平差异，通过提高政策间的协调匹配从客观上降低地方政府落实产业政策的总成本出发，制定差异化产业政策。

（14）需要进一步提高地方政府领导对体育产业发展的认知，政策执行、法规完善及市场体系健全等方面需要进一步科学的顶层设计。

（15）体育产业领域的专项扶持资金发展较其他产业偏晚，在管理方式上多简单套用其他产业的成功经验，并没有真正从体育产业实际发展情况出发，制定出符合体育产业发展阶段和实际需求的管理模式及资助方式等制度。

后 记

体育产业作为国民经济新的增长点，具有发展潜力大、辐射范围广、关联度高、产业链条长、带动作用强、资源消耗低、附加值高等特点。体育产业自身的发展蕴藏着巨大的需求和市场潜力，各阶层人群对体育的消费需求成倍增长。此外，体育产业作为关联度极高的上游产业，与国民经济的诸多产业产生渗透和融合，显示出较强的成熟效应，渗透融合复合性非常强。体育产业发展对于促进体育消费、调整产业结构、增进社会和谐发挥了积极作用。

本研究首先界定了相关的核心概念，阐述了我国体育产业核心理念的发展演变，进一步明确了我国体育产业的性质和特征，然后运用产业经济学、管理学等理论对国外体育产业发展现况和发展模式进行研究，探讨了体育产业组织管理模式的特征。其次，在此基础上，重点从我国体育产业发展的管理体制、演进环境、产业功能的转变与重新定位以及体育产业发展与政府职能转变等方面探讨了我国体育产业组织发展模式。再次，体育产业政策对我国各级地方政府体育产业发展模式及机制建设有着重要的影响作用，是政府职能发挥作用的具体措施表现，在全面把握、借鉴国内外体育产业政府职能的前提下，从体育产业链式发展、体育产业集群式发展、体育产业融合式发展模式等方面提出了我国体育产业发展的政策选择；在对体育产业发展宏观全面把握的基础上，以江苏省体育产业发展政策的实施情况及效果为例分析了我国体育产业发展政策运行机制的现实困境；最后，以国家体育产业联系点城市——苏州市体育产业发展专项引导资金运行管理为例，探讨了我国地方政府发展机制方面的问题，并提出优化体育产业发展政府管理机制层面的政策建议。

本书经过大量的前期调研和理论研究，是在2012年教育部人文社会科学基金青年项目（编号：12YJCZH114）最终研究报告基础上修改完善右成的。研究报告是各位课题组成员精诚合作、辛勤劳动的见证，作为本课题的负责人，在此书成稿、出版之际，我谨以后记的方式对课题组成员张广俊、邱鹏、柳畅、张新奥、毛立梅、丁宸、马占山等同学的积极参与和帮助表示诚挚的感谢！

课题研究中，参考了众多学者的研究成果，在调研过程中还得到了国家体育总局、江苏省体育局、苏州市体育局等相关体育管理部门的大力支持和热情帮助，经过课题组成员的共同努力，课题研究得以顺利完成，在此一并表示谢意。当然，体育产业发展的理论与实践涵盖内容全面，其研究思路、视野难免与体育产业快速发展的现实存在差距，受研究水平所限，不足之处在所难免，敬请批评指正！